Filip Springer

KUPFERBERG

Der verschwundene Ort

Aus dem Polnischen
von Lisa Palmes

Paul Zsolnay Verlag

Die Originalausgabe erschien erstmals 2015 unter dem Titel *Miedzianka* im Verlag Czarne, Sękowa.

Dieses Buch wurde mit Unterstützung des ©POLAND Translation Program veröffentlicht.

Bildnachweis:
Seiten 41, 223 – Archiv Filip Springer
Seiten 308, 319 – © by Filip Springer
Seiten 111, 287, 290 – Archiv Hanna Gębuś

1. Auflage 2019
ISBN 978-3-552-05908-5
Copyright © by Filip Springer, 2011
Alle Rechte der deutschsprachigen Ausgabe
© 2019 Paul Zsolnay Verlag Ges. m. b. H., Wien
Satz: Nadine Clemens, München
Autorenfoto: © Joanna Jonek-Springer
Umschlag: Anzinger und Rasp, München
Foto: © Filip Springer
Druck und Bindung: GGP Media GmbH, Pößneck
Printed in Germany

KUPFERBERG

ALLE AUFERSTEHUNGEN

Zum ersten Mal sackt der Erdboden unter Preuß' Schmiede und Reimanns Kaufladen ab. Ein Krater entsteht, so groß, dass ein ganzes Pferdefuhrwerk Platz darin fände. Auch quer über die Häuserzeile – vom Bäcker Flade bis zum Friseur Friebe – hat sich ein Riss im Mauerwerk gebildet, weil Stollen eingebrochen sind.

Eines Tages stecken die Pferde, die den Pflug über Franzkys Feld ziehen, plötzlich bis zur Brust in der Erde und stoßen ein so schrilles Quieken aus, dass alle in der Umgebung ihr Arbeitszeug hinwerfen und mit bleichen Gesichtern zum Acker rennen. Nur wenige haben Mut genug, den Pferden zu Hilfe zu kommen; die anderen starren von weitem auf die Pferdeköpfe, die aus der Erde ragen, und das merkwürdige trichterförmige Loch um sie herum.

◆ ◆ ◆

Alles Unglück, sagen die Abergläubischen, komme daher, dass in Kupferberg vor vielen Jahren ein Mann seinen eigenen Bruder getötet hat. Weil damals Blut vergossen wurde, liege nun ein Fluch auf der Stadt. An den Brudermord erinnern zwei steinerne Kreuze, die der Mörder selbst, wie es die schlesische Sitte will, gleich neben der Straße nach Johannesdorf[1] aufstellte. Das »Memento« auf einem der beiden Kreuze ließ kein Vergessen zu. Mahnend ragte die Inschrift aus dem hohen Gras, wann immer jemand hinübersah. So lernten die Menschen, nicht hinzusehen. »Memento« – »Gedenke« – als wären alle Unglücksfälle, die das grüne Kupferberg im Laufe der Jahrhunderte heimsuchten, nur die Vorboten schlimmerer Dinge gewesen, die sich noch hier ereignen sollten. »Memento« – wie eine Warnung, dass für manche Fehler jahrhundertelang bezahlt werden muss. Und die Rechnung doch niemals beglichen werden kann.

Die Geschichte kehrte hier nie richtig ein, eher streifte sie die Umgebung. Für die Menschen oben in ihren Häuschen, die sie waghalsig auf dem Gipfel aufgestellt hatten, wirkte sie wie ein alles zerstörendes Ungeheuer, das sich zu ihnen jedoch niemals verirren würde.

Ein mutiger Menschenschlag. Ängstliche hätten an diesem Ort niemals eine Stadt gegründet. Sie hätten die Natur nicht so kühn herausgefordert, hätten keine Maulwurfsgänge in den steinigen Berghang gegraben und in deren Dunkel nach kostbaren Rohstoffen geforscht. Vorreiter der Mutigen war angeblich Laurentius Angelus – ein halblegendärer schlesischer Bergbaumeister, ursprünglich aus der fernen Wallonie stammend, der im 12. Jahrhundert wertvolle Flöze entdeckt haben soll. Viel mehr weiß man nicht über ihn, vielleicht ist er auch nur eine Fantasiefigur, dem Bergmannsgarn an langen Winterabenden entsprungen. Solche Geschichten, die die Fantasie befeuerten, gab es im Übrigen mehrere, zum Beispiel die vom *Srebrny Kusznik,* vom silbernen Armbrustschützen, von den Deutschen wohl der Blutige genannt [Anm. d. Übers.], der

Angst und Schrecken unter deutschen Siedlern verbreitete, die den Polen nicht wohlgesonnen waren.

Das, was man sicher weiß, steht in den Chroniken. Anfang des 14. Jahrhunderts gehören die Berge und das umliegende Land einem Herrn namens Albert der Baier de Cuprifodina in montanis, kurz: Albert Bavarus. Vielleicht ist es ihm zu verdanken, dass die Gegend schon bald für ihren Silberabbau berühmt wird. Im Jahr 1370 verkauft ein Nachfahre Alberts – Heinrich Bavarus, Ritter am Hof der Herzöge von Schweidnitz-Jauer – die Ansiedlung an den Adligen Clericus Bolze [auch Boltze oder Bolcze; Anm. d. Übers.]. Der wiederum errichtet in den nahegelegenen Wäldern ein Schloss, das bei den Polen später Bolczów und bei den Deutschen Bolzenstein heißen wird.

Danach wandern Besitztümer und Siedlung von Hand zu Hand. Herren sind der Reihe nach, vom Jahr 1375 an, Puta z Častolovic (von Tschastolowitz) und Hannos Wiltberg, ab 1397 dann die Brüder von Ylenburg, ab 1398 die Brüder Konrad und Reinhard von Boralowicz (Borawecz, Borrwitz). Für 1433 verzeichnen die Chroniken Hermann von Czettritz, für 1434 die Gebrüder von Liebenthal. Während der Hussitenkriege kommt der Bergbau zum Erliegen und erholt sich erst im 16. Jahrhundert wieder.

1512 erwirbt Dippold von Burghaus die Ländereien, der erste wirkliche Bergbaukenner in der Region. Solch hohen Ertrag erwirtschaften seine Goldbergwerke und Hütten im nahen Reichenstein, dass nun die mächtigsten Bergbau- und Hütten-Gesellschaften die Finger nach diesem Leckerbissen ausstrecken. In seiner besten Phase sind 145 Bergwerke in Betrieb; dennoch sieht Dippold sich nach einer neuen Herausforderung um und verkauft die Abbaurechte für Bodenschätze, die der Herzog ihm verliehen hat, an die Familien Fugger und Turzon.

Bald darauf entdeckt er Kupferberg und ahnt, dass sein Erfolg sich hier wiederholen könnte. Bei einer nur flüchtigen Besichtigung schätzt er, dass sich im Berginneren vor allem Kupfer in Form von reinem Erz, Kupferpecherz und Pechblende verbirgt, aber auch Silber und Zinkblende. Damit Dippold an all diese Reichtümer gelangen kann, ist jedoch eine Bedingung zu erfüllen: Die Siedlung muss den Status einer Freien Bergbaustadt erhalten – und darum bemüht sich Dippold drei Jahre lang beim jungen tschechischen König Ludwig II., bis er 1519 tatsächlich sein Ziel erreicht. Dank des eingeräumten Privilegs verfügt der Besitzer Kupferbergs nicht nur über die vollen Rechte zu jeglichen Bergbauarbeiten auf seinen Ländereien, sondern ist auch von der Urbar befreit – der Abgabe des zehnten Teils aus dem Abbau von Kupfer, Blei, Eisen und Zinn. Ludwigs Großzügigkeit – oder auch Kurzsicht – sollte später noch zum Anlass für zahlreiche Streitigkeiten zwischen den weiteren Herren von Kupferberg und der Königskammer werden.

Dippold hat somit freie Bahn: Im Laufe von mehr als zwanzig Jahren legt er an den Berghängen fast 160 Schächte und Stollen an. Die dort gewonnenen Rohstoffe werden gleich vor Ort in den Hüttenwerken eingeschmolzen, und das verdiente Geld investiert Dippold, indem er unter anderem das in den Hussitenkriegen zerstörte Schloss Bolzenstein wiedererrichten lässt.

Dennoch wecken der heftig vorangetriebene Rohstoffabbau und Dippolds rasch wachsender Reichtum den Unmut der Bergleute und Bürger. Sie wissen, dass sie größeren Anteil am Erfolg ihres Landesherrn haben könnten, und fordern immer nachdrücklicher Beteiligung. Dippold wiederum merkt, woher der Wind weht, und kommt ihnen entgegen. Besser weniger Geld einnehmen und keinen Aufstand von Bergleuten und murrenden Kaufleuten riskieren, als alles aufs Spiel zu setzen.

Er hält sie noch ein paar Jahre hin, doch als er sieht, dass ihm Widerstand nichts nützt, überlässt er ihnen eine der Hütten und ein paar Anteile am Bergbau. Für diese Nachgiebigkeit werden sämtliche nachfolgenden Herren von Kupferberg ihn verfluchen.

Einer dieser Herren ist Jost Ludwig Dietz (Jodocus Ludovicus Decius)[2], Sekretär von König Sigismund I. (dem Alten), gebürtiger Elsässer, der in Krakau besonderen Einfluss und hohes Ansehen genießt. Er ist Gelehrter, Diplomat, erstklassiger Humanist, aber auch Finanzier. Dank seiner Bekanntschaft mit dem in Krakau sehr mächtigen Jakub Boner, dem Errichter und Verwalter der Salzbergwerke in Wieliczka und Bochnia, wird Dietz auf die großen finanziellen Möglichkeiten aufmerksam, die der Abbau von Rohstoffen birgt. Außerdem träumt er sicherlich davon, auch auf eigene Rechnung zu wirtschaften; daher nutzt er bei der Suche nach einer gewinnbringenden Investition seine Beziehungen zu den Familien Fugger und Turzon, die ihr Vermögen unter anderem mit der Förderung von Rohstoffen erworben haben, und stößt so auf den Ort Kupferberg. Dippold will die Ländereien ohnehin abstoßen, die Sache sieht mehr als vielversprechend aus.

Zum Geschäftsabschluss kommt es 1538. Dietz rechnet damit, die Konflikte mit Bürgern und Bergleuten, über die so viele Herren Kupferbergs klagen, besänftigen und als Ausgleich dafür die von Dippold bislang unangetasteten Flöze abbauen zu können. Er ist schließlich kein Laie und kauft nicht die Katze im Sack. Die Sachverständigen, die das Gelände begutachteten, haben allesamt positive Nachrichten überbracht. Was Dietz nicht ahnt, ist, dass er soeben in eine Falle tappt, die in der Zukunft noch für zahlreiche Dramen in und um Kupferberg sorgen wird: Die hiesigen Flöze weisen nämlich die Besonderheit auf, dass ihre oberflächlichen Schichten geradezu erstaunliche Mengen an Kupfer und sogar Silber enthalten. Wer sie untersucht, verfällt in fieberhafte Erregung, die einem Goldrausch nahekommt. Doch liefert die Analyse der Proben etwas zu optimistische Ergebnisse, sodass die Prognose, der zufolge sich in Kupferbergs Erde große Reichtümer verbergen, als trügerisch gelten muss.

Tatsächlich erweisen sich Dietz' Schätzungen als zu hoch gegriffen – die Förderung ergibt nicht die erwarteten Erträge, die Bergleute verlangen wieder und wieder höhere Beteiligung. Nach nur fünf Jahren verkauft Dietz Kupferberg mitsamt allen Bergwerken und sucht fortan auf der anderen Seite der Berge, in Zuckmantel, sein Glück – findet es aber offenbar nicht, denn 1545 stirbt er, zwar als reicher, jedoch nach wie vor unerfüllter Mann.

Nun gelangt Kupferberg in die Hände der Gebrüder Hellmann. Die wiederum setzen auf die Durchsuchung der Halden, die sich in mehr als zwei Jahrhunderten Rohstoffförderung rund um den Ort aufgetürmt haben. Zu ihrem Erstaunen und sicher auch zu ihrer Empörung sollen die Bergleute nun, statt unter Tage zu gehen, den Aushub von den Halden zu einer Lichtung am nahegelegenen Bach schaffen. Dank eines für die damaligen Zeiten fortschrittlichen Verfahrens – der Nassmetallurgie – bringen die Hellmanns in Kupferberg die Produktion von Kupfervitriol in Gang, das in ganz Europa beim Färben und Gerben von Leder eingesetzt wird. 1553 sind die Gebrüder Hellmann die führenden Produzenten dieses Mittels im Habsburgerreich.

Das Treiben der neuen Landbesitzer betrachten die Kupferberger Bürger mit Unwillen, ziehen sie doch ihre sämtlichen Privilegien und nicht eben geringen Profite aus dem Bergbau.

Einer von ihnen, Valentin Krün, baut sich in der Niedergasse 25 ein Haus, das mit seinem kunstvollen Portal und den prächtigen Innenräumen noch über fünf Jahrhunderte lang Ortsansässige in Ehrfurcht und Gäste in Entzücken versetzen wird. Die Menschen erzählen einander, dass von jenem Haus ein unterirdischer Geheimgang zum »Rattenkloster« im unteren Ortsteil und weiter zum Bolzenschloss führe. Krün beobachtet voller Unruhe, wie ein Bergwerk nach dem anderen eingeht, die Zahl der Bergleute abnimmt und immer weniger Rohstoffe gefördert werden, an denen er und andere Menschen seines Schlages ein Vermögen verdienen. Die Hellmanns kommen mit dem Verkauf ihres Vitriols erstaunlich gut allein zurecht.

1579 setzt ein Sacharrest, unter den die wenigen Bergmänner gestellt werden, da sie vor dem König nicht mit der erforderlichen Menge an geförderten Rohstoffen abrechnen konnten, dem Bergbau in Kupferberg zum ersten Mal ein Ende. Die verbliebenen Bergwerke werden geschlossen, und nun ahnen auch die Letzten, die noch mit einer glücklichen Schicksalswende gerechnet haben, dass magere Jahre vor ihnen liegen. Und dass es Zeit wird, sich eine neue Beschäftigung zu suchen.

Nicht ahnen können sie, dass ihnen das Schlimmste erst bevorsteht. Anfang des neuen Jahrhunderts dringt das drohende Grollen des Ungeheuers namens Geschichte nun doch bis nach Kupferberg. Fällt jetzt den Menschen, die immer schwerer über die Runden kommen, der Fluch wieder ein? Sicherlich werfen sie besorgte Blicke zu den beiden Steinkreuzen hinüber. »Memento« – Bedenke, vielleicht liegt das Schlimmste noch vor dir.

Ab 1618 ziehen bewaffnete Horden durch Europa; sie sind in Geschehnisse verwickelt, die von den Historikern später als der »Dreißigjährige Krieg« bezeichnet werden. Das Ungeheuer wütet dreißig Jahre lang – dreißig Jahre Angst, Verzweiflung und Trauer. Zuerst kommt eine Seuche, die in der ganzen Gegend reiche Todesernte einfährt. Kupferberg weint um nahezu die Hälfte seiner Einwohner. Noch haben die Menschen diesen Schlag nicht ganz verwunden, als sie in der Nacht vom 18. auf den 19. Juli 1634 von Glockenläuten geweckt vor ihre Häuser treten und sorgenvoll vom Gipfel ihres Berges gen Westen blicken – wo unter dem sternenklaren Himmel der Ort Hirschberg lichterloh in Flammen steht. Wieder macht sich das Ungeheuer bemerkbar. Brandbomben haben sämtliche Hirschberger Kirchtürme in Flammen aufgehen lassen, in der Hitze schmelzen die Glocken. Nach wenigen Stunden wird von der Stadt nur noch ein verkohltes Aschenfeld übrig sein. 341 Häuser verbrennen, und in ihnen die Menschen. Ihre Schreie hört man nicht bis Kupferberg, doch den Feind sehen die entsetzten Einwohner bereits nahen. Dieses Mal sind es die Kroaten, die aufseiten der Habsburger kämpfen. Sie belagern Hirschberg. Als sie schließlich auch in Kupferberg auftauchen, verschwindet der Ort zum ersten Mal von der Landkarte. Wer es schafft, das Pogrom zu überstehen, versteckt sich in den dichten Wäldern. Zunächst raffen Kälte und Hunger die Überlebenden dahin, dann tut ein außergewöhnlich frostiger Winter das Seine. Als die Kroaten sich zurückziehen, betritt eine Handvoll Einwohner die Brandstätte, bereit, ihr Kupferberg wiederaufzubauen.

Im Mai 1641 wird Feldmarschall Lennart Torstensson zum Befehlshaber der schwedischen Truppen ernannt, die aufseiten der Protestantischen Union gegen die Habsburger kämpfen. Er befiehlt seinem General Königsmarck, das von Dippold mehr als hundert Jahre zuvor so mühevoll wiedererrichtete Schloss Bolzenstein zu erobern. Nun müssen die Kupferberger, die den Angriff der Kroaten überstanden haben, erneut flüchten, diesmal vor den Schweden. Eine Belagerung beginnt, während derer die schwedischen Truppen ihr Lager auf den verkohlten Grundfesten fast aller Dörfer in der Umgebung aufschlagen – in Johannesdorf, Rohrlach, Waltersdorf. Und Kupferberg verschwindet bloß deshalb nicht zum zweiten Mal von der Landkarte, weil es nach dem Kroateneinfall noch nicht zur Gänze wiederaufgebaut werden konnte.

Die tragischen Zeiten, in denen sie leben müssen, versuchen die Menschen mit Legenden zu deuten, die sie sich im Schein ihrer heimlich entzündeten Lagerfeuer erzählen. Sie handeln von einem heldenhaften Fürsten auf Schloss Bolzenstein, der sich angesichts der hoffnungslosen Lage aus den Händen der protestantischen Angreifer befreite, indem er aus einem Fenster des Schlosses in die Tiefe sprang. Sein Geist sollte angeblich noch jahrelang durch die verwinkelten Schlossgänge huschen, ächzen, heulen und jeden verfolgen, der es wagte, seine Ruhe zu stören. Manche Geschichten handeln auch von einem Trauerzug, der in wolkenlosen Nächten zwischen Kupferberg und Johannesdorf herumirren soll – und eine Besonderheit aufweist: Sämtlichen Trauergästen fehlt der Kopf. Gegen Morgen pflegt sich der Zug in Nebel aufzulösen.

Schlussendlich erobern die Schweden Schloss Bolzenstein und besetzen es für vier Jahre, während derer sie mehrere Versuche der kaiserlichen Truppen abwehren, das Schloss zurückzuerobern. Schließlich ändert sich die Situation an der Front so weit, dass die Besetzung der Festung keinen besonderen Sinn mehr ergibt. Die Schweden ziehen sich zurück, wobei sie, entsprechend den damaligen Kriegsgepflogenheiten, nur eine rauchende Ruine hinterlassen.

Der Krieg legt nicht nur die gesamte Stadt in Schutt und Asche, sondern zerstört auch etwas viel Wertvolleres, an dem die Kupferberger sich Jahrzehnte hindurch hatten erfreuen können: Die Reduktionskommission nimmt den evangelischen Einwohnern ihre Gotteshäuser und verbietet den pastoralen Dienst. In den folgenden Jahren sind die Kupferberger Protestanten stärkstem Druck vonseiten der Österreicher ausgesetzt und müssen sich, um die Predigten ihrer Pastoren zu hören, wieder in den Wäldern rund um die Berge und die niedergebrannte Schlossruine verstecken. Ihre Gotteshäuser bekommen sie erst mit der Übernahme des Landstrichs durch die Preußen im Jahr 1742 zurück. Über jene Zeit vermerkt Pastor Fiebiger aus dem nahegelegenen Rudelstadt in seinen Erinnerungen: »O du mein Gott! In welchen Zeiten hast du uns zu leben beschieden! Komm, guter Geist, rette dieses arme Volk. Sieh, wie viel Verheerung, wie viele Ruinen ringsum! Schlesien ist in Trauer und beweint sein bitteres Los.«[3]

Mit dem Ende des Krieges enden jedoch nicht die Plagen, die den Ort heimsuchen. Nach den Jahren voller Katastrophen glaubt hier niemand mehr an Zufall. Der einst blühende Bergbau liegt am Boden, die Menschen hungern und versuchen ihr Glück mit Ackerbau und Viehzucht. Doch auch darin sind sie zum Scheitern verurteilt. Die Erde ist wenig fruchtbar, das Klima rau. Chroniken verzeichnen im August 1693 heftige Schneefälle in der ganzen Gegend, die zahllosen Pfützen sind von einer dünnen Eisschicht überzogen. Kurz darauf werden Kupferberg und die Nachbardörfer von Heuschrecken in entsetzlichen Mengen überfallen. In den Kirchen beten die Menschen darum, dass die Plage, dieser göttliche Fingerzeig, abgewendet werden möge. In den folgenden Jahren suchen den Ort eisigere Winter heim denn je – 1708 gibt es in der Gegend 105 Kältetote, weitere 185 ältere Menschen und Kinder sterben an der Ruhr und an den Pocken.

Trotzdem standen die zähen Kupferberger nach jedem Schlag wieder auf. »*Wes die Zeit erlaubte …*«, pflegten sie gelassen zu sagen, wann immer jemand gewagte, fantastische oder gar weitreichende Zukunftspläne schmiedete. Zu viel hatte sie die Vergangenheit gelehrt. Schlugen sie den Weg nach Johannesdorf ein, wandten sie nach wie vor den Blick von den steinernen Kreuzen ab, doch behielten sie das »Memento« und das Grollen des Ungeheuers, das jenseits der Berge lauerte, stets im Hinterkopf.

All das wusste Johann Martin Stulpe, der im November 1724 nach Kupferberg kam mit dem festen Vorsatz, den von Schicksalsschlägen geplagten Seelen der Einwohner ein wenig Hoffnung einzuflößen. Stulpe war 1686 in Wartenberg geboren, in einer armen, jedoch so gottesfürchtigen Schusterfamilie, dass gleich zwei ihrer Söhne sich zu Priestern berufen fühlten (der ältere Johann und der jüngere Michael). Schon von jüngster Kindheit an hatte Johann sich durch Fleiß und Wissbegier hervorgetan, zuerst in der Volksschule in seinem Heimatdorf, später dann auf dem Gymnasium in Liegnitz und schließlich an der Hochschule in Breslau, wo er 1710 einen Magistertitel in den freien Wissenschaften sowie ein Bakkalaureat in Theologie erwarb. Drei Jahre später empfing er die priesterlichen Weihen und begann seinen Dienst in den Gemeinden der Umgebung. Nach mehreren Jahren an verschiedenen Orten wurde er in Anerkennung seiner Verdienste schließlich zum Pfarrer der gebeutelten, in Verzagtheit erstarrten Kupferberger Gemeinde ernannt. 1725 machte er sich, wenngleich völlig mittellos, auf eine lange und gefährliche Reise nach Rom, um von Papst Benedikt XIII. die Erlaubnis einzuholen, in Kupferberg eine Bruderschaft zum Heiligsten Herzen Jesu zu gründen. Die Erlaubnis bekam er.

So beginnt Prälat Stulpes fast dreißigjähriges Wirken in Kupferberg, zurückdenken wird man an ihn noch zwei Jahrhunderte lang. Der Beginn jedoch steht unter keinem guten Stern. 1727 renoviert der Pfarrer mit seinen eigenen Ersparnissen die Kirche, die im Laufe der Kriege und der Versäumnisse der vergangenen Jahrzehnte vollkommen verfallen ist. Doch allzu lang sollte das Gotteshaus die Augen der Gläubigen nicht erfreuen. In einer eisigen Januarnacht 1728 legt eine Feuersbrunst wieder einmal die Kirche und auch einen gehörigen Teil der Stadt in Schutt und Asche. Und wieder einmal müssen die Kupferberger von vorn anfangen. Innerhalb von fünf Jahren bauen sie die Kirche neu auf und errichten auch gleich eine Schule bei der Pfarre.

Pfarrer Stulpes akribischen Aufzeichnungen zum Dank wissen wir, dass er im Laufe der nun folgenden zwei Jahrzehnte 2551 Predigten verliest, 2392 Missae solemnis und ganze 10 077 Missae recitatae abhält. Er spendet 744 Mal das Sakrament der Taufe (374 der Täuflinge sind Jungen, 370 Mädchen). Das letzte Geleit zum Friedhof an der Hinterseite des dreieckigen Marktplatzes gibt er 768 verdienten Bürgern, und den Segen 265 Paaren, die sich entschließen, im freundlichen hiesigen Kirchengebäude das Sakrament der Ehe zu empfangen. Woran Johann Martin Stulpe jedoch die meiste Freude hat, sind die alljährlichen Kirchweihfeiern und Patronatsfeste, die stets am dritten Sonntag nach Ostern stattfinden. Dann wird die kleine Stadt von Hunderten Pilgern aus der ganzen Umgebung bevölkert, und das Mitgliederbuch der Herz-Jesu-Erzbruderschaft quillt über von neuen Einträgen. Der Pfarrer kann nicht wissen, dass der Brauch, dem zufolge alle Gläubigen jedes Jahr am dritten Sonntag nach Ostern zum Herz-Jesu-Fest in Kupferberg zusammenkommen, in ferner Zukunft einer der wenigen Beweise dafür sein wird, dass es dieses Städtchen überhaupt einmal gegeben hat.

Das Ungeheuer Geschichte erwacht 1740 wieder, und zwar im Geist Friedrichs des Großen, als der beschließt, den Habsburgern Schlesien zu nehmen – und damit auch das grüne Kupferberg. Diesmal dauern die Kämpfe über zwanzig Jahre. Im Herbst 1744 erhebt das kaiserliche Heer von den Ortsbewohnern eine Kontribution; einzige Alternative ist die Befriedung. Die Österreicher verlangen zehntausend Gulden in Bargeld, dreißig Paar Schuhe, zwanzig Zugpferde, sechshundert Scheffel Hafer, sechshundert Bund Heu sowie achthundert Laib Brot – all das innerhalb von 24 Stunden. In Kupferberg aber leben gerade einmal tausend Einwohner, von denen ein jeder nur zu gut weiß, dass diese Kontribution auch mit vereinten Kräften nicht aufzubringen ist. So lassen sie ihren Blick nur traurig über die Wälder schweifen, in der dunklen Vorahnung, wieder einmal mit ansehen zu müssen, wie ihre kleine Stadt dem Erdboden gleichgemacht wird. Doch da kommt ihnen Pfarrer Johann Martin Stulpe zu Hilfe. In Missachtung aller Verbote macht er sich auf den Weg nach Schömberg, wo der österreichische Heerführer, Oberst Franquini, stationiert ist – und kann tatsächlich erreichen, dass den Ortsbewohnern ein Teil der Kontribution erlassen wird und dass sie den Großteil des Verbleibenden zu einem späteren Termin abliefern dürfen. Kupferberg ist gerettet. Das Ungeheuer trollt sich. Zurückkehren wird es erst in ein paar Jahren bei der letzten Partie um Schlesien, aus der die Preußen siegreich hervorgehen. Dann wird die Stadt niemand mehr schützen können: Am 26. Januar 1753 stirbt der von den Bürgern so geliebte und verehrte Pfarrer Stulpe eines plötzlichen Todes. Seinem Wunsch entsprechend wird er zu Füßen seines selbsterrichteten Altars bestattet.

Indessen tauchen im Ort ein ums andere Mal neue Eigentümer und Investoren auf, Glücksjäger, die, verlockt durch den scheinbaren Reichtum der Flöze, den Berg aushöhlen. Unter ihnen sind auch gewöhnliche Hochstapler und Betrüger, wie zum Beispiel ein Mann namens Herzer, der dem neuen König Friedrich dem Großen das Vorkommen vielversprechender Kobalt-Lagerstätten beweisen will. Zu diesem Zweck lässt er den kostbaren Rohstoff aus Sachsen herschaffen und in den Kupferberger Stollen wieder »abbauen«. Friedrich zahlt daraufhin horrende Summen für die Suche, deren Ziel die gewinnbringende reguläre Kobalt-Förderung sein soll. Schließlich kommt er jedoch dem Schwindler auf die Schliche und findet sich 1766 sogar persönlich vor Ort ein. Der vorgewarnte Herzer ergreift die Flucht; seine Entlarvung und beispielhafte Bestrafung läuten wieder einmal das Ende des Bergbaus in dieser Gegend ein. Sämtliche noch folgenden Versuche, die in dieser Erde verborgenen Schätze zu heben, münden in einer mehr oder minder großen Enttäuschung – und davon hat man in Kupferberg langsam genug.

Eine Chance für den Ort scheint nun die Weberei zu bieten, vor allem da eine neue Art Spinnrad, die in den Spinnereien der Alten Welt zum Einsatz kommt, außerordentliche Resultate liefert. Recht schnell jedoch erweist sich die vermeintliche Verbesserung als Fluch, wird durch sie doch die Produktion von Webstoffen leichter, der Absatzmarkt aber nicht größer. 1725 verliert fast die Hälfte aller bis dahin aufstrebenden Weberfamilien des Ortes wegen der mangelnden Nachfrage ihre Einkünfte. Kupferberg entvölkert sich; im Jahr 1785 leben hier gerade noch 796 Einwohner, die meisten davon in bitterer Armut. Und bald sollte es noch schlimmer kommen, denn im nahen Merzdorf eröffnen industrielle Spinnereien, wodurch die restliche Handvoll Kupferberger Weber endgültig ihr Einkommen verliert.

Kurz darauf besinnt sich das Ungeheuer wieder auf das unglückselige Städtchen am Berggipfel, diesmal allerdings ist es gnädiger gestimmt. Im August 1813 tauchen preußische Partisanentrupps auf, angeführt von Offizier Ferdinand Wilhelm Franz Bolstern von Boltenstern. Zwar sind sie völlig ausgehungert, halten sich aber dennoch abseits, denn statt auf Kupferberg haben sie es auf kleine französische Trupps abgesehen, die Richtung Norden hasten, um sich am 26. August bei einer der blutigsten napoleonischen Schlachten ins Kampfgetümmel zu stürzen. An der Katzbach erringen die mit Russland verbündeten Preußen einen Sieg über Napoleons Soldaten, die von Marschall McDonald angeführt werden, und hinterlassen 4000 eigene und 15 000 französische Gefallene. Von diesem Sieg erfahren die Kupferberger erst später, während der Schlacht lauschen sie nur dem bedrohlichen Grollen und Dröhnen jenseits der Berge und freuen sich, dass ihre Stadt diesmal nicht betroffen ist.

Jedoch lässt der nächste Schicksalsschlag nicht lang auf sich warten. Eines herbstlichen Abends, am 12. Oktober 1824, röstet Weißgerber Manches Ehefrau in ihrem Haus unter der Nummer 84 eine Speckseite derart scharf an, dass diese Feuer fängt. Zunächst verbreiten sich die Flammen nur im Haus; als sie schließlich auf die Straße hinauszüngeln, finden sie im böigen Herbstwind rasch einen Verbündeten. Der Brand, der über mehrere Stunden im ganzen Ort wütet, erfasst 67 Häuser, beide Kirchen mitsamt den Schulen, das Hospital und das Rathaus mit nahezu dem gesamten örtlichen Archiv. Den Flammen zum Opfer fallen auch das königliche Bergamt des Fürstentums Schweidnitz und Jauer, die Scheunen mit Getreide und Vorräten für den Winter. Fassungslos betrachtet Pastor Kamnitz das Ausmaß der Tragödie: »Bauart und Beschaffenheit der Häuser, die alle aus Holz waren, erleichterten das Umsichgreifen des Feuers. Mit Schnelligkeit verbreitete es sich auf beiden Seiten, sowohl nach dem niederen als auch dem höher gelegenen Theile der Stadt. Ein scharfer Südwind trug das verheerende Element zur katholischen Kirche und nun ward die katholische und evangelische Schule, so wie der nach Jannowitz zu gelegene Theil der Stadt von ihm ergriffen. Anfangs drohten die Flammen den ganzen oberen Theil der Stadt zu verzehren. Als sie sich aber bis zur Fechtergasse verderbend fortbewegt hatten, verwandelte sich der Südwind in einen heftigen Ostwind und brachte der Niederstadt Untergang und Verderben. Immer rascher und rascher griffen die Flammen um sich, immer verheerender wurde die Gewalt und schien der vereinten Kraft aller der Tausende zu spotten, die aus Nähe und Ferne herbeigeeilt waren, um ihrer Verwüstung Grenzen zu setzen. Lange Zeit hindurch war es gelungen, die in der Mitte der Stadt sich befindende evangelische Kirche zu erhalten, als sie aber mitten in dem Feuermeer noch allein unversehrt das Haupt erhob, da musste auch sie ein Raub der Flammen werden.«

Innerhalb weniger Stunden verlieren 146 Familien – 503 Personen – ihre gesamte Habe. Nun stehen sie ohne ein Dach über dem Kopf da, wissen nicht, wo sie die nächste Nacht verbringen sollen. Zwischen den noch rauchenden Trümmern im unteren Ortsteil und den verkohlten Halmen der umliegenden Wiesen und Felder ragen einzig zwei steinerne Kreuze auf. »Memento«. »Gedenke«. Schwer zu sagen, ob in jenen tragischen Tagen noch irgendjemand des Fluchs gedenkt.

Kurz nach dem Unglück besucht Friederike Gräfin von Reden aus Buchwald das Städtchen Kupferberg. In ihrem Tagebuch notiert sie: »Ich näherte mich dem Trauerbild, von dem wer dergleichen nie sah, siech keinen Begriff machen kann – ich war anfangs wahrlich wie versteinert. Am Schloss, was vollkommen erhalten zwischen lauter Trümmern sich erhebt, empfingen mich Anton und Graf Matuschka mit unendlicher Liebe, sagten, ich käme wie gerufen, führten mich in die Mitte des kleinen versammelten Comitees, bestehend aus ihnen, beiden Geistlichen, dem Bergzehnter, Bürgermeister und Amtmann und baten daran teilzunehmen. Es wurde alles beschlossen, wie die Hilfsmittel verteilt, das Geld zum Wiederaufbau deponiert wird.«

Die Gräfin ist erschüttert vom Anblick des Ortes, der ein weiteres Mal von der Landkarte verschwunden ist. Sie besucht die Bewohner, tröstet die Unversehrten, beugt sich besorgt über die Verwundeten. Dann fährt sie nach Bad Warmbrunn zum Markt und kauft ein, was die Menschen, die alles verloren haben, ihrer Einschätzung nach am dringendsten brauchen – 61 Paar Stiefel und zwölf Paar Halbschuhe. Alles an Schuhwerk, was ihr die Bad Warmbrunner Schuster an jenem Tag verkaufen können. Daheim auf ihrem Familienbesitz hält Gräfin Reden sämtliche Bediensteten an, aus warmer Wolle Kleidung für die Ausgebrannten zu stricken.

Und wieder erhebt sich Kupferberg nach einem Fall. Zwei Jahre nach dem Brand, am 12. November 1826, kann Pastor Christian Schreck stolz sein neues Gotteshaus konsekrieren. Bei den Feierlichkeiten verliest er eine schöne Rede, die er anschließend drucken und an Einwohner und Gäste verkaufen lässt. Den Erlös übergibt er der katholischen Pfarre, die drei Jahre länger mit dem Wiederaufbau ihrer Kirche beschäftigt ist. Deren Architekt ist kein Geringerer als Karl Friedrich Schinkel, von dem auch das Berliner Alte Museum stammt. Sämtliche neuen Gebäude werden unter Anwendung aller nur erdenklichen Vorschriften zum Feuerschutz errichtet. Niemand will hier mehr brennende Kirchen sehen.

Im Jahr 1840 leben 676 Menschen im Ort; nur neun von ihnen bezeichnen sich als Bergleute. Trotzdem reisen nach wie vor Unternehmer an, die im Innern der Berge ihr Glück suchen – und es dann doch nicht finden, wie zum Beispiel die Herren Tiel-Winkler, Rosenstiel, Karsten und Grundmann aus Oberschlesien. Bei Letzteren endet die Glückssuche mit einer Explosion des Kesselhauses und der Maschinenräume bei einem der Schächte, was jedoch die Gebrüder Schönfelder – Richard, Hermann und Robert – nicht abhalten kann, sich 1880 ebenfalls am Bergbau zu versuchen. Nach mehreren Jahren ohne besondere Ergebnisse, dafür aber mit hohen Verlusten, verkaufen sie das Bergwerk Kupferberg an einen Herrn namens Arend weiter, einen Juden aus Berlin. Wieder werden die Schächte eingeweiht, die Grubenarbeiter ziehen frühmorgens mit Fackeln durch die Gänge und hoffen, dass diese feierliche Eröffnung ihrem Glück und Reichtum förderlich sein wird. Der Abbau geht über mehrere Jahre, es werden sogar neue Schächte angelegt, doch wieder bringen die Flöze nicht die erwarteten Erträge.

Doch bleibt keine Zeit mehr, die Abbaumethoden zu verbessern und neue Technologien einzuführen, denn das Ungeheuer regt sich wieder: Am 28. Juni 1914 erschießt Gavrilo Princip den Erzherzog Franz Ferdinand und dessen Frau – und die Welt, wie sie die Kupferberger bis dahin kannten, zerfällt vor ihren Augen.

Der Große Krieg hält jedoch nicht in Kupferberg Einzug, sondern bahnt sich einen anderen Weg. Nicht einmal annähernd streift die Front den Ort, stattdessen nehmen die Kriegsgeschehnisse ihm ein gutes Dutzend seiner Väter und Söhne. Als der Geschützdonner verhallt, stellen die Kupferberger zur Erinnerung an das vergossene Blut ein Denkmal auf ihrem dreieckigen Marktplatz auf.

Die Kupferberger sind zäh. Fünf Jahre nach Kriegsende versammeln sie sich wieder zur Prozession, wieder leuchten die Grubenlampen, wieder flattern die Fahnen. An der Wand einer Kaue prangt ein großes Bildnis der heiligen Barbara, gemalt von Bergassessor Fitzners Bruder. Der evangelische Pastor Helmut Eberlein und der katholische Priester Johannes Kaufmann erklären den Gläubigen gemeinsam, Segen und Schutz bei der Arbeit ließen sich einzig durch eifriges Gebet erzielen.

Um den Rohstoffabbau kümmern sich nun die Ingenieure der Gesellschaft Giesche-Erben – ein Konzern, der in Oberschlesien den Großteil aller Bergwerke und Hütten und einen noch größeren Teil der Stadt Kattowitz sein Eigen nennt. Hoffnungsfroh lauschen die Kupferberger den Nachrichten aus jener Region, haben sie doch bereits von den schönen und komfortablen Gartenstädten gehört, die den Arbeitern von der Giesche-Gesellschaft gebaut werden. Die Träume der restlichen sechzig Kupferberger Bergleute sind um einiges bescheidener: Weder wollen sie luxuriöse Wohnsiedlungen noch eine kostenlose Bahnlinie bis vor die Tore des Bergwerks – sie wünschen sich lediglich, die von den Giesche-Erben angelegten Schächte möchten genügend Rohstoffe abwerfen, damit niemand sich um das Morgen sorgen muss.

Ihr Gebet, zu dem Pastor Eberlein und Priester Kaufmann sie angehalten haben, ist daher gewiss überaus eifrig, allerdings leider ebenso wirkungslos. Auch die Erfahrung der Ingenieure aus dem Giesche-Konzern ist nicht von Nutzen – mit leichter Hand haben sie den Bergbau in Kupferberg wiederaufgenommen, noch leichteren Herzens fällen sie die Entscheidung über seine endgültige Abwicklung. In den Firmenbilanzen haben die paar Gruben und die Handvoll Bergarbeiter keine allzu wichtige Stellung. Zuerst wird der Tonischacht stillgelegt, schon bald darauf, im Jahr 1927, folgt der letzte, der Adlerschacht. Den Bergleuten bleibt nichts als der wehmütige Blick auf das verwaiste Fördergerüst, das von fast jedem Haus aus zu sehen ist.

❖ ❖ ❖

Einfach vergessen lässt sich die Vergangenheit der ehemaligen Bergbaustadt jedoch nicht. Der Berg, auf dessen Gipfel die Kupferberger Häuser stehen, ist löchrig wie ein Sieb. Jahrhundertelang hat man ihn unterhöhlt, nun beginnen die ungesicherten Tunnel einzusinken – und alles zu gefährden, was sich oberhalb befindet. Die Verschalung in den alten Stollen zerfällt allmählich, niemand bei Verstand würde sich jedoch hineinwagen, um den Verfall zu beurteilen und drohende Gefahren abzusehen. Von einer Sicherung der alten Gruben kann keine Rede sein.

Immer häufiger reißt die Rohrleitung, die Wasser vom Fuß des Ochsenkopfs nach Kupferberg führt. Die Stadtverwaltung zerbricht sich den Kopf, woran das liegen könnte, bald stellt sich heraus, dass kleinste Erschütterungen und Verschiebungen des Erdreichs die Schäden an der Leitung verursachen.

Eines Tages stecken die Pferde, die den Pflug über Franzkys Feld ziehen, plötzlich bis zur Brust in der Erde und stoßen ein so schrilles Quieken aus, dass alle in der Umgebung ihr Arbeitszeug hinwerfen und mit bleichen Gesichtern zum Acker rennen. Nur wenige haben Mut genug, den Pferden zu Hilfe zu kommen; die anderen starren von weitem auf die Pferdeköpfe, die aus der Erde ragen, und das merkwürdige trichterförmige Loch um sie herum.

Zum ersten Mal jedoch sackt der Erdboden unter Preuß' Schmiede und Reimanns Kaufladen ab. Ein Krater entsteht, so groß, dass ein ganzes Pferdefuhrwerk Platz darin fände. Auch quer über die Häuserzeile – vom Bäcker Flade bis zum Friseur Friebe – hat sich ein Riss im Mauerwerk gebildet, weil Stollen eingebrochen sind.

Und dieser Riss ist erst der Anfang.

DIE FLASCHE

Den Flaschenverschluss hat mir Zbigniew Pawęski nach unserem Gespräch geschenkt. Unentwegt spielte er damit, befühlte ihn, klopfte sacht damit auf die Tischplatte, direkt neben dem Mikrofon, sodass ich mich schließlich fragen musste, ob Absicht dahintersteckte. Endlich sagte er, der Korken sei für mich, und ich tat überrascht, hielt mich eine Weile höflich zurück. Dann aber fragte ich ihn, woher er den Verschluss habe.

»Hab ihn halt«, erwiderte er, um gleich darauf zu versichern, ihn mir zu schenken sei kein Opfer für ihn: »Ich kann mir wieder einen suchen.«

Der Flaschenkorken also. Zu alt, um als gewöhnlicher Müll zu gelten, zu jung, um historisch wertvoller Gegenstand zu sein. Ein Porzellanverschluss mit roter Emailleschrift: KUPFERBERGER BRAUEREI, G. FRANZKY. Keine Jahreszahl, nichts. Der Dichtungsring ist schon zum Teufel, ebenso der Metallbügel, dessen Reste noch in den seitlichen Öffnungen stecken.

Anfangs kann ich kaum der Versuchung widerstehen, eine Geschichte dazu zu erfinden – erst kämpfe ich dagegen an, dann aber geht die Anwandlung von selbst vorbei. Korken bleibt Korken, ein ausgebuddelter Flaschenverschluss, der mir nichts sagt, was ich nicht schon wüsste. Es hat hier eine Brauerei gegeben, es hat einen Georg Franzky gegeben, es hat Bier gegeben. Das ist alles – und alles ist Vergangenheit. Ich stecke den Flaschenkorken in meine Jackentasche, ein bisschen wie einen Glücksbringer. Aber warum sollte er mir Glück bringen? Ich überlege mir sogar, ob ich meinen Schlüsselring durch ihn hindurchziehen kann. Dann könnte ich ihn immer bei mir tragen.

Später finde ich die Flasche. Und wieder ist es da, dieses aufdringlich Symbolhafte, dessen ich mich kaum erwehren kann. Ein hämisches Kichern der Geschichte, als erlaubte sich das grüne Kupferberg, der verschwundene Ort, einen Scherz mit mir und würfe mir beliebige Gegenstände hin, aus denen ich mir dann meine eigene Version zusammenreimen soll. Deswegen stoße ich beim Versuch, zu verstehen, einzig auf diese beiden Dinge – den Porzellanverschluss und eine Bierflasche von der Brauerei Franzky. Ein Zweierset, könnte man sagen. (Doch der Häme nicht genug: Der Flaschenhals ist angebrochen, sodass es mir nicht gelingen will, die beiden Teile feierlich zusammenzusetzen und in einen albernen Begeisterungstaumel zu verfallen.)

Ein einzelner Verschluss, eine einzelne Flasche – nichts weiter. Ein paar Tellerscherben könnte ich gewiss noch finden, wenn ich über die frisch gepflügten Felder ginge. Aber auch sie würden nichts bedeuten – diese ganze Ausgraberei ist zu nichts nutze, folgt ihr doch bloß der freie Erfindergeist, wenn ich im Bus von Jelenia Góra sitze, aus dem Fenster starre und grüble. Ist Franzky dort entlanggegangen, wo die Flasche lag, hielt er selbst sie in der Hand – oder wer hat sie sonst gekauft, wer das Bier getrunken (Beier aus der Hausnummer 10 oder Casper aus der 6)? Ist diesem Jemand der Alkohol zu Kopf gestiegen, hat er eine Schlägerei angezettelt, ist er vielleicht selbst verprügelt worden? Hat er sich Mut angetrunken? Trank er aus Langeweile? Weil er musste? Weil er Durst hatte? Vor Freude, vor Trauer? Aus Lust und Laune?

Die Flasche lag im Laub, neben Ueberschaers Grab. Hatte er sie selbst mitgebracht, als sein Holzhaus noch stand? Oder stammt sie von denen, die ihn begraben haben und an der Backsteinwand, gleich über dem Sarg, seine Pickelhaube und seinen Säbel aufhängten? Sie wälzten eine grobe Betonplatte über das Grab, und statt sein Todesdatum einzumeißeln, hoben sie ihre Flaschen, tranken auf ihn und gingen dann gemächlichen Schrittes zurück in Richtung Stadt. Armer Ueberschaer, dachten sie bei sich, warum hat er das getan?

Oder war es ganz anders? Vielleicht lag die Flasche dort, weil jemand fand, das sei eine ausgezeichnete Stelle, um endlich den ganzen Schrott loszuwerden, den die Deutschen in den Häusern hinterlassen hatten. Sie hatten ja selbst keine Zeit mehr, aufzuräumen.

Heute ist all das bedeutungslos. Meine Ergriffenheit, meine Faszination für diese beiden Gegenstände rühren von etwas anderem her, was nichts mit ihnen zu tun hat – von meinem Wissen über die Geschichte dieses Ortes. Aber es sind eben nur diese beiden Dinge, die es noch gibt vom grünen Kupferberg – und das muss mir genügen, um meine Verzückung des Hobby-Archäologen zu rechtfertigen.

KUPFERBERGER GOLD

»Das nächste Äffchen ist für dich«, verspricht Max Sintenis mit leuchtenden Augen. Um deren schelmisches Blitzen im Dämmerlicht sehen zu können, muss der kleine Georg Franzky sich auf die Zehenspitzen stellen und die Hand mit der Flasche, die den herrlichen goldenen Trunk enthält, hoch hinaufrecken. Eine riskante Operation, liegt doch die Fensteröffnung der Gefängniszelle, wo der übermütige Max wieder einmal einsitzen muss, zu weit oben für Georgs bescheidene Möglichkeiten. Über das Gelingen der Aktion entscheiden Maxens geschickte Fingerkuppen; angeblich ist ihm noch nie eine volle Flasche entglitten, und so ist es auch dieses Mal.

Noch ein Risiko kommt hinzu. Max Sintenis – Hallodri, Nachtschwärmer und standfester Zecher – sitzt eben darum in der Zelle, weil er unter Einfluss des einen oder anderen Fläschchens wieder einmal die Kupferberger Bürger brüskiert hat. Einem solchen Zeitgenossen noch mehr Bier zuzutragen stieße bei den Nachbarn und Bürgermeister Schmude sicher auf Missbilligung, und vom Vater gäbe es eine gehörige Tracht Prügel. Doch das Versprechen eines eigenen Äffchens ist zu verlockend, als dass Georg dieses Risiko nicht eingehen würde. Im Übrigen wiederholt sich das Ritual recht häufig, also bringt der Junge schon eine gewisse Erfahrung mit. Zunächst ertönen frivole Lieder aus dem Haus der Brüder Sintenis, von denen das harmloseste mit den Worten beginnt: »Wenn du eine Schwiegermutter hast ...« Später schallt Maxens sonorer Bariton durch die Straßen. Sodann lässt sich der Pfiff des Gendarmen oder Bürgermeister Schmudes ärgerliche Stimme vernehmen, der sich in solchen Momenten auf ein gewöhnliches »Max, du Esel!« beschränkt und dem Gendarmen befiehlt, den betrunkenen Krakeeler am Schlafittchen in die Zelle hinter dem Armenhaus zu schleifen. Dort hat er bis zum nächsten Morgen Zeit, auszunüchtern und seine Schandtaten zu überdenken – wobei ihm meistens weder das eine noch das andere gelingt.

Zu diesem erzieherischen Fehlschlag trägt gewissermaßen auch der kleine Georg Franzky bei, Sohn des Bierbrauers Ewald Franzky und Enkel von Wilhelm und Ernestine Franzky. Schon seit über vierzig Jahren sorgt die Franzky-Sippe für den guten Namen des Städtchens, indem sie Wirtshäuser, Schenken und Restaurants nah und fern mit ihrem – nicht umsonst so benannten – Kupferberger Gold beliefert.

Das Erfolgsgeheimnis des hiesigen Bieres liegt, so behauptet jedenfalls Ewald Franzky, im ausgezeichneten Quellwasser aus den Tiefen des Berges, auf dessen Gipfel sich Kupferberg befindet. In der Hirschberger Lokalzeitung, betitelt *Wanderer im Riesengebirge*, erscheint sogar ein umfassender Artikel aus der Feder eines Professors Liebreich über die gesundheitsfördernden Eigenschaften des Wassers aus der Julianquelle: Der Gehalt von Arsensäure ohne andere, stark reaktive Salze charakterisiere dieses Wasser recht spezifisch als arsenikhaltiges Mineralwasser, das durch diese seine Eigenschaften leicht bekömmlich sei. Ein Gehalt von 1,66 Milligramm pro Liter Wasser soll exakt die zur Aufnahme geeignete Menge sein, diese Dosis sei selbst bei der Einnahme über einen längeren Zeitraum hin nicht zu hoch.

Ein anderer Spezialist wiederum, Professor Wilhelm Windlich, der die Entnahmestellen viele Male untersucht hat, wagt sich an die kühne These, das Kupferberger Nass sei ebenso gut wie das Wasser für das berühmte Pilsner Urquell. Für seine hohe Güte sorgten die Kalkmarmorschichten, durch die das Wasser sickere, wobei es die unerwünschte Kohlensäure verliere und weich werde.

Das Kupferberger Gold jedenfalls soll seinen einzigartigen Geschmack und seine leichte Herbe ebenjenem Wasser und der tadellosen Sauberkeit der Franzky'schen Brauanlage zu verdanken haben. Die Brauerei, in der dieser wunderbare Trank entsteht, befindet sich im unteren Ortsteil, an der Weggabelung Richtung Johannesdorf. Gebaut ist sie aus hübschen Klinkern, hinter ihr erheben sich pompös die gelbe Villa der Brauersfamilie und ein Haus für die Dienerschaft nebst Kutschstall. Der kleine Georg kennt hier jeden Winkel und weiß daher genau, wie er in die Brauerei gelangt, in welchem Raum das Bier in Flaschen gefüllt wird und was man tun muss, um eine gekühlte Flasche unbemerkt nach draußen zu schmuggeln und sie dann, auf Zehenspitzen, in Max Sintenis' flinke Finger hinaufzureichen. Nie ist er bei so einem Diebstahl erwischt worden.

Georg kann nichts dagegen tun – er ist sieben Jahre alt und liebt beide Brüder Sintenis heiß und innig. Den jüngeren, Max, für die wundersamen Geschichten, die er ihm durchs Fenstergitter erzählt und die von fernen Ländern handeln, von den Wüsten Persiens und Mittelasiens, vom grünen Dschungel Afrikas und den schäumenden Wellen der Ozeane. Es sind Geschichten voller unglaublicher Abenteuer, manche lassen einem das Blut in den Adern gefrieren – und selbstverständlich kommen in ihnen auch die Affen vor, die Max angeblich selbst präparieren will. Natürlich hat Georg nie auch nur ein von Max mitgebrachtes Äffchen zu Gesicht bekommen – um ehrlich zu sein, kann er sich nicht einmal daran erinnern, dass Max die Stadt Kupferberg jemals für längere Zeit verlassen hätte –, doch die Geschichten von fernen Ländern zu hören ist ihm genug Lohn für seine Mühen. Außerdem wäre die Villa hinter der Brauerei sicher aus allen Nähten geplatzt, hätte Georg Franzky alle von Max versprochenen Äffchen tatsächlich bekommen.

Und da ist noch der zweite Sintenis-Bruder – der ein Jahr ältere Paul. Er ist das völlige Gegenteil seines Bruders und die wahre Quelle für dessen fantastische Rauschgeschichten. Paul ist Botaniker, öfter befindet er sich auf Reisen als in seinem von Pflanzenpräparaten und Sammlungen schier überquellenden Arbeitszimmer in Kupferberg. Die erste Fahrt führt ihn in die rumänische Dobrudscha, später wagt er sich immer weiter vor – nach Griechenland, in die Türkei, nach Armenien, Turkmenistan, Persien, ja sogar bis ins ferne Puerto Rico. Von jedem dieser Orte bringt er Hunderte oder gar Tausende Pflanzenexemplare mit, darunter auch eine besondere Knöterichgattung aus Sachalin. Die Pflanze gedeiht bestens im rauen Kupferberger Klima, noch viele Jahre sollte sie das Wahrzeichen der Stadt sein. Bei einer Expedition in den Südosten der Türkei erklimmt Paul Sintenis mühevoll die Höhe von 2400 Metern, nur weil ein paar heimische Bauern ihm erzählt haben, dort oben wachse eine noch unbekannte Pflanze. Die Anstrengung lohnt sich – sein Fund geht als *Tulipa sintenisii* in die Geschichte der Botanik ein.

Kaum verwunderlich also, dass jede Rückkehr des Wissenschaftlers in die heimatlichen Breiten zu einer Sensation wird.

Sein wuchernder botanischer Garten, ist ein Ersatz für die fernen Länder, von denen sein jüngerer Bruder so hingebungsvoll und fesselnd erzählt. Besonders Georg Franzky fiebert jedes Mal dem Tag entgegen, an dem Paul Sintenis heimkehren soll. Da Ewald Franzky und die Gebrüder Sintenis freundschaftlich verbunden sind, wird Georg von Zeit zu Zeit das seltene Vergnügen zuteil, einen Blick in Pauls Haus werfen und ihm bei der Arbeit zusehen zu dürfen. Jeder dieser Besuche ist eine Expedition ins Ungewisse. In den Arbeitsräumen riecht es nach Pfeifenrauch, auf den Tischplatten stapeln sich Schaukästen mit getrockneten Schmetterlingen, aus den Schränken starren dem Jungen die Glasaugen ausgestopfter Tiere entgegen. Beherrscht wird das Reich von einer riesigen Angorakatze und drei krächzenden Papageien, die sich frei im ganzen Haus bewegen. Paul führt Georg gern in die Geheimnisse der Naturforschung ein, zeigt ihm Pflanzen- und Tierpräparate, gibt ihm unter dem Mikroskop Einblick in eine dem Jungen bislang unbekannte Welt. Dabei wendet der große Botaniker sich per »Kustos« an den kleinen Entdecker, was Georg mit besonderem Stolz erfüllt.

Bewunderung und Ehrfurcht weckt in ihm auch Pauls getreuer, gleichwohl recht schweigsamer Gefährte – ein Türke namens Fuss. So faszinierend sind sein ungewöhnliches Bärtchen und der obligatorische Fez, dass seine Anwesenheit Sintenis' ohnehin schillernder Gestalt noch mehr Glanz verleiht. Paul Sintenis und Fuss haben sich in Konstantinopel kennengelernt, und Sintenis ahnte gleich, welche Vorteile diese Freundschaft bergen würde. In Wirklichkeit ist Fuss der Sohn einer Österreicherin und eines Deutschen, er ist lediglich in der Türkei aufgewachsen und wurde nach orientalischem Muster erzogen. Daher verfügt er über eine entsprechende Bildung und, was am wichtigsten ist: Er spricht Deutsch, Griechisch, Arabisch und

Türkisch. Auf sämtlichen Expeditionen begleitet Fuss Sintenis als Übersetzer und Assistent, rasch eignet er sich auch das unerlässliche botanische Wissen an, sodass er den Forscher auch in diesem Bereich unterstützen kann. Auf einem der Fotos, die lange Jahre in Ewald Franzkys Arbeitszimmer hingen, sind Sintenis, Fuss und ein deutscher Konsul in herzlicher Umarmung zu sehen, vor der Kulisse einer persischen Stadt. Im Alter lässt Fuss sich in Kupferberg nieder, nun wird er immer wieder von Malariaschüben geplagt. Aus Mitgefühl, da ihm die Krankheit so stark zusetzt, reserviert man ihm in Franzkys Brauereiwirtschaft seine eigenen Biergläser und Krüge. Die Altersbeschwerden jedoch treiben ihn in eine Morphinsucht, die schließlich zu seinem verfrühten Tod führt.

Maxens Geschichten und Pauls Errungenschaften beflügeln die Fantasie des kleinen Georg Franzky, der bald selbst von fernen und spektakulären Reisen träumt. Die große weite Welt beginnt für ihn schon am Bahnhof in Jannowitz. Von Kupferberg ist das ein knapp zwanzigminütiger Spaziergang; man lässt die Brauerei hinter sich und die beiden Steinkreuze, von denen eines nach wie vor die verwitterte Aufschrift »Memento« trägt. Danach braucht man bloß noch den Kiefernwald zu durchqueren. Oder eigentlich: hindurchzurennen, birgt doch das dunkelgrüne Dickicht für den kleinen Jungen entschieden zu viele unheimliche Geräusche.

Glücklich am Bahnhof angelangt, kann man aufatmen und sich in einen Zug setzen, der zwei Stunden später in Breslau oder Görlitz ist, und nur fünf Stunden später sogar in Berlin. Nimmt man die Bahn in die Gegenrichtung, erreicht man in einer guten Viertelstunde Hirschberg. Diese Strecke fährt Georg für sein Leben gern. Die Gleise schlängeln sich zwischen den Bergen hindurch und setzen hier und da auf hübschen bogenförmigen Brücken über den Fluss. Von Merzdorf aus kann man ganz deutlich die beiden Kupferberger Kirchtürme sehen. Den größten Spaß bereitet es dem Jungen aber, wenn der ganze Zug in den stockdunklen Tunnel am Fuß des Berges eintaucht. Von Großmutter Ernestine weiß der kleine Georg, dass am 9. September 1865 am westlichen Ausgang des Tunnels, unweit des Ortes Rohrlach, Tische und leuchtende Lampions aufgebaut wurden. Anlass für das ungewöhnliche Festgelage war die Eröffnung der Bahnlinie Breslau–Hirschberg. Den Festgästen, unter denen auch Ernestine Franzky und ihr damaliger Mann Wilhelm Bach waren, spielte eine Kapelle auf, und natürlich floss das Kupferberger Gold in Strömen. Nachdem die Vertreter der Bahn und der Eigentümer des Landstrichs, Graf Wilhelm zu Stolberg-Wernigerode, ihre Festreden gehalten hatten, marschierten alle Anwesenden durch den Tunnel und leuchteten sich mit Fackeln den Weg. Und so wurden Jannowitz und das nahe Kupferberg dank der Eisenbahn mit der Welt verbunden.

Die Fahrten mit dem Zug verleiten Georg Franzky zu den verschiedensten Überlegungen. Als Ministrant in der katholischen Kirche hat der Junge von der Romreise gehört, die der damalige Pfarrer Stulpe vor nunmehr zwei Jahrhunderten im Alleingang unternahm, um vom Papst ein Breve für die Gründung der Herz-Jesu-Erzbruderschaft zu erbitten. Unbegreiflich bleibt dem kleinen Georg Franzky, dass der wackere Priester seine Reise ohne die Eisenbahn unternommen haben soll.

An Pfarrer Stulpe erinnern sich fast alle in der Stadt. Besonders lebendig ist die Erinnerung am dritten Sonntag nach Ostern, wenn von Jannowitz, Rudelstadt und Waltersdorf wahre Ströme von Gläubigen nach Kupferberg zum Herz-Jesu-Fest ziehen. Gleich nach der Morgenmesse, die gemäß dem langjährigen Brauch um fünf Uhr früh abgehalten wird, belegen die Pilger sämtliche Gasthäuser des Ortes. Besonders sorgfältig bereiten sich die Ministranten auf diese Feierlichkeiten vor; bereits einen Monat zuvor beginnen sie die lateinische Messe einzustudieren, unter dem gestrengen Blick von Kantor Vogt, der neben seinen pädagogischen Fähigkeiten auch ein musikalisches Talent besitzt und mit seinem Orgelspiel den Gottesdienst feierlich untermalt.

Georg dient also hingebungsvoll in der Messe. Ab seinem zehnten Lebensjahr aber schleicht sich eine wachsende Ungeduld in seine Begeisterung, er wirft verstohlene Blicke auf die grünen Wälder und Wiesen. Er weiß, dass er dort draußen gebraucht wird. Paul Sintenis' Saat ist nämlich auf fruchtbaren Grund gefallen und beginnt die ersten Früchte zu tragen; in dem Jungen reift eine Leidenschaft für die Botanik heran. In der Nachbarschaft der Franzkys wohnt der alte Herr Bergmann, der im Bergwerk tätig ist. Als im Tonischacht noch auf Hochtouren gearbeitet wird, ist Bergmann täglich über zwölf Stunden lang unter Tage, er bedient die Dampfmaschine. Seine wahre Leidenschaft gilt jedoch den Tieren, besonders den Vögeln, von denen er in seinem Haus unweit des Friedhofs zahlreiche Exemplare in Volieren hält. Eine Zeitlang schleicht auch ein angeleinter Fuchs rund um das Haus, der jedoch eines Nachts unter ungeklärten Umständen mitsamt seiner Leine verschwindet (ein Schatten des Verdachts fällt auf einen fahrenden Zigeunertross, der in derselben Nacht übereilt die Stadt verlässt). Der kleine Georg schaut hin und wieder bei Herrn Bergmann vorbei, und der erzählt ihm von seiner Vogelleidenschaft und macht ihn auch mit Hermann Gärtner bekannt, einem hageren, sehnigen, wiewohl überaus herzlichen Steinmetz, der sich auf die schwierige Technik spezialisiert hat, Vögel mit einer klebrigen Leimrute einzufangen. Mit den so erhaschten Exemplaren beliefert er sämtliche Vogelzüchter und Liebhaber der Ornithologie in der Umgebung. Doch eine Sache gibt es, die Gärtner Schwierigkeiten bereitet: Infolge eines schrecklichen Unfalls hat er ein Bein verloren, trägt seit mehreren Jahren eine hölzerne Prothese.

Die Vogeljagd mit der Leimrute ist keine leichte Kunst. Um die gewünschten Erfolge zu erzielen, stellt Gärtner in Wäldern und auf Wiesen spezielle Tränken auf, an die er den Sommer über ausgewählte Vogelarten gewöhnt. Er sorgt dafür, dass keine Blätter oder andere Verunreinigungen in das Wasser geraten und die Vögel vom Trinken abhalten. Wenn die Tiere sich an eine Stelle gewöhnt haben, beginnt die Jagd. Aus Leinöl kocht Gärtner seinen Leim, bestreicht die Ruten damit und platziert sie so bei der Tränke, dass der gefiederte Gast gern die erleichterte Möglichkeit nutzt, ans Wasser zu gelangen. Am häufigsten fallen Rotkehlchen auf diesen Trick herein, die gleich, wenn sie spüren, dass sie sich nicht mehr von der Rute lösen können, in verzweifeltes schrilles Tschilpen ausbrechen. Der Kleber hält sie jedoch nicht lange fest. Hier endet nun die Rolle des hinkenden Hermann Gärtner – und der Einsatz des kleinen flinken Georg Franzky beginnt. Entsprechend instruiert rennt er aus seinem Versteck und greift sich den zwitschernden Gefangenen. Nachdem er ihn aus der Falle befreit hat, steckt er ihn in eine spezielle Tasche und präsentiert diese stolz Hermann Gärtner, der ihm wiegenden Schrittes nachhinkt.

Nach wenigen Monaten, die er bei Gärtner in die Lehre geht, erledigt Georg Franzky seine Aufgabe so geschickt, dass der alte Gärtner ihm die Leimfallen zur Gänze anvertraut, während er selbst nur noch die Vogeltränken aufstellt und dort nach dem Rechten sieht. Einige Vögel bringt Georg mit nach Haus, viele von ihnen werden umgehend von seiner Mutter, die über die neue Leidenschaft ihres Sohnes nur die Hände ringen kann, wieder in die Freiheit entlassen. Nicht nur einmal sorgen Georgs recht spezielle Jagdtrophäen für gehörige Aufregung im Hause Franzky – so ist es zum Beispiel mit einem Tannenhäher, den Georg eines Herbstes einfängt. So verängstigt und gereizt ist der Vogel, dass es dem Jungen erst zu Hause unter erheblichen Schwierigkeiten gelingt, ihn von der Leimfalle zu lösen. Bezahlen muss er dafür mit einigen schmerzhaften Wunden von Schnabelhieben.

Neben seinen vielfältigen Freizeitbeschäftigungen hat der kleine Georg Franzky allerdings auch manche Verpflichtungen, denen er als Sohn des Brauereibesitzers sorgfältig nachkommen muss. Zur Pflicht gerufen wird er meistens, wenn die Mutter oder Großmutter durch die viele Arbeit in der Brauerei mit der Bewirtung der Gäste nicht nachkommen. So ist es meistens während der jährlichen Kirchweih im Frühling oder während des vierteljährlich stattfindenden Marktes, besonders im Herbst. Bei solchen Anlässen stellt Ewald Franzky auf dem Marktplatz im oberen Ortsteil einen soliden Stand auf, an dem er Bier verkauft, heiße Getränke und über dem Petroleumofen geröstete Körner. Aufgabe seines Sohnes ist es dann, zwischen Brauerei und Marktplatz hin- und herzulaufen, saubere Bierkrüge und heißes Wasser zu holen. Besonders bei Letzterem ist Eile geboten. Der Kupferberger Herbst ist kalt und windig, und so kann es vorkommen, dass das Wasser, bevor der Junge den höher gelegenen Stadtteil erreicht, bereits abgekühlt ist.

Georg Franzkys erste Pflicht ist jedoch die Schulbildung. Als er das entsprechende Alter erreicht, schicken seine Eltern ihn zum weiteren Schulbesuch nach Potsdam. Schon bald werden

die beiden bescheidenen Gleise und das schmucke kleine Bahnhofsgebäude von Jannowitz zu einem besonderen Ort für ihn: Sie erinnern ihn fortan immer an die wehmütigen Abschiede zu Schuljahresbeginn und die stürmische Wiedersehensfreude zu dessen Ende – den Auftakt zur ersehnten Ferienzeit.

Jede Sommerferien in Kupferberg bemerkt Georg Franzky neue Veränderungen. So nimmt die Zahl der Bergarbeiter – von denen es zu der Zeit, als die drei Brüder Schönfelder das Bergwerk verwalteten, noch recht viele gab – stetig ab. Die Bergleute verschwinden, und mit ihnen ihre wunderlichen Bräuche. Einmal im Jahr aber leben die Traditionen wieder auf, erzählt ihm die Mutter; die ältesten Männer marschieren dann mit ihren Federwischen am Hut durch die Straßen. Wenn das alte Brauchtum auch schwindet, wird die kleine Stadt doch zusehends hübscher, unlängst hat man nämlich einen »Fremdenverkehrsverschönerungsverein« gegründet. Spaliere von Laubbäumen, Zwergkiefern und Rotdorn säumen nun die Fechtergasse, das Feuergässchen, die Ober- und die Niedergasse. Die kleinste Stadt Preußens – dieses Status darf Kupferberg sich rühmen – bemüht sich um Kurgäste, liegt sie doch am Berggipfel, nach allen Seiten erstreckt sich eine atemberaubende Aussicht, die Luft ist rein und frisch. In Berliner Zeitungen wirbt die Stadt mit Anzeigen, und die ortsansässigen Unternehmer müssen sich mit entsprechendem Werbematerial sowie Briefumschlägen mit aufgedruckten Informationen für potenzielle Besucher ausstatten. Den Status eines Kurorts kann Kupferberg aber nicht erwerben, verfügt es doch über keinerlei Kuranlagen oder Sanatorien. Trotzdem werden rasch günstige und bequeme Gastquartiere eingerichtet, und so kommt es höchst selten vor, dass sich nicht wenigstens ein paar Erholungsgäste im Städtchen aufhalten.

Für Georg sind die Aufenthalte in den Sommerferien auch eine Gelegenheit, seine Leidenschaft für die Botanik weiterzuentwickeln. Eines Sommers freundet er sich mit Heinrich Bettermann an, Jagdliebhaber und Geselle in Reimanns Schmiede. Ähnlich wie in seiner Kindheit für Hermann Gärtner wird Georg nun, als Heranwachsender, zur Stütze für Bettermann. Auch der ist nämlich – infolge eines unglücklichen Arbeitsunfalls – körperlich beeinträchtigt. Ereignet hat sich das Ganze bei der Reparatur eines Wasserrades in der Holzschleiferei Bergmühle, die dem Grafen zu Stolberg-Wernigerode gehört – jemand stellte versehentlich das Wasser wieder an und setzte das Rad in Gang, wodurch Bettermanns Hand zerquetscht wurde und schließlich amputiert werden musste. Alleingelassen wird er mit seinem Schicksal jedoch nicht – der betagte Graf Wilhelm zu Stolberg-Wernigerode sorgt für den versehrten Arbeiter und beschäftigt ihn als Waldhüter. Für Heinrich Bettermann ist das die Rettung; eifrig lernt er, mit links zu schreiben, macht sich jeden Morgen zum Rundgang um die gräflichen Ländereien auf. Dabei begleitet ihn Georg Franzky, und er ist dem alten Bettermann eine unerlässliche Hilfe. Sein Jagdgewehr nämlich wird von vorn geladen, und dazu braucht es zwei geschickte Hände – Georgs Hände. Wenn er dem einhändigen Jäger die geladene Flinte übergeben hat, tritt er ein paar Schritte zurück, um Schützen und Ziel von der Seite zu beobachten. Der Anblick Heinrich Bettermanns, wie er in Pulverrauch eingehüllt dasteht, wird Georg noch lange Jahre im Gedächtnis bleiben. Die gemeinsame Jagd macht die beiden zum unzertrennlichen und, was das Wichtigste ist, äußerst erfolgreichen Gespann. Georg arbeitet so flink und geschickt, dass Bettermann mit seinem geschärften Jägerblick nie lange auf die geladene Waffe warten muss. Dank ihrer Zusammenarbeit kann

Heinrich Bettermann sich im Laufe seiner Jägerkarriere mehrere Male einer Dublette rühmen – zwei Rebhühner mit nur einem Schuss erlegt zu haben. Leider gelingt es ihnen trotz unzähliger Versuche nie, erfolgreich Jagd auf den Taubenhabicht zu machen, der in den Taubenschlägen der Kupferberger Züchter Verheerung anrichtet.

Mit Sorge beobachten Georgs Eltern die Jagdleidenschaft ihres Sohnes, hat es doch in der Familie bereits einen tragischen Todesfall bei der Jagd gegeben. Ein entfernter Verwandter mütterlicherseits verhakte sich mit dem Abzug seiner geladenen Flinte im Gestrüpp, ein Schuss löste sich und traf ihn in die Brust; der Mann konnte nicht mehr gerettet werden. Georg Franzky hat jedoch nicht vor, die Fehler seines Onkels zu wiederholen, und beruhigt seine Mutter, dass er bei der Jagd eine geradezu krankhafte Vorsicht walten lasse. Doch selbst das bewahrt ihn nicht vor Fehlern. Einer ereignet sich bei der winterlichen Jagd auf einen Fuchs, jener einsamen Form des Jagens, die Georg am besten gefällt. Stundenlang sitzt er in einem Versteck am Waldrand und ahmt im Mondlicht das Fiepen von Mäusen nach. Während einer dieser nächtlichen Eskapaden fällt er hin, kurz bevor er einen Schuss auf sein Ziel abgeben will, das eben zwischen den Bäumen hervorkommt. Zwar rappelt er sich gleich wieder auf, bemerkt aber nicht, dass einer der beiden Flintenläufe mit Schnee verstopft ist, und schießt zweimal. Der Fuchs fällt schon beim ersten Schuss, der zweite Schuss zerreißt den Lauf des Gewehrs. Fast wäre das Unglück geschehen, doch es geht alles noch gut aus. Von seinem Missgeschick berichtet Georg weder den Eltern zu Hause noch seinem guten Freund, dem Kaufmann Georg Gotter. Mit Gotter hat er noch zu Schulzeiten erste Jagdwettkämpfe ausgefochten. War Georg Franzky für Heinrich Bettermann nämlich lediglich

Helfer und Assistent, so wird er für den nur wenig älteren Georg Gotter bald schon zum gleichberechtigten Partner bei der Jagd. In Treffsicherheit üben sie sich am Rande des Dorfes, indem sie auf Tannenhäher und Eichhörnchen zielen, und nach einer gewissen Zeit werden sie als Jäger nach Rohnau eingeladen. Als sie zu ihrer ersten Jagd aufbrechen, platzen beide fast vor Stolz, auch wenn sie mit leeren Händen zurückkehren.

Anders wird es, als Gotter mit der Erlaubnis des Grafen Wilhelm zu Stolberg-Wernigerode ein Jagdrevier in der Umgebung Kupferbergs übernimmt. Hier kennt er jeden Winkel, jede Baumgruppe, jeden Rehbock. Somit schießt er nur auf Böcke, die schon das entsprechende Alter erreicht haben. Von diesen Jagdausflügen kehren die beiden Georgs stets glücklich zurück, jeder seine Beute im Jagdrucksack. Franzky jagt lieber kleineres Wild, besonders Füchse, während Gotter lange Jagden bevorzugt, sich gern an Rotwild heranpirscht. In seiner Wohnung am Ring Nr. 93/94, über seinem Geschäft, sind zahlreiche Geweihe zu bewundern; an einem Ehrenplatz hängt ein Zwölfender, Kaufmann Gotters kostbarste Jagdtrophäe.

1904 kehrt Georg Franzky nach beendeter Ausbildung und Pflichtwehrdienst nach Kupferberg zurück. Zwar ist er bereits gelernter Brauer, doch wird sein Vater das Brauereigeschäft noch drei Jahre lang problemlos selbst leiten können. Georg findet somit eine Beschäftigung als Beigeordneter im städtischen Magistrat. Bald genießt er das Vertrauen des Bürgermeisters, der ihm zunehmend verantwortungsvolle Aufgaben überträgt. Jedoch erfüllt Georg seine Pflichten nicht immer ganz ordnungsgemäß. Einmal vergisst er sogar die standesamtliche Trauung eines Dompteurs. Während das junge Paar vor verschlossener Magistratstür auf den Beginn der Zeremonie wartet, befindet sich Georg auf einem Spaziergang zum alten

Pulverturm. Als ihm seine Verpflichtung wieder einfällt, eilt er sogleich hinab zum Magistrat und führt, etwas atemlos, die bescheidene Zeremonie durch.

Er selbst hat auch zu heiraten beschlossen, schließlich ist er bereits 26 Jahre alt und hat recht aussichtsreiche berufliche Perspektiven. Über seine Auserwählte ist nicht viel bekannt. Wahrscheinlich heißt sie Anna und stammt ebenfalls aus Kupferberg, wo demgemäß auch die Zeremonie stattfindet. Sicher ist jedenfalls, dass Bürgermeister Schnabel selbst die Trauung vollzieht, die Andacht leitet Pfarrer Johannes Kaufmann. Diese Sache ist es wert, festgehalten zu werden, ist Kaufmann doch eine außergewöhnliche Persönlichkeit und schreibt sich mit ebenso goldenen Lettern in die Geschichte der Stadt ein wie einst Prälat Stulpe. Johannes Kaufmann eröffnet nämlich der Welt die Attraktionen Kupferbergs: Er verfasst die ersten Reiseführer über die Umgebung und lobt darin die Wanderpfade und Sehenswürdigkeiten der Falkenberge, des Riesengebirges, der Bleiberge sowie die gesundheitsfördernden klimatischen Eigenschaften. Sorgfältig trägt der Pfarrer auch Informationen über die älteste Vergangenheit der Stadt zusammen, dringt als Erster zu den ältesten Quellen vor, in denen Kupferberg Erwähnung findet.

Georg Franzkys Idyll hat nicht lange Bestand. Zuerst stirbt im Jahr 1907 sein guter Freund, Mentor und Lehrer Paul Sintenis. Der große Botaniker wird auf dem Friedhof in Kupferberg bestattet, seine Sammlung bekommt seinem letzten Willen entsprechend das Naturkundemuseum Görlitz. Jahre später wird die Sammlung aufgeteilt, manche Exponate verbleiben in Görlitz, andere werden an Museen in ganz Deutschland und sogar nach Lund in Schweden weiterverkauft. Im Zweiten Weltkrieg geht ein großer Teil von Sintenis' Sammlung im

Bombenhagel auf die Hauptstadt des Dritten Reiches in Flammen auf.

Kurz nach Georgs Heirat erkrankt auch sein Vater Ewald schwer. Somit ist für den Sohn die Zeit gekommen, die Tätigkeit im Magistrat aufzugeben und das Familiengeschäft zu übernehmen. Dort gibt es einiges zu tun. Die Brauerei ist der größte Industriebetrieb der Stadt, vierzehn feste Angestellte überwachen mit äußerster Sorgfalt den Brauprozess. Georg hat die entsprechende Ausbildung, zudem stand er seinem Vater jahrelang bei der Arbeit zur Seite und ist somit kein Neuling mehr. Auch hat er schon eine Idee, wie er die Produktion ankurbeln und optimieren könnte. Noch zwei Jahre vor Georgs Geburt hatte sein Vater in der Brauerei Methoden eingeführt, die die hiesige Bierproduktion geradezu revolutionierten. 1876 schaffte er eine Dampfmaschine an, der Betrieb stellte sich auf bayerisches Bier um. Wer sich nicht weiterentwickelt, macht in Wirklichkeit Rückschritte – das gehört in der Familie Franzky zum Allgemeinwissen. Georg Franzky stellt also nach kurzer Zeit den Braumeister Hermann Hütter ein, der bis in die späten dreißiger Jahre die Aufsicht über den Brauprozess innehaben wird. Bald darauf stattet er den Betrieb zudem mit modernen, dampfbeheizten Braukesseln und elektrischem Licht aus. Flaschen und Fässer müssen nicht mehr von den Arbeitern per Hand ausgewaschen werden, für solche Arbeiten schafft Georg Maschinen an. Und mehr noch, auch eine eigene Mälzerei richtet er ein – und macht die Brauerei damit unabhängig von den Malzlieferungen anderer Betriebe. Die größte Verbesserung jedoch, die der junge Brauereiverwalter einführt, ist eine Kühlanlage. Damit das Kupferberger Gold auch in heißen Sommern hervorragend den Durst löschte, musste nämlich bisher die Temperatur in den Kellern mithilfe gewaltiger Eisblöcke niedrig gehalten werden, die jeden Winter aus dem Brauereiteich oder einem ähnlichen Sammelbecken in Jannowitz geholt wurden. Von nun an aber soll eine moderne Maschine für die Tautropfen auf den Flaschen sorgen.

Um die Nachfrage nach seinem Bier braucht Georg Franzky sich kaum Gedanken zu machen. Solange er bei seiner Rezeptur bleibt und Wasser aus derselben Quelle verwendet wie bisher, werden die Gäste der vier Wirtshäuser im Ort es gern weiterhin trinken. Gleich neben der Brauerei befindet sich ein Gasthaus, das von den Geschwistern seines Vaters geführt wird – Tante Josephine und Onkel Franz. Es lockt seine Gäste mit einem kühlen Schankraum und einem kleinen Gastgarten, in dem man bei einem Krug Bier in Ruhe das kleinstädtische Treiben beobachten kann. Auch die Beamten des Magistrats, das den Sitz für einige seiner Abteilungen im ersten Stock ebendieses Hauses gefunden hat, machen pflichtschuldig von dieser Möglichkeit Gebrauch. Die Nähe der Brauerei und die Verwandtschaft verpflichten: Jedes Jahr leitet Georg Franzky hier mit dem Anstich des ersten Fasses Märzenbier das Bierfestival im Frühling ein.

Am Ring Nr. 95 wiederum befindet sich ein stilvolles Restaurant nebst Weinkellerei, der »Ratskeller« von Max Bräuer. Das Lokal lässt sich leicht finden, ist doch das Erdgeschoss des Gebäudes mit Efeu bewachsen, weiter oben prangen Ornamente und ein verziertes gotisches Schild. Drinnen erwartet die Gäste unter bogenförmigen Deckengewölben ein gutes Dutzend Tische, die dicken Mauern sorgen selbst an heißen Julitagen für angenehme Kühle, der imposante Kachelofen in der Mitte wiederum wärmt die Schmausenden auch im tiefsten Winter. Zu jener Jahreszeit wird das Kupferberger Gold leicht erhitzt in gewaltigen Deckelhumpen serviert.

Im Ratskeller finden die wöchentlichen Proben des Gesangsvereins statt, auch der Stadtrat hält hier seine offenen Sitzungen und Debatten ab. Bei diesen Zusammenkünften versuchen die Ratsherren sich an die Maxime über dem Eingangsportal zu halten:

**DES RATSHERRN TRUNK IST ERNSTE PFLICHT.
EINE TROCKENE LAMPE LEUCHTET NICHT!**

Allwöchentlich finden sich die Honoratioren der Stadt hier zu ihrer traditionellen Partie Skat zusammen. Unter ihnen sind mit Sicherheit auch Georg Franzky, der Kaufmann Gotter, Restaurantbesitzer Max Bräuer sowie verschiedene Beamte anzutreffen. Allein kommen sie jedoch nicht, am Nachbartisch lassen sich ihre Frauen nieder, um den neuesten Klatsch auszutauschen. Sie rümpfen die Nase und werfen ihren Männern drohende Seitenblicke zu, wenn diese, beschwingt vom Wein aus Bräuers Keller oder von Franzkys Bier, das Lied *Wenn du eine Schwiegermutter hast …* anstimmen. Manches Mal hecken die Herren auch wahrhaft kindische Streiche aus: So gelingt es ihnen eines Abends mithilfe eines an der Wand hängenden Säbels, eine Flasche edlen Weines hinter ihrem schützenden Eisengitter hervorzuholen, die Bräuer dort für eine besondere Gelegenheit aufbewahrt. Immerhin setzen sie die Kostbarkeit ehrlich mit auf die Rechnung für das Gelage. Bei den nächsten Skatpartien sind die teuren Jahrgänge dann nicht mehr nur durch Eisengitter, sondern zusätzlich durch einen engen Maschendraht gesichert.

Neben alldem besitzt die Weinkellerei Bräuer auch ein Wannenbad, das sämtliche Bewohner Kupferbergs nutzen dürfen – ein Vergnügen, das sie weniger als eine Mark kostet.

Etwas oberhalb des Marktplatzes, fast auf dem Berggipfel,

wo der Weg sich teilt und nach Merzdorf, Rudelstadt und Waltersdorf weiterführt, befindet sich das »Gasthaus zum Schwarzen Adler«. Im großen Saal mit der Bühne spielt hier sonntäglich Martin Lachmann mit seinem Saxofon auf, pro Tanz hat jedes Paar ihm zehn Pfennig zu zahlen. An den anderen Tagen nutzen Handwerkszünfte den Raum für ihre Besprechungen, des Weiteren führt ein Wanderkino Filme vor. Das Gasthaus verfügt über ein gutes Dutzend Übernachtungsplätze; vor allem halten sich die Gäste gern im kleinen Garten und der verglasten Laube auf, vor deren Fenstern sich das wunderhübsche Panorama der Bleiberge erstreckt.

Ganz anders mutet die Atmosphäre in Joseph und Katharina Kaszynskis Wirtshaus an, einem unscheinbaren Gebäude an der Straße von Kupferberg nach Rudelstadt. Beim Anblick der Innenausstattung aber verfallen Gäste von auswärts in regelrechtes Entzücken, befinden sich doch an den Wänden aller drei Festsäle Malereien, die die Geschichte der hiesigen Gegend abbilden, angefangen bei der Legende vom Herrscher des Riesengebirges – Rübezahl. Auch hier hält man nahezu jeden Sonntag Tanzveranstaltungen, außerdem ist das Wirtshaus der Kaszynskis für seine Karnevalsfeste berühmt, von denen jedes sein eigenes Motto besitzt. So tanzen die Kupferberger mal auf dem Kutscherball, mal auf dem Ball der Hausangestellten oder dem Schlüpferball.

Nicht nur die Kupferberger Wirtshäuser, auch die Gaststätten und Restaurants aus der Umgebung beziehen ihr Bier von Georg Franzkys Brauerei: die idyllische Rosenbaude auf der anderen Flussseite, die Berghütte bei Fischbach, die Kneipen in Waltersdorf, Rohrlach und Rudelstadt. Täglich rollen Pferdewagen bergab, bis oben hin beladen mit Bierfässern und klirrenden grünen Flaschen, und versorgen die Bewohner des ganzen Landstrichs mit dem besten Bier im Riesengebirge. Das Geschäft wird munter laufen, solange aus den Gärtanks der kleinen Brauerei weiterhin der kostbare Trank sprudelt.

So wenig Georg sich jedoch um den Produktionsprozess sorgen muss – Braumeister Hütter verrichtet alles mit der gebotenen Sorgfalt –, so viel Kummer bereitet ihm die undichte Leitung, die das Wasser zur Stadt und zur Brauerei befördert. Bereits der selige Ewald Franzky prozessierte seinerzeit gegen die Stadt und forderte Entschädigung für die Unterbrechungen in der Wasserzufuhr. Musste nämlich die Produktion zwischenzeitlich unterbrochen werden, bedeutete das empfindliche Verluste für die Firma. Georg Franzky übernimmt mit dem Betrieb auch diese Schwierigkeiten – und so eng befreundet er auch mit den Stadtherren sein mag, verlangt er von ihnen doch eine Regelung der Wasserversorgung.

Indessen bekommt die hölzerne Wasserleitung immerfort neue Lecks und Risse – eine Folge der Verschiebungen des Erdreichs, die mit dem Absinken der unterirdischen Stollen und Gänge einhergehen. Dann ertönen Alarmsirenen in der Stadt: Die Bürger dürfen kein fließendes Wasser mehr nutzen. Alle halten den Atem an, und Carl Lukaschek, der für die Wasserleitung zuständige städtische Elektrikermeister und Installateur, flucht leise, startet seinen Opel und macht sich wieder einmal auf die Suche nach einem Leck. Manchmal vergeht darüber ein ganzer Tag; in Kupferberg herrscht indessen eine wahre Dürre. Und manchmal ergeben Lukascheks Bemühungen nichts, trotzdem setzt der Wasserzufluss in die städtischen Speicher ebenso plötzlich wieder ein, wie er geendet hat. Mehrere Jahre zerbrechen sich Einwohner und Stadtverwaltung den Kopf, was der Grund für diese merkwürdigen Geschehnisse sein könnte. Die Sache klärt sich durch Zufall, als ein schlafloser Bürger eines

Nachts auf den Feldern bei Waltersdorf einen Bauern dabei ertappt, wie er einen Stofflappen in den Nachtzulauf stopft, um das für die Stadt vorgesehene Wasser auf seine Felder umzuleiten. So werden die Revisionsschächte nun verplombt und mit einem Mechanismus gesichert, sodass sie sich nicht mehr von fremder Hand öffnen lassen; von nun an sollten »nur« noch die Bergbauschäden für Ärger sorgen.

Schließlich gibt Georg Franzky nach zahlreichen Verhandlungen mit den städtischen Beamten auf und beschließt, eine eigene Leitung zu legen, die die Brauerei gar vom Fuße des Sandbergs aus mit Wasser versorgen soll. Die Bauarbeiten beginnen 1912; die Investition ist nicht billig, doch verleiht sie der Brauerei eine gewisse Unabhängigkeit – wenn auch die Probleme mit dem Wasser damit noch nicht ganz aus der Welt geschafft sind. Das Erbe des Bergbaus wird noch manches Mal von sich reden machen.

1914 gewinnt Georg das alljährliche Schützenturnier und wird Schützenkönig. An sich ist daran nichts Seltsames – wenn er diesen Titel nicht gleich mehrere Jahre lang behalten hätte. Mitnichten, weil er bei allen folgenden Turnieren unschlagbar gewesen wäre – nein, der Juni jenes Jahres ist der letzte Monat der alten Weltordnung: In Sarajevo stirbt Franz Ferdinand von Hand eines Attentäters, und ein Krieg bricht aus, der auch die Söhne Kupferbergs an die Front ruft. Fünf von ihnen fallen, ein sechster gilt fortan für immer als vermisst. Zur selben Zeit wird im Restaurant Bräuer an einem Ehrenplatz ein stählerner Helm ausgestellt, der vom Kopf eines englischen Soldaten stammt. Erobert haben soll ihn Ernst Küttner aus Jannowitz in der Schlacht bei Arras im November 1914. Erinnerungsstück aus den Wirren des Krieges ist ebenfalls die im Festsaal aufgehängte Heckflagge eines deutschen Kriegsschiffs, das an der Seeschlacht um Tsingtao im fernen China beteiligt war.

Fünf Gefallene, ein Vermisster, ein englischer Helm und eine siebartig durchlöcherte Flagge – mit dieser Bilanz geht das grüne Kupferberg aus dem Krieg. Bei über sieben Millionen deutschen Opfern und mehr als 37 Millionen Gefallenen an allen Kriegsfronten scheint dieser Preis eher gering, und wenn die Bilanz auch schrecklich ist, lässt sie doch kaum darauf schließen, dass sich jenseits der Berge rings um die Stadt soeben einer der blutigsten und grausamsten Konflikte der Weltgeschichte abgespielt hat. Natürlich, die Kupferberger erleben mit, wie die Deutschen aufrüsten, in der Stadt gibt es vorübergehend Probleme mit der Lebensmittelversorgung, in den Ämtern wird militärischer Drill eingeführt, Reservistenübungen finden häufiger statt, Ehefrauen und Mütter zittern um ihre Männer und Söhne, die für den guten Namen des Kaisers kämpfen. Im Vergleich mit der Tragödie Tausender europäischer Städte und Ortschaften, dem Schicksal von Millionen Vertriebenen und Getöteten können diejenigen, die den Krieg in Kupferberg erleben, dennoch von gehörigem Glück sagen. In ihre Alltagsprobleme verstrickt, ahnen sie vermutlich nicht, dass sie noch für diese Ruhe werden bezahlen müssen, wenn auch mit jahrelanger Verspätung. Das bescheidene Denkmal für die Helden des Ersten Weltkriegs auf ihrem Marktplatz ist jedenfalls kein ausreichender Tribut. In Kupferberg wird sich das Ungeheuer noch bemerkbar machen.

Um einiges bedrohlicher sind denn auch die Folgen der Kriegswirren, die alle Deutschen zu spüren bekommen, sobald die Schüsse verhallt sind. Im ganzen Land beginnt eine derartige Hyperinflation zu wüten, dass Arbeitgeber zweimal täglich die Löhne auszahlen, um es ihren Arbeitnehmern zu ermöglichen, überhaupt irgendetwas käuflich zu erwerben. Dazu genügt es zu sagen, dass in Breslau Anfang der zwanziger Jahre der Preis für einen Laib Brot bis zu 240 Millionen Mark beträgt – und natürlich weiter steigt.

Mit den wirtschaftlichen Problemen zurechtkommen müssen auch die Kupferberger Kaufleute und Unternehmer. Kaum möglich, sie alle aufzuzählen – in dieser Hinsicht ist der Ort nahezu autark; er hat seinen eigenen Installateur, Elektriker, Klempner und Ofensetzer. Was die Kaufleute nicht liefern können, wird an Ort und Stelle angefertigt. Frau Trenkler näht Hemden, Frau Assmann und Frau Alex betätigen sich als Weißnäherinnen, Herr Reuhs leitet eine Damastweberei, Max Bräuers Ehefrau vertreibt Eier und Butter. Wer kein eigenes Unternehmen hat, findet Beschäftigung in Kupferbergs Industriebetrieben. Es gibt zwei Steinmetzereien – Zeidler & Wimmel und die Schlesische Granitstein AG –, einen landwirtschaftlichen Betrieb, der sich im Besitz des Grafen zu Stolberg-Wernigerode befindet, sowie die dazugehörige Holzschleiferei Bergmühle am Fluss. Der aus dem Holzbrei hergestellte Zellstoff wird an die Papierfabrik in Jannowitz geliefert. Auch hier sind Kupferberger beschäftigt; produziert werden unter anderem hauchfeine Papierblättchen für den Export nach China.

Im oberen Ortsteil unter der Hausnummer 41 befindet sich August Schiedecks Metzgerei; am Ring wiederum besitzt die Familie Raupach einen Fleischstand. Backwaren und Kuchen kaufen die Kupferberger beim Bäckermeister Wilhelm Flade unter der Hausnummer 9; gleich nebenan, unter Nummer 8, verkauft Georg Fischer Gemüse und Südfrüchte. Kolonialwaren sind bei Gustav Reimann unter Nummer 70 erhältlich. Genau dort, neben seinem Laden, ist der Erdboden eingesunken. Mit Medikamenten versorgen die Brüder Kurt und Ulrich

Hänisch die Einwohner. Ihre Apotheke befindet sich am Ring Nr. 90.

Bei Friseurmeister Adolf Friebe lassen sich die Einwohner ihre Haare schneiden. Nicht nur seinen Salon unter der Hausnummer 93 betreibt Friebe und frisiert dort die Kupferberger Kunden, er stattet auch den Bewohnern der Dörfer Rudelstadt, Rohrlach und sogar Fischbach Hausbesuche ab – zu Fuß und mit den entsprechenden Utensilien im Gepäck. Vielleicht lässt er seine von den langen Märschen ausgetretenen Stiefel dann in der Schusterei Wagner-Kaiser-Exner instand setzen. Vielleicht, denn ebenso gut könnte er die Dienste der Schusterei Wahn-Drescher im oberen Stadtteil in Anspruch nehmen. Fast sicher ist hingegen, dass der reisende Friseur Hosen und Gehrock bei seinem Verwandten, dem Schneider Hermann Friebe, anfertigen lässt.

Außer der Brauerei gibt es in Kupferberg noch die Destillerie Albert Schütz, wo Branntwein und Liköre erster Güte hergestellt werden. Zusätzlich eröffnet noch der Mineralwasser- und Limonadenproduzent Maximilian von Glyschinsky sein Geschäft.

Kupferberg hat sein eigenes Postamt und zwei Abteilungen von Treuhandgesellschaften. Außerdem gibt es in der Stadt einen Kindergarten (beheimatet in einem Raum des Brauereigasthauses) sowie zwei Pfarrschulen, die später zu einer Volksschule zusammengelegt werden. Als auch andere Kupferberger in die Fußstapfen von Opelbesitzer Carl Lukaschek treten und zunehmend mehr Autos die Straßen befahren, eröffnet hinter dem Gasthaus zum Schwarzen Adler zudem eine Shell-Tankstelle.

Doch allein für die Arbeit leben die Kupferberger nicht. In ihrer Freizeit engagieren sie sich in verschiedensten Gesellschaften und Verbänden. Unbedingt zu erwähnen ist dabei der Männerturnverein, geleitet von Georg Franzkys treuem Freund und leidenschaftlichem Jagdgenossen Georg Gotter. Anders als der Name es vermuten ließe, besteht der Verein aus drei Abteilungen – einer für Männer unter der Leitung von Gotter, einer Frauenabteilung mit Käthe Lukaschek und einer Jugendabteilung. Bei schlechtem Wetter finden die Übungen an Reck, Barren und Pferd in den gastfreundlichen Räumlichkeiten des Schwarzen Adlers statt. Dennoch träumen die Kupferberger Turner von einem richtigen Sportplatz an der freien Luft, und schlussendlich bekommen sie ihn auch, an der Straße zum etwas abgelegenen Stadtteil Adlersruh. Hier führen die jungen Turner von nun an, unter dem Beifall zahlreicher Zuschauer, bei Turnschauen ihr Können vor.

Wem die Akrobatik am Reck nicht zusagt, der wird lieber Mitglied im überaus geselligen und lustigen Männergesangsverein unter der Leitung von Schneidermeister Hermann Friebe oder bei der Volkstheaterbühne des emeritierten Schauspielers Paul Schulze. Letzterer engagiert sich nicht nur für die Schauspielerei, sondern ist darüber hinaus Feuermeister und Mitglied bei der Freiwilligen Feuerwehr Kupferberg. An jedem ersten Samstag springt er, vom Feueralarm aus dem Schlaf gerissen, um sechs Uhr früh aus dem Bett und eilt gemeinsam mit ein paar Dutzend anderen Männern zur Remise unweit der Destillerie Schütze. Dort findet eine Brandschutzübung statt, danach begibt sich die gesamte Feuerwehrtruppe zum Brauereigasthaus, um bei einem Krug kühlen Goldes die Erfahrungen beim eben absolvierten Löschtraining zu besprechen. Kupferbergs Feuerwehrleute erfreuen sich eines außerordentlich guten Rufes; bei den Jannowitzern geht sogar die Legende, dass die tüchtigen Feuermeister aus dem Gipfelstädtchen es einmal zu eilig hatten, um auf die Pferde zu warten – deshalb sollen sie ihren Löschwagen samt Wasserspritzen eigenhändig ins Nachbardorf gezogen und so das Hab und Gut eines Jannowitzer Bürgers vor den Flammen gerettet haben: »Als bei einem nachts in Jannowitz ausgebrochenen Brand die notwendigen Pferde nicht schnell genug zum Spritzenhaus kamen, nahmen die Wehrmänner den Spritzenwagen selbst an der Deichsel und rannten damit den Berg hinunter zum Einsatz.« Leider verschweigt die Legende, auf welche Weise der Spritzenwagen nach getaner Arbeit wieder bergaufwärts gelangte, obschon doch die umgekehrte Richtung den heldenhaften Männern einiges mehr an Mühe bereitet haben muss als die wahnwitzige Fahrt bergab.

Auch Georg Franzky engagiert sich in der Gemeinschaft. Als Reservist und Mitglied im Militärverein beteiligt er sich an allen staatlichen und militärischen Festlichkeiten; auch kümmert er sich darum, dass Kriegsveteranen ein entsprechendes letztes Geleit bekommen und ihr Begräbnis von der obligatorischen Ehrensalve begleitet wird. Nach der Kriegsniederlage und in der Wirtschaftskrise haben die Einwohner Kupferbergs – so wie alle ehemaligen kaiserlichen Untertanen und frischgebackenen Bürger der Republik – Schwierigkeiten, sich in der neuen Wirklichkeit zurechtzufinden. In Europa sind sie »die Bösen«. Daher pflegen sie ganz besonders das Gedenken an ihre Helden und betrachten dies, bewusst oder nicht, als eine Art kollektive Therapie während der schweren Zeit des Umbruchs.

Viele von denen, die sich in der neuen Realität nicht einfinden können, kommen zur Kur und Erholung in den Ort. Einwohner wie auch Gäste stimmen darin überein, dass es hier im Herbst am schönsten sei: Frühmorgens steigt die Feuchtigkeit von den Auen auf, dann ist das Städtchen einer Insel gleich in ein Nebelmeer gebettet – und die Glücklichen, die in Kupferberg aufwachen, können sich an dem Anblick ergötzen. Die wunderschöne Aussicht lobt auch Pfarrer Johannes Kaufmann in seinen bereits landesweit berühmten Reiseführern. Im Laufe nur weniger Jahre wird Kupferberg somit bekannt als die kleinste Stadt Deutschlands, ein stiller, reizvoller und vor allem recht günstiger Ort. Hierherzugelangen ist nun einfacher denn je. Im September 1920 sind die Elektrifizierungsarbeiten auf der Bahnstrecke Niedersalzbrunn–Hirschberg endlich abgeschlossen, nun kursieren hier die eleganten roten Waggons der elektrischen Eisenbahn. In knapp zwanzig Minuten kann man von Jannowitz zum Flughafen in Hirschberg gelangen; hier wiederum starten und landen Linienflugzeuge der Lufthansa, sie verbinden die Stadt mit Berlin, Breslau, Leipzig. Zwischen dem Bahnhof Jannowitz und dem Marktplatz in Kupferberg wiederum verkehren Taxen, und so nimmt es nicht wunder, dass die kleine Stadt manches Mal von einer wahren Flut an Kurgästen überschwemmt wird.

Auch die Umgebung verändert sich. In der wachsenden Gästezahl sehen die Menschen eine Möglichkeit, sich aus dem Wirtschaftstief emporzuarbeiten. Allein in Waltersdorf, von dem es immer hieß, es liege am Ende der Welt, werden sieben Gasthöfe betrieben. Und mehr noch, Graf zu Stolberg-Wernigerode ließ eigens für die Touristen – denn so werden die Gäste mittlerweile genannt – einen Teil der Ruine von Schloss Bolzenstein renovieren. Dort gibt es nun ein gemütliches Wirtshaus, ein beliebtes Ziel für Wanderungen.

Georg Franzkys Auge erfreuen all diese Veränderungen. Umso mehr, als auch sein Familienleben blüht, bald soll sein jüngstes Kind zur Welt kommen. Insgeheim träumt er von einer Tochter.

So mühsam sich das Land nach den Zerstörungen und Wirren des Krieges wieder erhebt, so gut läuft Georg Franzkys Geschäft, trotz der wiederkehrenden Probleme mit dem Wasser. Das Bier hat einen ausgezeichneten Ruf, mit Kraftfahrzeugen wird es nun auch in weiter entfernte Gegenden gebracht – nach Goldberg, Schönau an der Katzbach, sogar nach Löwenberg. Nach Kupferberg pilgern immer häufiger auch Bierliebhaber, die den herrlichen goldenen Trunk an dem Ort, wo er gebraut wird, kosten wollen. Gemäß einer nun fast hundertjährigen Tradition serviert ihnen Josephine Franzky, Georgs Tante, das Bier im Sommer kühl und im Winter leicht angewärmt.

In den Wintermonaten wird das Wirtshaus bei der Brauerei geradezu von Gästen belagert, besonders samstags und sonntags. Kupferberg ist nämlich noch aus einem weiteren Grund berühmt in Nah und Fern: Der Weg von hier nach Jannowitz hat sich als die beste natürliche Rodelstrecke entpuppt, die sich Freunde des Wintersports erträumen könnten. Ski fahren kann man von hier oben nahezu in jede beliebige Richtung, Schlittschuh-Pirouetten dreht man auf dem Teich nahe der Brauerei, und den Rodlern sagt besonders die steil abfallende Chaussee nach Jannowitz zu. Mit einem Sechserbob, der dem Jannowitzer Gartenarchitekten Gerhard Becker gehört, übt hier eine in den ganzen Falkenbergen bekannte Mannschaft ihre Abfahrten: Lenker des Bobs ist Kurt Mende, hinter ihm sitzt Johannes Ritzka, dahinter der Kupferberger Schornsteinfeger Georg Grabs, dann folgt Hermann Hirsch, ebenfalls aus Kupferberg, das Schlusslicht bildet Erich Nolte. Mit freudigem Geschrei bringen sie den Bob zunächst auf Höhe des Schwarzen Adlers in Schwung, springen in voller Fahrt auf und sausen die vereiste Chaussee hinab, erst über den Marktplatz, dann an der Brauerei vorbei. Die beiden steinernen Kreuze, die am Ortsrand aus dem

Schnee aufragen, lassen sie hinter sich, dann können sie endlich knapp zwei Kilometer in freier Fahrt bergab flitzen, genau bis vor das Hotel Kluger in Jannowitz. Nach einer ordentlichen Stärkung im Hotelrestaurant ziehen sie den Hundertkiloschlitten wieder bergauf. Juchzende Kinder kommen ihnen entgegen, die es ihnen auf ihren Holzschlitten gleichtun. Vor der Brauerei lassen die jungen Bobfahrer den Schlitten stehen und kehren ein auf ein warmes Bier, das ihnen Mut für die nächste irrwitzige Abfahrt verleiht.

Ohne Zweifel – das Leben in Kupferberg ist nicht leicht, doch die Einwohner haben gelernt, die täglichen Mühen durch kleine Vergnügungen wettzumachen. Vorbote der nahenden schlechteren Zeiten ist einzig der Tod Pfarrer Johannes Kaufmanns, der am 16. November 1926 auf dem Kirchfriedhof in Jannowitz beigesetzt wird. Allen Behauptungen zum Trotz, die selbst Jahrzehnte später noch geäußert werden, gibt es keinerlei Hinweise auf einen gewaltsamen Tod von Hand eines protestantischen Attentäters. Beweise für ein friedliches – oder wenigstens gleichgültiges – Miteinander der Anhänger der beiden unterschiedlichen Glaubensrichtungen gibt es dagegen zuhauf. Zwar legt sich der Tod dieses katholischen Pfarrers, der manches dazu beigetragen hatte, die Vorzüge des Städtchens bekannt zu machen, wie ein leiser Schatten über das Leben der Kupferberger. Doch auch die Schließung des Adlerschachts bald darauf interpretiert niemand als schlechtes Vorzeichen. Natürlich tut allen die Handvoll verbleibender Bergleute leid, allerdings ist das Bergwerk schon so oft geschlossen worden, dass inzwischen alle daran gewöhnt sind.

Aber die schwarzen Wolken ziehen auf, ballen sich zusammen, nicht einmal direkt hinter den Bergen rund um die Stadt, sondern weit entfernt – hinter dem Ozean, in Amerika. Am

24. Oktober 1929 geht der Schwarze Donnerstag als Beginn einer großen Krise, in der sich bald die ganze Welt befinden sollte, in die Geschichte ein.

Bevor jedoch die ersten ernsthaften Ausläufer der wirtschaftlichen Depression Kupferberg erreichen, kommt der Winter, und die Bürger der Stadt durchleben ihr eigenes kleines Drama.

Es ist der 29. Dezember 1929, eine frostige, sternenklare Nacht. Der Schnee knirscht unter ihren Schuhen, als die Schornsteinfeger Georg Grabs und Josef Stenzel schweigend das schlafende Kupferberg durchqueren. Beim Gasthaus zum Schwarzen Adler nimmt Georg einen Kinderschlitten von seinem Rücken und setzt ihn auf dem Boden ab. Beide Männer stellen ihre Kragen auf, ziehen sich ihre Fellmützen bis über die Ohren. Georg setzt sich nach vorn, Josef hinter ihn. Dann rodeln sie los, nach Jannowitz, denn dort wartet ein eiliger Auftrag auf sie, der keinen Aufschub duldet. Warum sie ein paar hundert Meter weiter vom Weg abkommen und gegen einen Baum prallen, bleibt schleierhaft. Die Kugel am Stahlseil, mit der die Kamine gereinigt werden und die Georg mit sich trägt, dringt in seinen Körper und verletzt Milz und Leber. Der Schrei des sterbenden 22-jährigen Schornsteinfegers und Bobschlittenfahrers aus Kupferberg durchdringt die klirrend kalte Nacht, weckt die Einwohner der nächstgelegenen Häuser. Sicherlich flammen hier und da Lichter auf, vielleicht läuft auch Georg Franzky voller böser Vorahnungen an ein Fenster seiner gelben Villa.

Von den Bäumen ringsumher erhebt sich ein Schwarm Krähen.

VATTI IST NICHT DA

»Wirtschaftlich ging es aufwärts. Es gab keine Arbeitslosen mehr. Deren Not und Elend zu Zeiten der Wirtschaftskrise vor 1933 war fast vergessen. Autobahnbau und andere Aktivitäten forderten aber den Einsatz von Arbeitern und Fachkräften auch fern der Heimat. Warum der Bürgermeister als Ortspolizeibehörde vertrauliche Auskünfte über private und politische Einstellungen dieser auswärts arbeitenden Kupferberger erteilen musste, erfuhr ich erst später, als die Wehrpflicht eingeführt und die Aufrüstung Deutschlands offen betrieben wurde.«[4]

»In der Schule hat es Appelle gegeben, bei denen wir alle eine Stunde lang stehen mussten, eine Hand zum Hitlergruß erhoben. Meistens organisierte Herr Wendler diese Festlichkeiten, seltener andere Lehrer. In der Schule hat man uns auch gesagt, wir dürften auf keinen Fall die Hauptstraße nach Jannowitz mit dem Schlitten hinunterfahren.«

»Noch während meiner Lehrzeit kamen Flüchtlinge aus dem Osten nach Kupferberg: Herr Stolpe mit Familie aus Lissa in der ehemaligen Provinz Posen und Herr Rose mit Frau aus der russischen Ukraine. Von den Verfolgungen, die sie als deutsche Volkszugehörige in Polen und in der Sowjetunion erdulden mussten, wussten sie einiges zu berichten. Ansonsten verlief das Leben in Kupferberg in den Jahren vor Ausbruch des Zweiten Weltkriegs in jeder Hinsicht harmonisch.«

»1926 übernahm Wilhelm Ducksch das Gasthaus zum Schwarzen Adler und betrieb im Dachgeschoß des Gasthauses eine Koffer- und Lederwarenherstellung, die sich aber infolge Absatzmangels nur einige Jahre halten konnte. Erst 1935 kamen durch den Aufbau der Luftwaffe umfangreiche Aufträge. Die Räume in Kupferberg reichten für den aufblühenden Betrieb nicht mehr aus, so dass dieser nun nach Petersdorf im Riesengebirge verlegt werden musste und von seinem Sohn Walter Ducksch fortgeführt wurde.«

»1939 waren schon viele junge Männer zur Wehrmacht einberufen und hatten die Einmärsche nach Österreich, ins Sudetenland und in die Tschechei mitgemacht. Die Hoffnung, dass es mit dem Marsch nach Polen ohne Krieg abgehen werde, erfüllte sich nicht. Der Zweite Weltkrieg hatte damit begonnen, dessen Ende für Kupferberg den Untergang brachte. Der erste Kupferberger, der im Polenfeldzug sein Leben opfern musste, war Alfons Müller, der Sohn des Kantors Müller. Je länger der Krieg wütete, umso mehr wehrfähige, oft noch recht junge Leute sahen ihr Heimatstädtchen nur noch als Urlauber, ganz zu schweigen von jenen, die nie mehr heimkehrten.«

»Vater war einfach lange Zeit nicht da. Ab dem Zeitpunkt war er weg, und ich habe ihn auch nachher nie wiedergesehen, deswegen bedeutete der Kriegsbeginn für mich das Verschwinden meines Vaters, nichts weiter. Ich wusste nicht einmal, wohin er gefahren war und was er dort machte. Das war alles, was wir an Krieg hatten. Das einzige Anzeichen war, dass in der Stadt nur noch die Frauen mit ihren Kindern und die alten Leute da waren.«

»Vor dem Krieg hatte es in Kupferberg und den umliegenden Dörfern noch mehrere Jugendorganisationen gegeben. Jede hatte eine etwas andere Uniform. Je näher der Krieg kam, umso weniger verschiedene Uniformen und umso mehr braune Hemden der Hitlerjugend waren zu sehen. Trotzdem fiel es niemandem ein, sich über die Nazis zu beschweren. Das hätte mit Sicherheit damit geendet, dass derjenige deportiert oder zumindest verprügelt worden wäre. Also hielten alle still.«

»Es gab in Kupferberg Leute, die als ›Schwarzseher‹ betrachtet wurden, weil sie meinten, dass Hitler Krieg bringe. Wie recht diese Leute hatten, die eben schon weit vorausblickten. Mit der Wehrpflicht kamen die ersten Einberufungen. Die dann abgehaltenen Herbstmanöver brachten Einquartierungen und Manöverbälle. In der Stadtverwaltung ging es immer turbulenter zu, denn das Erfassungswesen und die Statistiken brachten zusätzliche Arbeit, genauso wie der von vielen geforderte arische Nachweis.«

»Das einzige Anzeichen für den Krieg waren in unserer Stadt die großen Versorgungsprobleme, besonders bei Lebensmitteln. Im Sommer haben wir im Wald Pilze gesammelt, Waldbeeren, und gegen Kriegsende auch Weißen Gänsefuß. Am anstrengendsten ist es aber gewesen, wenn wir Brot holen sollten. Ich war damals schon etwas älter, deswegen hielt ich besser durch als die anderen Kinder. Jedes Mal, wenn meine Mutter mich Brot holen schickte, war ich den ganzen Tag unterwegs von Dorf zu Dorf. Zuerst musste man fragen, ob es in Kupferberg Brot zu kaufen gab. Gab es kein Brot, musste man nach Jannowitz gehen. Dort erfuhr ich meistens, dass es in Rohrlach Brot gebe; dorthin ging man vier Kilometer, immer am Fluss Bober entlang. Von Rohrlach musste man manchmal noch nach Fischbach, und erst dort gelang es dann, ein paar Laib Brot zu kaufen. Mit den Broten musste ich dann nach Kupferberg zurückgehen. Für all das brauchte ich meistens einen ganzen Tag.«

»Wir haben Schlacke aus der Papierfabrik mit zerstoßenen Ziegeln und Steinen gemischt und aus diesem Gemisch Lochziegel geformt, aus denen dann am Stadtrand drei kleine Häuser gebaut wurden. Diese Häuser waren für Flüchtlinge gedacht, die wir jeden Augenblick erwarteten. Ich war erst ein paar Jahre alt, als ich bei dieser Arbeit mithelfen musste.«

»Eines Tages, im Herbst des Jahres 1944, klopfte es an unsere Stubentür und herein trat meine Freundin Leni. […] An diesem sonnigen Herbstnachmittag wollten wir eine kleine Wanderung unternehmen. So einigten wir uns darauf, zur Rosenbaude zu gehen, packten schnell ein paar Äpfel als Wegzehrung ein und schon ging es frischfröhlich den Hofeberg hinauf. […] Unter einem großen Laubbaum fanden wir ein schattiges Plätzchen zum Ausruhen. Nachdem unsere mitgebrachten Äpfel verzehrt waren, wurde die Wanderung frisch gestärkt fortgesetzt. Nicht lange danach waren wir schon am Hohlweg angelangt. Von dort hatten wir eine schöne Aussicht über Wiesen, Felder, Berge und Wälder. Hier war es ruhig und kein Windhauch regte sich. Plötzlich schreckte uns ein Rascheln auf. Vorsichtig zupfte ich Leni am Ärmel, denn dicht vor uns war ein kleines Wiesel zu sehen. Es lief hin und her, stellte sich auf seine Hinterpfoten und hielt Ausschau. Von einem Geräusch aufgeschreckt verschwand es geschwind in seinem Bau. Nichts mehr war zu sehen. So setzten wir unseren Weg fort. Durstig kehrten wir in die Rosenbaude ein und erfrischten uns mit einem Glas sprudelnder Limonade. Von unserem Fensterplatz aus erblickten wir ein herrliches Panorama. Die Falkenberge, der ganze Hirschberger Talkessel vom Riesengebirgskamm umrahmt, grüßte uns. Die Sonne ging langsam unter, ein Hauch von zartem Rosa legte sich über die Landschaft, tauchte Felder und Wälder hin bis zum Gebirge in sanfte Farbe, die nach einer Weile immer kräftiger wurde, um schließlich langsam zu erlöschen. Leni war vor Begeisterung aufgesprungen. So etwas Schönes hatte sie noch nie gesehen. […] Dies war mein letzter Besuch in der Rosenbaude, bevor wir aus unserer Heimat vertrieben wurden.«

»Die schönsten Brennnesseln wuchsen bei Herrn Franzkys Brauerei. Sie wurden im geschlossenen Kochtopf zusammen mit Knoblauch gedünstet, manchmal auch mit Zwiebel. Ab und zu konnten wir ein paar Kartoffeln bekommen. Die kochte Mama dann, schnitt sie in Scheiben und röstete sie auf der Herdplatte. Wir aßen sie zusammen mit den gedünsteten Brennnesseln, und das schmeckte uns alles sehr gut. Ich weiß noch, wir sagten uns bei jedem solchen Mittagessen, das nächste Mal würden wir die gebackenen Kartoffelscheiben auch mit Butter essen. Doch das haben wir nie geschafft.«

»Gleich hinter der evangelischen Kirche, ganz oben auf dem Berggipfel, hat einmal ein Panzer der Wehrmacht gehalten. Die Soldaten sind ausgestiegen und haben gesagt, dass jedes Kind, das ihnen zwei Eier bringt, einmal im Panzer sitzen darf. Ich bin nach Hause gerannt, Eier holen, und dann durfte ich in dem Panzer sitzen. Das war zu Anfang des Krieges.«

»Während des Krieges hörten wir in unserer Stadt nicht einen einzigen Schuss. Manchmal grollte oder dröhnte etwas hinter den Bergen, aber dann hat unsere Mutter immer gesagt, da ist bestimmt ein Gewitter im Aufzug. Wir wussten einfach nichts von diesem Krieg. Aber später, als wir die Russen sahen, da wurde alles anders.«

HERR,
SÄUME DOCH NICHT

Gott, komm herbei, um mich zu retten,
Herr, eil mir zu Hilfe!
In Schmach und Schande sollen alle fallen,
die mir nach dem Leben trachten.
Zurückweichen sollen sie und vor Scham erröten,
die sich über mein Unglück freuen.
Beschämt sollen sich alle abwenden,
die lachen und höhnen
und sagen: »Dir geschieht recht.«
Alle, die dich suchen, frohlocken;
sie mögen sich freuen in dir.
Die dein Heil lieben, sollen immer sagen:
»Groß ist Gott, der Herr.«
Ich aber bin arm und gebeugt.
Eile, o Gott, mir zu Hilfe!
Meine Hilfe und mein Retter bist du.
Herr, säume doch nicht![5]

Sommer

Niemand tritt vor sein Haus, alle spähen nur vorsichtig durch zugezogene Gardinen. Unglauben ist es nicht, dafür ist es schon zu spät. Vielleicht ist es Scham. Scham? Jetzt? Nach außen hin geht das Leben im gewohnten Rhythmus weiter. Niemand spricht, alle horchen nur. Gleich werden sie schauen. Und es nicht glauben können.

Schon damals haben alle gehört, wie sie von Jannowitz kamen. Der feste, gleichmäßige Tritt eisenbeschlagener Stiefel. Die Schritte hallten auf dem Pflaster. Laut schallte Gesang. Niemand hatte erwartet, was sich jetzt ereignen würde. Die Hausfrauen standen am Herd (es war bald Mittag), die Männer kamen von der Arbeit, die Kinder tollten auf der Straße, dunstig lag die Hitze über dem schönen grünen Kupferberg. Dennoch hatten die halbwüchsigen Söhne der Stadt beschlossen, dass dieser Tag allen hier im Gedächtnis bleiben sollte. Oder waren gar nicht sie es gewesen? Hatten sie sich das wirklich selbst ausgedacht? Oder jemand anderer? Aber wer?

Da kommen sie, die Söhne, gehen an den beiden steinernen Kreuzen vorbei, auf einem steht: »Memento«, »Gedenke«. Doch sie gedenken nicht. Nach vorn schauen wollen sie. Man folgt ihnen eine Zeitlang mit Blicken, noch scheucht niemand seine Kinder ins Haus. Bald wird das anders sein. Bald werden die Kupferberger ihre Türen zuschlagen, drinnen am Fenster stehen. Hinausschauen.

Sie betreten die Stadt, raschen Schrittes, lassen die Brauerei hinter sich, die Gastwirtschaft, weiter geht es bergauf zum Marktplatz, ihre Schläfen sind schweißnass. Schwarze kurze Hosen, senffarbene Hemden, mit Lederringen zusammengefasste Halstücher. Armbinden. Messer am Gürtel.

Vielleicht durchqueren sie einfach die Stadt und marschieren weiter, auf die Felder, um dort Formation und Gleichschritt zu üben? Vielleicht wollen sie auch nur vor dem Denkmal auf dem Marktplatz salutieren und dann nach Hause gehen? (Die Jannowitzer würden den Heimweg allein antreten müssen, ausgelassen den Weg entlangrennen oder über die Felder bis zum Flussufer jagen, sich jauchzend ins Wasser stürzen.)

Vor dem Pfarrhaus bleiben sie stehen, formieren sich in einer Reihe. Ihr Anführer tritt vor, in der Hand ein Megafon, einen Blechtrichter, durch den er jetzt spricht. Der Pfarrer ist zu Hause, doch heraus kommt er nicht.

Hört er sie? Bestimmt. Was hört er?

Die Stadt erstarrt. Die Menschen stehen an den Fenstern oder gehen nach hinten in den Garten, nichts sehen wollen sie. Aber sie hören es. Die Stimme des Anführers trägt weit, bis zur Niedergasse, Obergasse, zum Feuergässchen, zur Fechtergasse. Immer wieder werden auch skandierte Parolen laut. Dort stehen sie, die jungen Leute, rufen, singen. Heiß ist es, mitten am Nachmittag, der Flieder duftet, die Sträucher blühen, bald werden die Süßkirschen reif sein.

Weiter geschieht nichts. Sie könnten einen Stein werfen, Feuer legen, den Pfarrer aus dem Haus holen. Ihn ins Gesicht schlagen.

»Das geht doch nicht, unseren Pfarrer Rother zu ohrfeigen«, denken vielleicht die, die jetzt in ihren Häusern hinter der Gardine stehen und alles beobachten. Aber eine Stunde zuvor haben dieselben Menschen noch gedacht, das geht doch nicht, sich vor dem Pfarrhaus in einer Reihe aufzubauen und den Geistlichen durchs Megafon zu beschimpfen, ihn einen Hund, Dieb, Schmarotzer zu nennen.

»Unseren Pfarrer Rother? Der die Kirche renoviert hat und

in seinem klapprigen kleinen Auto unermüdlich alle Dörfer seiner Pfarre abfährt?«, denken sie kopfschüttelnd. Den Pfarrer achten und ehren doch alle hier. Eine geachtete Persönlichkeit beschimpft man nicht, eine geachtete Persönlichkeit grüßt man höflich auf der Straße, man lädt sie in sein Haus ein, behandelt sie zuvorkommend.

Auch Pfarrer Rother denkt. Er dachte schon früher, manchmal sprach er etwas laut aus. Bis hierher gekommen waren sie noch nie. Sie trafen sich sonst im Schwarzen Adler, organisierten Vorträge, zeigten Filme. Zu den Filmen kamen die Leute zuhauf. Die jungen Männer salutierten beim Heldendenkmal, zogen nachts mit Fackeln umher, sangen. Marschierten mit Stiefeln, Messern, in kurzen Hosen und Kniestrümpfen durch die Stadt, den Blick starr geradeaus gerichtet. Wirklich nahe gekommen waren sie noch nie, immer nur vorbeimarschiert.

Nun sind sie da, stehen in exakter Reihe. Die Brüder Gläser sind dabei, Kurt war früher Tambourmajor beim Orchester des Turnvereins, Erich bei der Scharnhorstjugend. Nun sind sie da. Die Turner gibt es nicht mehr, ebenso die Landjugend und die St.-Georg-Pfadfinder. Nur noch senffarbene Hemden und Messer. Die Partei und die Hitlerjugend. So stehen sie, singen, starren in die Fenster. Halten durch, zäh wie Leder, hart wie Kruppstahl (wie der Führer es nannte). Können sie den Pfarrer sehen? Nein, aber sie wissen genau, dass er sie hören kann.

Und der Pfarrer? Was fühlt er an jenem heißen Sommernachmittag 1936, als zum ersten Mal in der Geschichte der Stadt die Hitlerjugend vor seinem Fenster steht und der Anführer ihn durch einen gewaltigen Blechtrichter beschimpft? Pfarrer Rother ist bereits ein alter Mann, er hat viel gesehen in seinem Leben. So etwas jedoch noch nicht. Er weiß, dass sich heute in Kupferberg etwas verändert hat, dass eine Linie überschritten worden ist. Dass niemand, nicht einmal er, der Pfarrer, weiß, was nun werden soll, wie weit die da draußen sich noch vorwagen wollen. An jenem Tag ist nichts Großartiges geschehen, und doch ist etwas Furchtbares geschehen. Deswegen fürchtet sich der Pfarrer. Das Ungeheuer ist wieder da, es ist wieder in der Stadt. Und dabei war es so lange nicht hier!

In der bedrohlichen Reihe vor dem Pfarrhaus stehen tatsächlich auch die Brüder Gläser. Wie könnte es anders sein. Allerdings weniger, weil sie wollen, sondern eher, weil sie müssen. In Kupferberg selbst gibt es keine Hitlerjugend, doch der Organisation anzugehören wird immer zwingender. Keine anderen Jugendverbände gibt es mehr, sie haben sich freiwillig aufgelöst. So lautet wenigstens die offizielle Version. Über die inoffizielle spricht man lieber nicht. Kurt und Erich ziehen somit kurze Hosen und senffarbene Hemden an und finden sich folgsam in Jannowitz beim Appell ein. Auch an jenem Tag. Noch ahnen sie nicht, mit welch schändlicher Mission sie nach Kupferberg werden zurückkehren müssen. Weigern sie sich, als sie vom Anführer erfahren, was ihre Aufgabe sein soll? Kaum vorstellbar, schließlich wissen sie, was ihnen dann droht. Und so marschieren sie mit den anderen bergauf, versuchen im Gleichschritt zu bleiben, singen Lieder. Als sie Kupferberg erreichen, hätte Erich größte Lust, einfach zu verschwinden, im Erdboden zu versinken. Vor dem Pfarrhaus steht er trotzdem stramm und spricht gehorsam die Parolen und Aufrufe nach. Innerlich jedoch krümmt sich alles in ihm vor Scham. Pfarrer Rother verehrt er sehr, war früher sogar Messdiener bei ihm. Außerdem hat der Pfarrer nie irgendjemandem etwas Böses getan. Deswegen versteht Erich auch nicht, warum gerade Pfarrer Rother von heute an der Feind sein soll. Als die ganze

Hölle vorbei und Erich ein alter Mann geworden ist, schreibt er in einem Brief an einen Freund, dass er sich niemals zuvor und auch danach niemals wieder so geschämt habe wie an jenem Tag vor dem Pfarrhaus.

Winter

Begonnen hat es ganz unschuldig. Nur wenige in der Stadt meinten, Hitlers Machtübernahme werde Unglück über ganz Deutschland bringen. Dass dieses Unglück auf fast die ganze Welt überschwappen sollte, ahnte wohl niemand. Den Menschen jedenfalls geht es recht bald besser. Nun bekommen die Kupferberger Unternehmer Aufträge von der Regierung, alle produzieren für das deutsche Heer. Auch der Steinbruch in Jannowitz, in dem eine beträchtliche Zahl von Einwohnern beschäftigt ist, kann seine Erträge steigern. Es heißt, die abgebauten und in den Steinmetzwerkstätten beim Bahnhof bearbeiteten Steinblöcke gingen direkt nach Berlin, wo eine neue Kanzlei für den Führer gebaut werde. Arbeitslose werden bei Arbeiten eingesetzt, die der Staat in Auftrag gibt. Schnell vergessen die knapp 700 Kupferberger die Zeiten der Armut während der Wirtschaftskrise.

Das beunruhigende Grollen dringt nur gedämpft bis nach Kupferberg vor. Zu ersten Veränderungen kommt es bei der Stadtverwaltung. Zu den Aufgaben des neuen Ortsvorstehers gehört es, den Vertretern der Partei von den politischen Einstellungen und Sympathien sämtlicher Einwohner zu berichten. Besonders wichtig sind derartige Nachforschungen bei der Arbeiterschaft – die »rote Pest« ist die größte Bedrohung. Sie lauert verborgen unter dem Deckmantel der Gewerkschaften, um dann plötzlich in Gestalt von terroristischen Kampftruppen hervorzubrechen, die das große Werk des Führers zerstören wollen. Somit müssen die Gewerkschaften schleunigst vernichtet werden.

Aufgelöst werden auch die Pfarrschulen, die Kinder müssen nun in die neue Volksschule gehen. Diese befindet sich im Gebäude der früheren katholischen Schule und wird von Kantor Müller geleitet. Eines Tages bringt er eine völlig neue Flagge mit in den Unterricht – der schwarze Streifen stehe für das deutsche Volk, erklärt er, der weiße für die arische Rasse, der rote für den Nationalsozialismus. Die Flagge wird im Klassenraum aufgehängt, und dort hängt sie fortan. Anders als die schwarz-rot-goldene, die der Kantor nur anlässlich des Verfassungstages aufgehängt hatte. Vom Januar des Folgejahres an wird jede Unterrichtsstunde mit dem Hitlergruß beginnen und enden.

Deutschland habe jetzt, sagt Rudolf Heß, die modernste Volksvertretung der Welt. Sie gründet auf dem Vertrauen zum Führer. Dieses Vertrauen muss entsprechend bestätigt werden: Zu den neuen Beamtenpflichten gehört es, Listen und Dokumentationen zu führen, zum Nachweis, dass die Bürger Arier sind. Jeder Einwohner im grünen Kupferberg hat sich bei der Polizei einzufinden und eine diesbezügliche Erklärung auszufüllen. Auf deren Grundlage wird ihm ein neues Identitätsdokument ausgehändigt. Ist er reinrassiger Arier, bekommt er ein Dokument in brauncm Farbton – fließt aber in seinen Adern auch nur ein Tropfen »jüdischen Blutes«, ist das Dokument gelb, und er selbst findet sich in einem speziellen Judenregister wieder.

Herbst

Ein Jahr vor dem unrühmlichen Auftritt der Hitlerjugend vor Pfarrer Rothers Haus kommt Hugo Ueberschaer in die Stadt, Polizei-Oberstleutnant a. D. aus dem fernen schlesischen Städtchen Pless. Oberschlesien zu verlassen und sich in die Berge zurückzuziehen hat er just zu dem Zeitpunkt beschlossen, als die sogenannten Nürnberger Gesetze in Kraft treten, nach denen die Menschen nun ganz offen in wertvolle und minderwertige eingeteilt werden. Das Ungeheuer wütet. Zuerst hat die Partei ihre politischen Feinde ausgeschaltet, nun geht es an die »Rassenfeinde«. Vielleicht hat Ueberschaer die Hoffnung, das Ungeheuer möge ihn hier übersehen, die große Geschichte ihn vergessen. Oder er ist bereits so müde, dass er einfach nur ein stilles Eckchen sucht, um seinen Lebensabend dort zu verbringen und ausgesöhnt mit dem Leben zu sterben. Wie es auch sein mag – in Kupferberg findet er, wenigstens einstweilen, was er suchte. Er mietet sich am Ring Nr. 25 ein schönes Haus an, es ist jenes Haus, das sich fünf Jahrhunderte zuvor der Kaufmann Krün erbaute und von dem ein Geheimgang direkt zu Schloss Bolzenstein führen soll. Besonders häufig hält Ueberschaer sich dennoch nicht in den altehrwürdigen Mauern auf. Vielleicht stören ihn der Trubel der Stadt und das fortwährende Kreischen spielender Kinder, das vom nahen Marktplatz herüberschallt? Oder sucht er einfach die Einsamkeit? Am Stadtrand, bei der alten Straße nach Waltersdorf, mietet er sich eine verfallene Jagdhütte, die er wieder instand setzen will. Die Umgebung ist geradezu märchenhaft schön. Um hierherzugelangen, geht man, vom Marktplatz kommend, an Friedhof und Schule vorbei und lässt auch die wenigen letzten Häuser des Ortes hinter sich. Nun windet sich der Pfad sanft den Berg hinauf. Nach einem zehnminütigen Spaziergang erreicht Hugo Ueberschaer seine recht luxuriöse Einsiedlerklause.

Die Aussicht von der Hütte könnte selbst den kritischsten Geist in Entzücken versetzen. Weit unten im Tal schlängelt sich die Straße nach Waltersdorf; hebt man den Blick ein wenig, sieht man darüber das Panorama der Falkenberge. Einen malerischeren Ort könnte man in der Umgebung kaum finden, auch wenn es hier an hübschen Plätzen nicht mangelt.

Die Jagdhütte selbst ist aus Holz, ruht aber auf einem gemauerten Sockel. Drinnen befinden sich zwei große Stuben, darüber ein Dachboden. Ueberschaer stellt Bauernschränke mit Folkloremotiven in die Hütte, putzt und vollführt kleine Reparaturen. Auf dem Dachboden will er eine umfassende Bibliothek einrichten, nach und nach bringt er seine Sammlungen aus dem Haus am Marktplatz her. Bald zeigt sich, dass der Platz für den gesamten Buchbestand nicht ausreicht, die Bücher stehen daher zum Teil auch in den unteren Räumen.

Jeden Morgen, bei jedem Wetter verlässt Hugo Ueberschaer nun sein Haus am Marktplatz und lenkt seine Schritte zunächst zur Bäckerei Flade. Auch beim Kaufmann Reimann kehrt er ein, um sich danach auf seinen täglichen Gang zu machen. Gemächlich geht er, ohne Eile, er humpelt leicht. Mit den Kupferbergern hat er sich recht schnell angefreundet, nun grüßt er lächelnd mit einem Kopfnicken zurück, wenn sie aus ihren Läden schauen: »Guten Tag, Herr Oberst.« Ja, der emeritierte Polizeibeamte erfreut sich großen Respekts und Wohlwollens bei seinen Nachbarn.

Wer das morgendliche Erscheinen des älteren Herrn in dem steilen Gässchen mit einer besonderen Sehnsucht erwartet, ist der kleine Karl Heinz Friebe. Der Junge ist drei Jahre alt, als nahezu alle Männer – auch sein Vater – aus der Stadt verschwinden. Im Deutschen Reich ist soeben der Pflichtwehrdienst wiedereingeführt worden, und Heinrich Friebe hat einen Einberufungsbefehl bekommen. Einzig Kinder, Frauen und alte Menschen sind in Kupferberg geblieben. Da fällt der würdevolle, distinguierte und achtunggebietende Hugo Ueberschaer besonders auf; er eignet sich hervorragend als Objekt der Bewunderung. Und bewundern tut ihn der kleine Karl Heinz aus tiefstem Herzen.

Frühling

Das Deutsche Reich ist auch deshalb so groß, weil es sich eben um Österreich erweitert hat, das von nun an »Ostmark« heißen soll. Angeblich haben sich über 99 Prozent der Österreicher für den »Anschluss« an das Großvorhaben des Führers ausgesprochen. Unter den Soldaten, die in Österreich einmarschieren, sind auch einige Söhne Kupferbergs. In ihren Briefen berichten sie, die ganze Operation sei friedlich verlaufen. So können die besorgten Frauen erleichtert aufatmen.

Wiewohl nicht lange – das Grollen des nahenden Ungeheuers wird immer vernehmlicher, diesmal ertönt es von jenseits der Berge im Süden. Im Herbst ziehen Militärkolonnen von Breslau auf die Gebirgspässe der Sudeten zu; sie sollen auf ein Signal des Führers hin den Deutschen in der Tschechoslowakei beistehen. Auf jener Seite der Berge kommt es in den Grenzorten immer häufiger zu Demonstrationen, Aufständen und Protesten, bei denen *Deutschland, Deutschland über alles* gesungen und die Hand zum Hitlergruß gehoben wird. Am 29. September unterzeichnen einige europäische Staatsoberhäupter ein Dokument, das auch als »Münchner Schand-Abkommen« in die Geschichte eingeht, und das deutsche Heer marschiert ins Sudetenland ein. Das Ungeheuer lauert schon direkt hinter den Bergen.

Eben – hinter den Bergen. An welcher Stelle der grünen Stadt man auch steht – von hier aus liegt die ganze Welt hinter den Bergen. Man kann auf einen Hügel steigen und von dort aus das Panorama des Riesengebirges, der Falken- und der Bleiberge bewundern. Alles Wichtige geschieht dahinter. Irgendwo jenseits der Berge hat Österreich aufgehört zu existieren, jenseits der Berge ist die Tschechoslowakei demontiert worden, und auch die »Reichskristallnacht« senkte sich über die Welt hinter den Bergen. Im zwanzig Kilometer entfernten Hirschberg bangen 146 Juden um ihr Leben, als in der Nacht vom 9. auf den 10. November 1938 die dortige Synagoge in Flammen steht, der jüdische Friedhof zerstört und jüdische Geschäfte geplündert werden. Synagogen brennen in fast allen größeren und kleineren Städten – in Breslau, in Brückenberg, Gottesberg, Striegau, Trebnitz. Im gesamten Deutschen Reich kommen von Hand der Nazis 91 Juden um, 30 000 werden festgenommen und in Lager deportiert, über deren Existenz niemand laut spricht. Aber in Betrieb sind sie bereits.

In Kupferberg gibt es fast keine Juden. Doch es leben hier Menschen, die sich für ihre jüdischen Vorfahren rechtfertigen müssen. »Halbjuden«, »Vierteljuden«. Unter ihnen ist auch der Apotheker Hänisch. Für ihren »jüdischen Blutsanteil« müssen er und seine Söhne bezahlen. In jener denkwürdigen Nacht jedoch schlafen die Einwohner der Stadt den Schlaf der Gerechten. Die große Geschichte findet jenseits der Berge statt.

Von alldem hat der kleine Karl Heinz Friebe nicht die geringste Ahnung. Obwohl das Ungeheuer in weiterer Ferne wie rasend Feuer zu speien beginnt, sorgt der Junge sich nur darum, ob er wohl Oberstleutnant Ueberschaer auf dem Weg zu seiner Klause zu Gesicht bekommen wird. Ausschau nach ihm hält er – wie jeden Tag – auch am 1. September 1939. Weder Karl Heinz noch der alte Polizeioberst, noch Bäcker Flade, Kaufmann Reimann oder Heinzens Mutter ahnen, dass jener Tag den Anfang ihres Unglücks und auch den Anfang vom Ende des grünen Kupferberg bedeutet. Denn Anfänge vom Ende wird es noch einige geben.

Herbst

Schulleiter Ewald Nieke verschwindet, kurz darauf ist auch Kantor Woike verschwunden. Die Stelle der beiden nimmt Herr Wendler ein, der eine besondere Vorliebe für Sportunterricht hegt. Im Turnsaal auf dem Dachboden der Schule ist der Fußboden mit Parkett ausgelegt, an den Sportstunden teilnehmen dürfen die Schüler streng genommen nur in Sportschuhen. In Karl Heinz Friebes Klasse besitzen nicht einmal alle Kinder Straßenschuhe, deswegen bestreiten sie die Sportstunden bestenfalls auf Strümpfen. Die Kinder mögen Herrn Wendler nicht besonders, auch, weil er mit ungleich größerem Eifer als seine Vorgänger Appelle anordnet, während derer alle einen Arm zur Reichsflagge hinaufgereckt halten müssen.

In jenem Herbst kommen Soldaten nach Kupferberg; sie montieren die Glocken und das Uhrwerk vom Turm der katholischen Kirche ab. Die Uhrzeiger stehen für immer still, sie werden sich nie wieder in Bewegung setzen. Karl Heinz sieht bei alldem neugierig zu. Herr Wendler erklärt ihm später im Unterricht, dass das Metall eingeschmolzen werden soll für deutsche Geschütze.

Die Uhr ist auch gar nicht mehr vonnöten – seit Kriegsausbruch messen die Kupferberger die Zeit auf andere Weise. Den Rhythmus ihrer Tage bestimmt das Erscheinen der Postbotin. Obgleich eine eher unscheinbare Person, weckt Ida Kleins Anblick Furcht und Hoffnung in den Ortsbewohnern – lässt sich doch nie vorhersehen, was sie in ihrer Tasche mit sich trägt, wer heute Briefe bekommen und was darin stehen wird. Vielleicht neue Nachrichten von Söhnen und Vätern – dann herrscht große Freude, und es wird unverzüglich der Poststempel überprüft. Manchmal treffen keine Briefe ein; dann ist die Sorge zwar groß, zugleich aber sagt man sich, das müsse noch gar nichts heißen. Doch da gibt es noch die Briefe von den Truppenführern – und sie sind bei den Kupferberger Frauen besonders gefürchtet. Die Rüffers in Nummer 11 bekommen insgesamt fünf solcher Briefe, bei den Seiferts, den Schmidts und den Krieses klopft Ida Klein dreimal an, bei den Fischers und den Roses zweimal. Im Herbst 1941 steht die Postbotin auch bei Familie Friebe vor der Tür. Der Brief, den sie überbringt, enthält die knappe Mitteilung, der geliebte Vater und Ehemann Heinrich Friebe habe sein Leben für das Vaterland gegeben. In der Sowjetunion, denn dorthin hatten Vaterland und Führer ihn bestellt. Das Reich werde ihm auf ewig dankbar sein.

Karl Heinz weiß nicht, dass damit seine Kindheit zu Ende geht. Der Tod seines Vaters ist Teil eines breiter angelegten Plans. Auf Geheiß des Führers wird das tüchtige deutsche Volk nun auch im Osten seinen Kampf führen, zum größten Feind wird die Sowjetunion. Dieser Kampf – seit dem Sommer 1941 beschlossene Sache – wird auch auf dem Rücken der Kupferberger ausgetragen. Nicht nur, weil zahlreiche von ihnen (Fischer, Friebe, Kriese, Hain, Hartmann, Kosmaly, die Brüder Rose und Schmidt, der junge Rüffer, Seifert) ihr Leben lassen müssen –

nein, mit der Eröffnung des Krieges im Osten setzen in der Stadt auch Versorgungsprobleme ein. Zudem kommen in viele schlesische Kleinstädte, so auch nach Kupferberg, vermehrt Flüchtlinge aus anderen deutschen Städten, die immer häufiger von den Alliierten bombardiert werden. Schlesien liegt – wenigstens bis jetzt – außerhalb der Reichweite der Bomber, daher ist die Gegend einigermaßen sicher. Aber sie wird auch zunehmend ärmer.

Karl Heinz Friebe ist jetzt der einzige Mann in der Familie, weswegen ihm eine überaus wichtige Aufgabe zuteilwird: die Milchversorgung zu sichern. Im Namen dieser Aufgabe bricht der Junge alle paar Tage noch vor Morgengrauen auf nach Jannowitz, wo er ohne große Hoffnung bei den Landwirten anfragt. In der Tat verläuft seine Erkundung meist ergebnislos, dann muss der kleine Karl weitermarschieren, an der Rosenbaude vorbei bis nach Seifersdorf. Für den Siebenjährigen bedeutet das eine fast zweistündige Wanderung durch die Berge. Auch diese Anstrengung lohnt jedoch oft kaum, da Seifersdorf ebenso wie Kupferberg an Milchknappheit und einem Mangel an diversen anderen Produkten leidet. Das wiederum heißt, dass Karl Heinz weitergehen muss bis Kauffung. Dort ist er dann so erschöpft, dass er allein durch seinen bejammernswerten Anblick das Herz eines Bauern erweicht, der ihm dann ein wenig Milch verkauft. Von Kauffung zurück nach Kupferberg sind es zehn Kilometer. Manchmal wird Karl Heinz von einem Auto mitgenommen, das in dieselbe Richtung fährt; dann kommt er noch vor Einbruch der Dämmerung zu Hause an. Doch jedes Mal gelingt ihm das nicht. Besonders beschwerlich sind diese Gänge im Winter, wenn Karl Heinz auf der Suche nach Milch durch tiefen Schnee stapfen muss. Das einzig Gute daran ist, dass er dann mit dem Schlitten hinab nach Jannowitz rodeln kann – das Vergnügen dieser irrwitzigen Fahrt gönnt er sich nur zu gern. Dazu nimmt er den alten Weg; die Hauptstraße, die an der Brauerei und den zwei Steinkreuzen vorbeiführt, ist für Schlittenfahrer gesperrt. Hier dürfen nur Autos fahren, doch sind kaum je welche unterwegs (Benzin gibt es immer seltener), somit ist die Straße wie leergefegt. Der Weg ist frei für Militärkolonnen.

Frühling

Auch Herr Wendler verschwindet. Seine Stelle nimmt die junge Frau Franzky ein. Sie wohnt in der zweistöckigen Villa bei der Brauerei und ist die Tochter des alten Georg Franzky. Kürzlich erst hat sie das Abitur bestanden, doch in der ganzen Stadt fehlen Arbeitskräfte, und so wird sie gleich mit den Aufgaben der Volksschullehrerin betraut. Diese Neuigkeit wird von allen freudig aufgenommen, genießt die Familie Franzky doch in Kupferberg großes Ansehen, wohingegen Herrn Wendler niemand besonders mochte. Mit einer gewissen Wärme an ihn zurückdenken wird man erst, als er zwei Jahre später an der ungarisch-rumänischen Grenze fällt.

Gisela! Gisela Franzky! Karl Heinz Friebe liebt sie so heiß und innig, wie nur ein Siebenjähriger seine Lehrerin lieben kann. Für Gisela würde der kleine Karl wirklich alles tun, Abend für Abend sitzt er eifrig über seinen Büchern in der Hoffnung, am nächsten Morgen einen anerkennenden oder sogar lobenden Blick aus ihren braunen Augen zu ernten. Nach Schulschluss versteckt Karl Heinz sich im Gebüsch und wartet, bis Gisela das Gebäude verlässt. Dann nämlich legt die junge Lehrerin allen Ernst und alle Strenge ab, die zu wahren sie gegenüber den Kindern gezwungen ist, sieht sich wachsam um, ob auch keiner sie beobachtet, und tut dann etwas, das sie ihren Schülern selbst verboten hat: Sie schlüpft unter dem Zaun hindurch und rennt die Abkürzung über die Wiese nach Hause.

Eines Tages – der Junge verbirgt sich wie immer im Gebüsch unweit des Friedhofs (von dort hat er den besten Blick auf Schule und Wiese) – erblickt er statt Gisela ein schwarzes Auto am Straßenrand und zwei Soldaten mit seltsamen knackenden Apparaten, die scheinbar ohne besonderes Ziel um die Überreste des Adlerschachts herumgehen. Karl Heinz Friebe verlässt sein Versteck vorerst lieber nicht. Wenn er wüsste, was er da sieht, hätte er sicher noch genauer hingesehen. Aber er weiß es nicht. Jahre später wird er es erfahren, aber da ist es schon zu spät ...

Seine Beobachtung jedoch vertraut er der Großmutter an. Die wohnt in der Obergasse, gleich neben der evangelischen Kirche. Gern besucht sie der Junge, häufig nimmt er seinen Weg ehrfurchtsvoll entlang der von Mehlbeerbäumen gesäumten Allee zur Kirchenpforte. Als die Großmutter erfährt, was er gesehen hat, legt sie nur den Finger an die Lippen. Lieber nichts sehen, lieber nichts wissen.

Sommer

Pfarrer Rother verschwindet. Jemand will aus dem Pfarrhaus die Erkennungsmelodie der britischen BBC gehört haben. Oder hat dieser Jemand gar nichts gehört und will sich bloß hervortun? Muss es vielleicht sogar? Wie dem auch sei – als ein Wagen der Gestapo vor dem Pfarrhaus hält, können sich alle denken, dass sie Pfarrer Rother niemals wiedersehen werden.

Wenige Monate danach erscheint Gisela Franzky eines Morgens mit verweintem Gesicht in der Schule. Karl bekommt den Grund dafür bald heraus, Nachrichten verbreiten sich hier rasend schnell. Die Stadt ist klein, die Menschen beäugen einander misstrauisch, jeden Einzelnen haben die Behörden im Blick. Alle wissen alles von allen. Besonders, wenn jemand schon vorher zum Kreis der Verdächtigen gehörte. Als das bis dahin unbezwingbare Reich mehrere Niederlagen in Folge erleidet, macht sich eine gewisse Nervosität in der Stadt breit. Im offiziellen Rundfunk heißt es weiterhin, die deutschen Truppen würden sich niemals zurückziehen, sie würden lediglich in zuvor festgelegte und für den Gegenangriff geeignetere Stellungen gebracht. Wer es wagt, heimlich die sogenannten *Feindsender* zu hören – die Rundfunkprogramme der Alliierten –, weiß jedoch, dass die Situation für das Deutsche Reich immer erbärmlicher wird. So auch der alte Georg Franzky. Dass er der Goebbel'schen Propaganda keinen Glauben schenkt, kommt ihn teuer zu stehen, ertappt ihn doch die Gestapo beim Hören eines Schweizer Senders und deportiert ihn nach Hirschberg. Das ist der Grund für Giselas Verzweiflung. Beim Verhör wird Georg Franzky schwer misshandelt und in einem Eilprozess zu achtzehn Monaten Zuchthaus verurteilt. Gisela und auch alle anderen Ortsbewohner wissen, dass dieses Urteil im Grunde das Gleiche bedeutet wie »lebenslänglich«. Die »Rundfunkverbrecher« sind Volksfeinde, und diese werden vom Staat mit aller Härte bekämpft. Ganz Kupferberg ist erschüttert. Wenn sie den Pfarrer und den alten Georg Franzky mitgenommen haben, heißt das, niemand in der Stadt kann sich mehr sicher fühlen.

Sicher fühlt sich gewiss auch Kurt Hänisch nicht, der Apotheker »halbjüdischer« Abstammung, der sich als einer der wenigen in der Stadt mit einem gelben Dokument ausweisen muss. Immer wieder ist er Schikanen vonseiten der Partei ausgesetzt. Gäbe es in der Stadt eine weitere Apotheke, wäre seine Familie sicherlich noch vor 1939 von hier vertrieben worden. Doch der Pragmatismus – oder auch persönliche Verbindungen und Sympathien – behält die Oberhand über die Ideologie. Wiederum stellen die jüdischen Wurzeln der Hänischs kein Hindernis dar, als die beiden Apothekersöhne zur Verstärkung der Wehrmacht als »letzte Reserve« in den Volkssturm eingezogen werden. Der ältere der beiden, Ulrich, schenkt dem Führer uneingeschränkten Glauben. Wenn er auf seinen kurzen Fronturlauben seine Heimatstadt besucht, grüßt er seinen Vater mit dem Hitlergruß. Vielleicht rettet auch Ulrichs eifrige Hitler-Verehrung seiner Familie das Leben.

Winter

Die Situation jenseits der Berge verschlechtert sich zusehends. Noch im Jahr 1944 hat die sowjetische Gegenoffensive das Ufer der Weichsel erreicht und dort Station gemacht. Jedoch nicht für lange: Am 12. Januar 1945 beginnen um fünf Uhr früh an der Weichsel die »Stalinorgeln« zu spielen. Tausende Raketen aus Katjuscha-Raketenwerfern geben der Roten Armee das Signal zum Gegenangriff; erst in Berlin wird sie wieder haltmachen. Im Laufe nur weniger Tage verbreitet sich in den östlichsten Provinzen des Reichs die Panik. Bereits ab Mitte Januar ziehen Hunderttausende Flüchtlinge, hauptsächlich Frauen und Kinder, von Oberschlesien Richtung Westen. Am 20. Januar werden in ganz Breslau Kommunikate ausgegeben, die Zivilbevölkerung habe die Stadt sofort zu verlassen. Auf den Straßen spielen sich dantische Szenen ab. Für alle reicht der Platz nicht in den Zügen, somit machen sich Tausende Menschen bei minus zwanzig Grad zu Fuß auf den Weg.

Unter den Flüchtenden ist auch Helena Szczepańska. Sie ist acht Jahre alt, das jüngste von fünf Geschwistern. Bisher haben die Kinder mit ihrer Mutter in Niklasfähre an der Grenze zwischen Nieder- und Oberschlesien gewohnt. Aufgrund ihrer deutschen Wurzeln – trotz der de facto polnischen Herkunft – werden sie zusammen mit den anderen Deutschen evakuiert. Einen Tag machen sie noch in Schurgast Station, danach folgen knapp zwei Wochen Fußmarsch. Nach Westen. Am 1. Februar 1945 gelangen sie in eine kleine Stadt auf einem Berggipfel – Kupferberg. Helena erinnert sich sehr gut an den Ort, können doch sie und ihre Familie auf ihrer fast dreiwöchigen Wanderung kreuz und quer durch Schlesien einzig in Kupferberg in einem beheizten Gebäude schlafen. Überall sonst übernachten sie in Scheunen, Schuppen, Kellern – und weiß Gott wo noch.

Seit Anfang 1945 gibt es im Gasthaus Zum Schwarzen Adler eine Essensausgabe; an die Flüchtlinge aus dem Osten werden warme Gerichte und Tee verteilt. Rasch wächst die Bevölkerungszahl in der Stadt auf fast tausend an. Die Behörden schätzen, dass sich in der Gegend um Hirschberg um die 20 000 Geflüchtete aufhalten. Wenn er diese Menschen sieht, fragt sich der kleine Karl Heinz Friebe, ob ein ähnliches Schicksal wohl seine Mutter, seine kleine Schwester und ihn ereilen wird. Seit Monaten ist der Hunger sein ständiger Begleiter, langsam gehen die Sommervorräte zur Neige. Brot, Milch oder Zucker zu bekommen wird immer schwieriger. Zwar haben die Behörden Lebensmittelmarken verteilt, jedoch nützen diese wenig: Es grenzt an ein Wunder, wenn man überhaupt etwas dafür kaufen kann.

Ortsbewohner wie auch Geflüchtete sind einhellig der Meinung, dass alles besser sei, als den Kommunisten in die Fänge zu geraten – und wenn man dafür bei klirrender Kälte zu Fuß herumirren muss. Noch allzu gut stehen den Menschen die Filme und Fotografien vor Augen, die deutsche Soldaten im Herbst 1944 im ostpreußischen Nemmersdorf aufnahmen, kurz nachdem sie das Dorf in einem erbitterten Kampf den Russen entrissen hatten. Ein Soldat, der in Nemmersdorf einmarschiert war, schilderte später in der deutschen Presse, er habe gesehen, wie nackte Frauen mit ausgebreiteten Armen an einen Leiterwagen und ans Scheunentor genagelt worden seien – wie bei einer Kreuzigung. In den Wohnungen habe man insgesamt siebzig Frauen und Kinder sowie einen alten Mann tot aufgefunden; allen Getöteten habe man angesehen, dass sie auf bestialische Weise gefoltert worden waren, außer jenen, die durch einen Schuss in den Hinterkopf ermordet worden waren. Sogar Säuglinge mit zertrümmerten Schädeln waren unter den Opfern. Sämtliche Frauen, auch die Mädchen im Alter von acht bis zwölf Jahren, trugen an ihren Körpern Spuren von Vergewaltigungen, und selbst eine blinde alte Frau sei nicht verschont worden.

Dass bei den Menschen der Fluchtinstinkt einsetzt, als sie hören, dass die Russen nahen, verwundert daher kaum. Wer nicht mehr flüchten kann, entschließt sich zum Selbstmord. In den Dörfern und Städten des Reiches gibt es Hunderte solcher Fälle. Ganze Dörfer und Weiler erhängen sich, familienweise; Mütter töten zuerst ihre Kinder und nehmen dann sich selbst das Leben. Was sie nicht wissen, ist, dass die Schilderungen der deutschen Propaganda stark übertrieben sind – auch wenn die Rote Armee in Nemmersdorf und anderen Orten tatsächlich unvorstellbare Verbrechen begangen hat. Die Herrschenden wollen in der Bevölkerung panische Angst vor den wilden

Horden aus Asien wecken. Mit einer Horde verhandelt man nicht, eine Horde bekämpft man bis zum letzten Blutstropfen, denn den Barbaren aus dem Osten in die Hände zu fallen ist schlimmer als der Tod.

Als Anfang Februar die reguläre Belagerung Breslaus beginnt, fällt in Kupferberg die Entscheidung zur Evakuierung. Karl Heinz Friebe zieht sich warm an, seine kleine Schwester packt er ebenso dick ein. Draußen tobt ein Schneesturm. Nur die notwendigsten Dinge und die restlichen Lebensmittel nehmen sie mit; wohin es gehen soll, wissen sie nicht. Sie machen Ordnung in der Wohnung, schließen die Haustür ab, stecken den Schlüssel in die Tasche. Das erste Wegstück kennen sie ausgezeichnet, es führt an der Brauerei vorbei und an den beiden steinernen Kreuzen, die zu dieser Jahreszeit kaum aus den Schneewehen herausragen. Bergabwärts geht es nach Jannowitz. Wäre nicht Krieg, dann würden sie sich jetzt in den Zug setzen und fahren, wohin das Herz begehrt. Nun jedoch müssen sie auf dem Bahnhof erstaunt feststellen, dass die Züge gar nicht richtig halten, sondern nur ein wenig langsamer werden, um gleich darauf in unverminderter Geschwindigkeit weiterzufahren, gen Süden. Der Springbrunnen vor dem Bahnhofsgebäude ist verschwunden, jetzt befindet sich an seiner Stelle ein tiefer Krater, die Wände der umstehenden Häuser sind zersiebt von Salven aus Maschinengewehren. Karl Heinz Friebe sieht das alles und versteht nicht, was der kleine Bahnhofsbrunnen in Jannowitz mit dem Krieg jenseits der Berge zu tun haben soll.

In keinen Zug steigen die Flüchtenden ein, sondern in bereits wartende Militärlastwagen. Während der nächsten Stunden sitzen sie eng aneinandergedrängt auf der Ladefläche, während durch die Leinenplane eine mörderische Kälte hereindringt. Gegen Abend kommen sie endlich in Gablonz an und werden in der Turnhalle der dortigen Schule einquartiert. Über eine Woche lang packen sie Morgen für Morgen ihre Habe zusammen und warten auf den Transport nach Westen. Die Richtung ist ihnen bekannt; alle reden nur davon, dass es inzwischen nirgendwo mehr sicher sei, am wenigsten unsicher aber sei es noch in Dresden. Und dorthin fahren die meisten Züge und Kolonnen aus Schlesien.

Also warten sie geduldig. Eine Familie nach der anderen verlässt die Turnhalle, neue Familien kommen nach. Durch Gablonz zieht ein Großteil der insgesamt fast 6000 schlesischen Flüchtlinge. Manche, die den Rotarmisten Auge in Auge gegenübergestanden haben, erzählen die entsetzlichsten Geschichten. Ein Flüchtling notiert später in seinen Erinnerungen, wie die Angst durch die grauenvollen Geschichten immer größer wurde. Man erzählte sich von blutrünstigen Morden an Männern und alten Menschen, von vergewaltigten Frauen jeglichen Alters, von stillenden Müttern mit abgeschnittenen Brüsten und von Schwangeren mit aufgerissenen Schößen, aus denen die noch ungeborenen Kinder herausgezerrt wurden, von tiefen Brunnen, in die reihenweise lebende Menschen hineingeworfen wurden, von ausgestochenen Augen, abgeschnittenen Zungen, scharenweise bei lebendigem Leib verbrannten Deutschen, von gefassten Landstürmern, die mit mächtigen Panzern oder Lastwagen in die Gefangenschaft getrieben wurden, und viele andere haarsträubende Geschichten.[6]

Ja, verglichen mit all diesen Grausamkeiten, von denen man sich in der Turnhalle der Volksschule Gablonz erzählt, scheint die Flucht nach Dresden ein Spaziergang zu sein.

Endlich sind sie an der Reihe. Los geht es am Nachmittag des 13. Februar, vor ihnen liegen knapp 150 Kilometer. Doch der

Zug, in den sie einsteigen, hält immer wieder an; am Himmel kreisen schon die sowjetischen Flieger, und es besteht Gefahr, dass sie die Schienen bombardieren. Dennoch – die Flüchtlinge sind endlich auf dem Weg. Kupferberg und die Angst lassen sie irgendwo weit hinter sich. Im Westen soll es sicherer sein. Zwar liegt zu Hause immer weiter hinter ihnen, zugleich aber auch die Gefahr. Dresden ist schon ganz nah, fast sind sie da. Als es dämmert, macht der Zug endgültig halt, die Lichter gehen aus, alles versinkt in Dunkelheit. Die Luft erfüllt ein durchdringendes Brummen, es schwillt an, als wäre ein gigantischer Bienenschwarm aus dem Winterschlaf erwacht. Karl Heinz Friebe drückt sich die Nase an der vereisten Fensterscheibe platt. Die anderen Passagiere tun es ihm gleich. Alle starren in den Himmel. Nichts zu sehen. Aber dann zucken im Westen erste Blitze auf. Einer, zwei, drei. Bald lassen sie sich nicht mehr zählen, die Blitze verschwimmen zu einem goldenen Schein, der sich über fast den ganzen Horizont erstreckt. Von weitem dröhnt es dumpf, so gedämpft allerdings noch, dass man im Zug die Kinder weinen hören kann. Auch Gespräche im Flüsterton hätte man noch hören können, doch niemand redet. Alle stehen nur und schauen. Es ist die Nacht des 13. Februar 1945: Hunderte alliierter Flugzeuge bombardieren Dresden, das sich im Laufe der nächsten zwei Tage in ein Trümmerfeld verwandeln wird. 25 000 Menschen wird dieses Flächenbombardement das Leben kosten, auch die Geflüchteten, die Platz in den früheren Zügen von Gablonz nach Dresden gefunden hatten. Der Zug, aus dem Karl Heinz Friebe den Lichtschein im Westen betrachtet, wird als einer der letzten rechtzeitig gestoppt, fünfzehn Kilometer vor der Stadt.

Dresden fällt also weg, die Stadt gibt es nicht mehr. Wohin dann? Breslau wird belagert, ebenso Posen, Thorn, Danzig,

Königsberg. Sie fahren zurück nach Süden, langsam, wieder Gablonz, Chaos auf dem Bahnsteig, Tränen. Aussteigen wollen sie nicht, der Zug wird schon irgendwohin fahren, ein Zug ist Bewegung, er wird sie von hier fortbringen. Jedes Gefühl für Raum und Zeit verliert Karl Heinz Friebe, kalt ist ihm, Hunger hat er auch. Im Zug herrscht Stille. Nun sind sie in Tschechien, fahren bis zur Grenze, hinter der einmal Österreich lag. Plötzlich Alarm, sowjetische Flieger am Himmel, die Menschen stürzen aus dem Zug nach draußen. Winter, Schnee, in der Ferne ist eine Stadt zu sehen. Sie rennen, die Flugzeuge kommen näher. An einer Hand hält Karl seine kleine Schwester, an der anderen die Mutter. Seine größte Angst ist, eine von beiden loszulassen. Die Flieger kreisen dicht über ihnen, Maschinengewehrsalven zerreißen die Luft. Erst schießen sie auf den Zug, dann drehen sie ab und überfliegen die Stadt. Die Menschen stieben in alle Richtungen davon. Sie erreichen die ersten Häuser – hier sind Mauern, Keller, hier können sie sich verstecken! Doch nein. Die ganze Stadt verschließt die Türen vor ihnen. Niemand lässt sie herein. Und wenn sie mit der Faust gegen die Türen hämmern, wenn sie schreien, weinen. Herein dürfen sie nicht. So bleibt ihnen nur, sich zusammengekrümmt dicht an die Hauswand zu kauern und zu hoffen, dass der Flieger auf diejenigen schießt, die mitten auf der Straße liegen. Als das Flugzeug sich entfernt, suchen die Erwachsenen nach ihren Kindern; die Leichen der Erschossenen stapeln sie an einer Stelle übereinander. Der Zug kann weiterfahren.

Drei Wochen sind sie unterwegs – Tschechien, Sudetenland, Schlesien. Anfang März erreichen sie schließlich Hirschberg. Hier treffen sie auch diejenigen wieder, die Dresdens Bombardierung überlebt haben. Deren Geschichten wollen sie jedoch nicht hören, sondern machen sich an den Aufstieg – nach Hause. Lomnitz, Schildau, Boberstein, Rohrlach, Jannowitz. Unterwegs fragt Karl Heinz bei einigen Landwirten an, ob sie nicht ein wenig Milch zu verkaufen hätten. Dann kommen die beiden Steinkreuze, die Brauerei, Karl Heinz holt den Schlüssel aus seiner Tasche. Zu Hause.

Frühling

Kolonnen wandelnder Skelette ziehen durch die Stadt: Evakuierte aus einem Nebenlager des KZ Groß-Rosen. Sie kommen von Landeshut (und kehren nach einem Tag wieder um, was die SS-Leute in Raserei versetzt), von Hirschberg, von Bad Warmbrunn. In Bolkenhain gibt es zunächst eine Selektion. Ein Lagerinsasse sagt später aus, er habe gesehen, wie lebendige Menschen in eine Kalkgrube geworfen worden seien, manche von ihnen habe der *Lagerführer* persönlich mit Giftspritzen getötet.

Kupferberg liegt abseits; wäre das Zwangsarbeiterinnenlager in Merzdorf evakuiert worden, dann hätte sich vielleicht ein trauriger Zug von 400 Frauen durch das Städtchen geschleppt. Doch gerade dieses Lager bleibt bis zum Schluss bestehen. Befreien werden es erst die Russen.

Bolkenhain ist 22 Kilometer von Kupferberg entfernt, Hirschfeld liegt nicht viel näher, bis nach Landeshut sind es achtzehn Kilometer – doch bis Merzdorf gerade einmal zehn. Das ist nicht jenseits der Berge. Das ist hier.

Hier gibt es auch andere Lager, kleine Betriebe, einzelne Bauernhöfe, auf denen Franzosen, Belgier und Polen arbeiten. Den ganzen Krieg hindurch hat man sie hierher deportiert. Sie sollten für das Reich arbeiten und sich freuen, dass man sie vorerst am Leben ließ. Nun heißt es, am sehnlichsten erwarteten diese Menschen die Russen – ihnen wollten sie zeigen, wer am schlimmsten gewesen sei.

Auch die Nazis verschwinden. Eines Nachts beladen sie voller Panik einen Lastwagen, nehmen alle Dokumente mit und brechen auf, von Kupferberg in Richtung Tschechien. Der Ortsvorsteher ist dabei, Mitglieder der NSDAP. Ein paar Tage später kehrt eine Handvoll zurück, erschöpft, zerlumpt und resigniert. Längst sind sie eingekesselt. Flucht ist unmöglich, es bleibt ihnen nur, abzuwarten.

Es donnert und dröhnt nun bereits von allen Seiten, am Himmel sind immer öfter Flugzeuge zu sehen. Seit bekannt ist, dass die Russen die deutschen Flughäfen eingenommen haben, achtet niemand mehr auf die Embleme an ihren Flügeln, alle gehen einfach gleich in die Keller und warten. Auf Kupferberg aber fällt keine einzige Bombe. Ein Flugzeug wird abgeschossen und stürzt gleich hinter Jannowitz auf die Eisenbahnbrücke. Nun ist also auch dieser Weg nach Hirschberg abgeschnitten. Eine Nachricht hält die Kupferberger beständig in Atem: Die Russen kommen. Zum Schreckensszenario von Nemmersdorf gesellen sich weitere schlimme Geschichten. Ende Februar, Anfang März gelingt es den Deutschen, das zuvor von den Russen eingenommene Striegau zurückzuerobern. Die dortigen Straßen sind übersät mit den Leichen von Zivilisten, die nicht rechtzeitig evakuiert werden konnten.

Helene Plüschke aus Striegau erinnert sich, wie eine russische Patrouille ihr Haus stürmte, Frauen und Kinder vor die Tür scheuchte. So griffen die Russen die Menschen in der Stadt auf, Straße um Straße, und trieben sie zur Schule. Dort erst habe die wahre Hölle begonnen. Immer noch geht Helene dieser Alptraum im Kopf herum: betrunkene Soldaten, in der einen Hand die Waffe, in der anderen eine Fackel, und auf geht's – zur Jagd. Die wichtigste Beute – eine deutsche Frau. In den Schulzimmern seien Frauen aus Striegau und Umgebung tagelang festgehalten worden. Gefesselt, gequält. Die Verfolger suchten sich in den überfüllten Räumen ihre Opfer. Wenn eine Frau sich wehrte, wurde sie an den Haaren über den Flur bis zur »Schlachtbank« gezerrt. Alle zwei, drei Stunden sei ein Spezialtrupp gekommen und habe Frauen für die Offiziersquartiere ausgewählt. Wer von dort zurückkehrte, war ein psychisches und oft auch körperliches Wrack. Auch Helene wird mehrfach zum Opfer; nur durch Glück kann sie ihre elfjährige Tochter davor bewahren, indem sie sie in alte Tücher wickelt und hinter einem Stapel Gerümpel versteckt. Die Quälerei begann mit der Frage, ob Helene Nazi sei. Antwort auf ihr »Nein« sind ein harter Schlag ins Gesicht und Peitschenhiebe. Mit vorgehaltener Pistole wird sie gezwungen, aus einer Flasche Alkohol zu trinken – wie zur Ironie ist es deutscher Korn. Was sie mit ihr gemacht haben, spürt Helene erst am nächsten Tag, als sie, willenlos und erschöpft, zwischen anderen Frauen liegt, die dasselbe haben erleiden müssen.

Weil die Nazis geflohen sind, wird nun Richard Fürle Bürgermeister von Kupferberg (der letzte – aber das kann er nicht wissen). Als die Einwohner am 30. April die Nachricht von Hitlers Tod erreicht, beruft man im Schwarzen Adler eine Bürgerversammlung ein. Der Bürgermeister appelliert an die Versammelten, sie mögen bis Kriegsende Vernunft und Ruhe bewahren, und hebt die Pflicht zum Hitlergruß auf. Als er in sein Amt zurückkehrt, wartet dort bereits ein Offizier der Waffen-SS auf ihn – eine ihrer Abteilungen ist damals in Kupferberg stationiert. Fürle wird Verrat vorgeworfen, der Offizier legt seine Pistole vor ihn auf den Tisch.

»Ich denke, Sie sollten selbst das Urteil an sich vollstrecken. Andernfalls bin ich gezwungen, es zu tun.«

»Wenn Sie auch nur versuchen, Ihr Vorhaben in die Tat umzusetzen, kommen Sie nicht lebendig hier heraus«, lautet die Antwort des Bürgermeisters.

Der Offizier sieht aus dem Fenster. Vor dem Amt hat sich inzwischen eine recht beachtliche Menschenmenge versammelt. Nach einem Moment des Schweigens nimmt er seine Pistole vom Tisch und geht. Bald darauf verlassen die SS-Leute Kupferberg.

Am 9. Mai gegen 17 Uhr trifft die erste russische Motorradpatrouille in Kupferberg ein. Sie wird vom einzigen hiesigen SS-Posten beschossen – das sind im Grunde schon alle Schüsse, die je zur Verteidigung der Stadt fallen. Am selben Tag sieht Karl Heinz Friebe auf seinem Weg Richtung Rudelstadt den ersten sowjetischen Soldaten. Der Junge bleibt wie angewurzelt stehen – und wahrscheinlich hätte der Soldat dasselbe getan, wäre er nicht vollkommen betrunken gewesen und hätte sich kaum noch auf den Beinen halten können. Also sind sie schon da! Karl rennt zurück Richtung Stadt und betet, dass der Soldat nicht schießen möge. Kurz darauf sitzen sämtliche Einwohner Kupferbergs in ihren Kellern und schlottern vor Angst. So werden sie fast 24 Stunden lang sitzen, denn die Russen marschieren erst am nächsten Tag ein. Sie kommen mit Panzern über die Straße von Rudelstadt und Merzdorf. Aus dem Haus an der Wegbiegung eingangs des Ortes, gleich neben der Brauerei, vertreiben sie die Bewohner und richten sich dort ihre Kommandantur ein. Alle Deutschen haben ihre Waffen und Rundfunkempfänger abzugeben. Das Schreckgespenst Nemmersdorf fordert sein erstes Opfer: Im Keller des Wirtshauses Zum Schwarzen Adler erhängt sich eine junge Frau.

Sommer – Herbst

Ist etwas außerhalb des Hauses zu erledigen, übernimmt das jetzt der kleine Karl Heinz Friebe. Für ihn ist es einigermaßen sicher – er ist ein kleiner Junge. Mehrere Frauen in Kupferberg haben sich inzwischen erhängt, weil sie vergewaltigt wurden. Im Weiler Kreuzwiese, wenige Gehminuten von Kupferberg entfernt, sind die Russen in das Haus einer Bäuerin eingedrungen und haben sie so lange vergewaltigt, bis sie vor Erschöpfung starb. Die Frauen gehen nicht nicht mehr aus dem Haus, verhüllen sich mit Kopftüchern, keine will auffallen.

In Wirklichkeit ist niemand sicher. Die Russen kommen in Kurt Hänischs Apotheke und fordern Spiritus aus seinem Labor. Der Apotheker weigert sich, erklärt, ohne Spiritus könne er weder Arzneien herstellen noch Wunden versorgen, die es schließlich zur Genüge gibt. Sie holen ihn mit einem Wagen ab, misshandeln ihn schwer. Nach einer Woche kehrt er zurück, wenige Tage später ist er tot.

Aus ähnlichen Gründen werden ein Bahnangestellter aus Jannowitz sowie der Kaufmann Seidel erschossen, und Herrn Gehde schlagen die Russen so lange mit Knüppeln auf den Kopf, bis er das Bewusstsein verliert. Er stirbt ein paar Tage danach an einem Hirnabszess.

In der Stadt treffen die ersten polnischen Milizionäre und Soldaten ein. Sie sorgen nicht für Ordnung, ihr Erscheinen verursacht noch mehr Chaos und Angst. Ihr Befehl ist klar:

> Mit den Deutschen ist so umzugehen, wie sie mit uns umgegangen sind. Viele haben bereits vergessen, wie ihr Umgang mit unseren Kindern, Frauen, alten Menschen gewesen ist. Die Tschechen waren in der Lage, so vorzugehen, dass die Deut-

schen ihr Territorium von allein verlassen haben. Diese Aufgabe ist mit Härte und Entschlossenheit durchzuführen, damit das germanische Ungeziefer sich nicht in den Häusern verkriechen kann, sondern von sich aus vor uns flieht. Wenn es in seinem eigenen Land ist, soll es Gott dafür danken, dass es glücklich seinen Kopf retten konnte. Vergessen wir nicht, dass die Deutschen immer die Deutschen sein werden. Bei unserem Auftrag bitten wir nicht, wir erteilen Befehle.[7]

Kaum haben die Polen Kaszynskis Gastwirtschaft betreten, kommt es zu einer weiteren Tragödie. Ihrer Meinung nach begrüßt der deutsche Besitzer sie nicht mit angemessenem Respekt. Sie prügeln ihn bis zur Bewusstlosigkeit, binden ihn mit den Beinen an ein Motorrad und schleifen ihn durch die ganze Stadt, und noch weiter, an der Brauerei und den beiden steinernen Kreuzen vorbei bis nach Jannowitz.

Der Tod droht auch all denen, auf die nur der Schatten eines Verdachts fällt, Anhänger des Nationalsozialismus zu sein. Noch im Mai kommt der Brauereibesitzer Georg Franzky nach Kupferberg zurück. Die Freude über seine Rückkehr hält nicht lange an, macht sein unerwartetes Auftauchen doch die polnischen Milizionäre stutzig. Sie verdächtigen ihn, sich am nationalsozialistischen Partisanenkampf beteiligt zu haben; er soll seine Waffen abgeben, die er angeblich im Garten versteckt hat. Franzky erklärt, er habe keinerlei Waffen, gräbt vor den Augen der Polen den ganzen Garten um. Als er nichts findet, prügeln sie auf ihn ein, bis er das Bewusstsein verliert. Nur durch ein Wunder überlebt er.

Anhänger des Nationalsozialismus zu sein wird auch dem Grafen Christian Friedrich zu Stolberg-Wernigerode vorgeworfen. Nicht genug damit, dass er Kapitalist und Bourgeois ist – zu allem Übel hat er auf seinen Ländereien während des

Krieges zwei Zwangsarbeiter aus Frankreich beschäftigt. Die Polen verschleppen den Grafen nach Hirschberg und halten ihn dort fünf Wochen lang fest. In seinen Armen sterben zwei andere Bewohner der Stadt – Herr Beiwe und Herr Maiborn. Der Graf selbst wird von einem polnischen Arzt gerettet, der seine Wunden versorgt. Völlig zu Kräften kommt er jedoch nie wieder.

Karl Heinz Friebe weiß bereits aus öffentlichen Bekanntmachungen, dass er kein *Niemiec* mehr ist, sondern nur mehr ein *niemiec*.[8] Was er nicht weiß, ist, dass er, seine Mutter sowie sämtliche älteren Menschen in der Stadt in der Terminologie der neuen Herrschenden als »lästiges Element« bezeichnet werden, das keine »produktiven Fähigkeiten« besitze. Und eines solchen Elements muss man sich so schnell wie möglich entledigen.

Bald darauf erfährt Karl Heinz Friebe außerdem, dass Kupferberg nun nicht mehr Kupferberg ist. Sein neuer Name lautet Miedziana Góra. Jannowitz wird zu Janowice, Rudelstadt zu Ciechanowice, Merzdorf zu Marciszów, Waltersdorf zu Mniszków. Und Hirschberg heißt jetzt Jelenia Góra, Bad Warmbrunn Cieplice. Breslau ist Wrocław, Görlitz Zgorzelec. Keinen dieser Namen kann Karl Heinz Friebe aussprechen. Nur Berlin ist Berlin geblieben. Manche sagen jedoch, Berlin gebe es nicht mehr.

Auch andere Gerüchte gehen um. Angeblich ist es noch gar nicht sicher, dass die ganze Gegend nun innerhalb der polnischen Grenzen liegen soll. Angeblich gibt es noch eine Chance, dass Kupferberg wieder zu Kupferberg wird, dass die britische oder amerikanische Besatzungszone es übernimmt. Oder dass hier die Tschechoslowakei sein wird. Im Juli 1945 hängen plötzlich deutsche Plakate in der Stadt aus:

Gegen Armut hilft nur Mühe
Ohne Arbeit gibt's kein Brot
Niemals jammern, nicht beschweren!
Und bloß nie den Mut entbehren!
Frisch ans Werk
Mit neuer Kraft,
Und Mut, sich Fehler zu gesteh'n,
Ehrlich neue Wege geh'n,
Das verlangt von dir die Zeit,
Sei bereit!

Jeglichen Gerüchten zum Trotz wird zunehmend klar, dass die Tage Karl Heinz Friebes und seiner Landsleute in Kupferberg gezählt sind. So wie in allen niederschlesischen Orten. Am 11. Juli kommt Major Smirnow, Kriegskommandant von Hirschberg, mit der deutschen Bevölkerung zusammen.

> Ich halte diese Versammlung ab, um anzukündigen, dass ihr Deutschen von hier nach Deutschland überführt werdet. In der Gegend um Jelenia Góra [Hirschberg] findet die Aussiedlung schon jetzt statt, in Jelenia Góra selbst und in Warmbrunn erfolgt sie am 14. und 15. Juli. Ich kündige dies an, damit ihr es wisst, denn die Polen wissen es noch nicht. Wüssten sie davon, würden sie schon jetzt zu rauben und zu plündern beginnen.
> Die Überführung wird normal und ordnungsgemäß vonstattengehen, nicht so, wie die Polen es machen. Die kommen um Mitternacht und geben euch zwanzig Minuten Zeit, lassen jeden zwanzig Kilo mitnehmen. Ich erlaube euch nicht nur zwanzig Kilo, sondern mehr, so viel ihr mitnehmen könnt.
> [...] Solange ich da bin, werde ich nicht zulassen, dass die Polen euch etwas antun.

> Wenn ich erfahre, dass die Polen auf Raubzug sind, fahre ich selbst nachts los und lasse das nicht zu.
> […] Ich denke, dass euch das alles verständlich ist, denn ich habe genug gesagt, zu viel sogar, und zwar deshalb, weil kein Pole hier ist. Wäre ein Pole hier, hätte ich euch nicht so viel gesagt.[9]

Und tatsächlich beginnt man mit der Überführung, nicht so rasch jedoch wie von Major Smirnow angekündigt. In Wirklichkeit weiß niemand genau, wie man in kurzer Zeit Hunderttausende Menschen mit all ihrem Hab und Gut aus einem so großen Gebiet wegbringen soll. Umso mehr, als die Russen zuallererst die elektrische Traktion auf der Strecke Jelenia Góra–Wałbrzych demontiert und gen Osten abtransportiert haben. Jetzt können hier wieder nur Dampfeisenbahnen fahren.

Erst einmal weiß man auch gar nicht genau, wie viele Deutsche es eigentlich sind. Die akribischen Volkszählungen von deutschen Beamten besagen nicht viel, da auf der Flucht von Osten Tausende Menschen in Niederschlesien gestrandet sind. Alle haben nun die Pflicht, sich in den Ämtern von Städten und Gemeinden zu registrieren. Dort werden ihre Namen in Repatriierungslisten eingetragen. Von Juli an sind außerdem alle Deutschen ohne Ausnahme verpflichtet, rechts eine weiße Armbinde zu tragen.

Karl Heinz Friebes Mutter zerreißt eines ihrer Bettlaken und schneidet drei Streifen heraus, deren Kanten sie sorgsam versäubert. Der Junge fragt, wie lange sie die Binden werden tragen müssen. Doch das weiß niemand in der Stadt.

Winter – Sommer

Noch mehr Polen reisen an und ziehen in die Häuser ein. Wenn sie sich ein bestimmtes Gebäude ausgesucht haben, kommt die Miliz und befiehlt den deutschen Bewohnern, auf den Dachboden oder in den Keller auszuweichen. Sie, die alten Hausherren, sind im Sinne der Vorschriften als Erste für die Repatriierung vorgesehen. Von diesem Schicksal verschont bleiben nur die deutschen Arbeiter der Papierfabrik von Janowice oder der Leinenweberei von Marciszów – in ganz Niederschlesien mangelt es an Fachkräften, deswegen sind deutsche Spezialisten, die den Betrieb aufrechterhalten, hier Gold wert. An den Türen ihrer Häuser werden »Reklamationskarten« [Freistellungsscheine; Anm. d. Übers.] angeschlagen, sie dürfen am längsten bleiben.

Die Polen versuchen sogleich, das hiesige Land zu beackern und zu bestellen. Dazu ermuntert sie die neue Regierung, reisen doch in der ganzen Gegend immer mehr Menschen an, und nach dem Krieg herrscht in den Speichern gähnende Leere. Die neuen Landwirte kennen jedoch weder die Eigenarten des rauen Klimas in der kleinen Bergstadt noch die Geschichte der Felder. Sie wissen nicht, was vorher angebaut wurde, und können daher nicht vorhersehen, was sie jetzt säen sollen. Die Deutschen aber wollen sie nicht fragen. Wenn diese behilflich sein wollen, bekommen sie lediglich zu hören, dass sie sich nicht einmischen sollen, bald seien sie ja sowieso nicht mehr da.

Nun herrschen also Winter und Hunger. Schon längst sind die Vorräte an Brennnesseln und Weißem Gänsefuß, die Karl Heinzens Mama angelegt hat, zur Neige gegangen; es gibt nur noch das heimlich im eigenen Garten gesammelte eingelegte

Obst. Milch zu holen versucht Karl Heinz Friebe nicht einmal mehr. Die Polen mit dem größten unternehmerischen Geschick haben den Deutschen die Kühe weggenommen, und so ist Milch nun noch schwerer zu bekommen. Auch in den Geschäften kann man nichts kaufen, die neue Regierung hat einen für die Deutschen ungünstigen Umrechnungskurs eingeführt. Zahlen dürfen sie nur in Reichsmark, der Besitz polnischen Geldes – des Złoty – steht für sie unter Strafe.

Die Aussiedlung der deutschen Familien verläuft nicht reibungslos. Zum Beispiel wird in Waltersdorf, damit es sich mit Fug und Recht das polnische Mniszków nennen kann, die deutsche Bevölkerung ganze dreimal zum Verlassen des Ortes aufgerufen. Dreimal hämmert um Mitternacht jemand gegen die Türen, dreimal werden die Deutschen in Kenntnis gesetzt, dass sie im Morgengrauen ihre Häuser verlassen müssen. Dreimal packen sie sorgsam ihre Sachen und wiegen jedes Bündel genau ab, damit sein Gewicht die zwanzig Kilo nicht überschreitet. Dreimal machen sie sich auf den langen Weg nach Jelenia Góra – nur um dort zu erfahren, dass sie noch nicht an der Reihe seien und in ihre Häuser zurückkehren sollen.

Am schlimmsten trifft es diejenigen, die im Winter aufbrechen müssen. Die Transporte von Niederschlesien sind kaum je beheizt. In den Waggons gibt es keine Öfen, nicht jede Gruppe Ausreisender bekommt einen Arzt zugeteilt, es gibt Verpflegungsprobleme. Nicht immer können die Aussiedler selbst Lebensmittel mitnehmen, manchmal geht das Mitgebrachte bei der Kontrolle auf den Bahnhöfen verloren. Auch machen Geschichten von Todeszügen die Runde. Ein solcher Zug fährt im Winter 1946 von Wrocław ab, mit 1543 Passagieren, davon ein Drittel Kinder und Jugendliche. Weder gestatten die Polen den Reisenden, Stroh mitzunehmen, noch stellen sie ihnen Öfen zur Verfügung. Auf der sechstägigen Reise bei minus zwanzig Grad wird nur viermal warmer Kaffee ausgegeben, und einmal Brot. Während dieser Zeit gebären vier oder fünf Schwangere ihr Kind; unter derartigen Bedingungen haben die Neugeborenen keine Überlebenschancen. Medizinische Hilfe zu leisten bemüht sich ein Breslauer, Dr. Loch. Obwohl er auf der Reise selbst einen Herzinfarkt erleidet, versucht er weiterhin, allen Bedürftigen zu helfen. Doch er kann nicht viel tun. An Unterkühlung sterben auf dieser Fahrt 32 Menschen, 289 weitere müssen gleich nach der Ankunft auf westlicher Seite ins Krankenhaus gebracht werden. Insgesamt kommen infolge jener alptraumhaften Zugfahrt im Laufe der nächsten Tage 58 Passagiere um.[10]

In der britischen Militärmission in Kaławsk treffen dramatische Appelle ein: »Die Fälle von schlechter Behandlung der Deutschen nehmen zu, Haupttäter scheinen die Bahnpolizisten zu sein.«[11]

Die einen fürchten sich, Miedziana Góra zu verlassen, die anderen fürchten sich, dazubleiben. Manch einer hat auch noch die Hoffnung, dass sich alles schon irgendwie regeln wird. Der Besitzer der Wasserabfüllanlage, Max von Glyschinsky, will seine Fabrik nicht zurücklassen, der Totengräber Neumann nicht seinen Friedhof, die Schwestern Blümke haben niemanden im Westen.

Hugo Ueberschaer will auch nicht weg von hier. Alte Bäume verpflanzt man nicht, sagt er. Außerdem gibt es für ihn keinen Grund, in den Westen zu gehen. Schließlich hat er in Kupferberg bereits alles für sein Ableben vorbereitet. Er legt seine Galauniform an und begeht Selbstmord. Beigesetzt wird er in seiner selbsterrichteten Krypta, und der Sarg wird mit einer

Stahlbetonplatte verschlossen, in die Ueberschaer eigenhändig folgende Inschrift eingemeißelt hat:

> HUGO UEBERSCHAER
>
> *19. 12. 1870 ZU PLESS
>
> +
>
> PSALM 70
>
> R.I.P.

Einzig das Todesdatum fehlt. Hat er seine Entscheidung Tag um Tag weiter aufgeschoben? Das Datum fügen die hinzu, die seinen Leib beerdigen. Von seiner Grabstätte aus wird der alte Polizeibeamte eine wunderbare Aussicht über die ganzen Falkenberge haben.

Wieder Sommer

Schließlich ist auch für Familie Friebe die Zeit gekommen. Die drei packen ihre Bündel zusammen, machen Ordnung im Haus, schließen die Tür ab, den Schlüssel legen sie diesmal oben auf den Rahmen. Zurückkommen werden sie nie mehr. Es ist der Juni 1946. Der Flieder duftet, bald sind die Kirschen reif. Nun haben sie das Haus verlassen. Ihr Weg führt sie an der Brauerei vorbei, dann an den zwei Steinkreuzen. Jannowitz, Rohrlach, Boberstein, Schildau, Lomnitz, der Bahnhof Hirschberg – *stacja Jelenia Góra*. Auf dem Bahnhof heißt es warten. Einen Tag, zwei, eine Woche. Das Gepäck wird durchsucht, kein Wertgegenstand darf Polen verlassen. Doch Wertgegenstände besitzen sie gar nicht.

Wieder müssen sie warten. Es regnet.

Die Waggons sind Viehwaggons, 55 gibt es davon, in jeden

kommen 35 Personen. Mamas Hand gut festhalten, damit sie sich nicht verlieren. Karl Heinz überschlägt rasch im Kopf: In einem solchen Zug fände ihre ganze Stadt Platz, zweimal sogar. Man könnte das gesamte Kupferberg in die Waggons pferchen und alles auf einmal nach Westen schaffen. Doch die Stadt bleibt ja da. Sie sind es, die verschwinden.

Vor Marciszów hält der Zug. Karl Heinz Friebe geht an die Tür und betrachtet zum letzten Mal die beiden Kirchtürme – einer davon mit angehaltener Uhr. Durch das löchrige Waggondach tropft Wasser.

Über Jawor und Legnica geht die Fahrt nach Kaławsk. Dort erfahren sie, dass sie in die britische Besatzungszone gebracht werden sollen. Sie freuen sich. Dann folgt eine Desinsektion, alle müssen sich ausziehen und waschen. Anschließend steigen sie wieder in den Zug. Kurz darauf passieren sie bereits die Grenze, die Brücke über die Oder, dahinter liegt das neue Deutschland. Das Flussufer ist ganz weiß: Alle nehmen ihre Armbinden ab und werfen sie aus dem Zug. Frau Friebe tut dasselbe mit Karls Armbinde. Lange sieht der Junge dem weißen Leinenstück hinterher, wie es im Wind davonflattert.

EINFACH WEG

»Wir sind im Sommer 1945 nach Janowice gekommen, waren also mit die ersten Polen hier. Vor dieser Fahrt hatten wir große Angst. Überall hieß es, dass sich in den Wäldern noch ›Werwölfe‹ versteckten, also deutsche Partisanen, die jeden Polen töten würden, der ihnen nur vor Augen käme. Doch es gab in der Gegend auch Banden von Plünderern und Dieben aus Mittel- und Ostpolen, die jeden überfielen, auf jeden schossen, egal, ob Deutscher, Russe oder Pole. Durch so etwas kamen hier eine Menge Menschen um.

In Janowice und Miedzianka[12] war damals noch der Großteil der Bevölkerung deutsch. Sie wollten nicht weg und dachten, es würde sich schon alles regeln lassen. Meine Eltern sagten mir aber, dass hier von nun an Polen sein würde. Als ich das meinen deutschen Spielkameraden aus unserem Haus erzählte, prügelten wir uns heftig. Wir prügelten uns sowieso dauernd, trotzdem habe ich gute Erinnerungen an sie. Nach wenigen Monaten hatte ich von ihnen die Grundlagen des Deutschen gelernt, und eine Zeitlang habe ich wohl besser Deutsch als Polnisch gesprochen.

An deutsche Erwachsene aus jener Zeit kann ich mich kaum erinnern, nur an ganz wenige vielleicht. Und an deutsche Frauen gar nicht, so als wären überhaupt keine Frauen da gewesen.

Wahrscheinlich waren sie immer im Haus, und zu Hause war ich nie bei den Deutschen. Ob ich es selbst nicht wollte oder ob sie mich nie hineingelassen haben, weiß ich nicht mehr. Erst nachdem die Deutschen verschwunden waren, habe ich deutsche Häuser von innen gesehen.

Als es Herbst wurde, kam ich in die Grundschule. Dort waren bereits die meisten Kinder und Lehrer polnisch. Die Deutschen wollten nicht in unsere Schule gehen und hatten deswegen immer noch Sommerferien, worum wir sie glühend beneideten.

Irgendwann später im Herbst waren sie einfach weg, ohne sich von irgendjemandem verabschiedet zu haben. Eines Tages spielten auf einmal weniger deutsche Kinder bei uns im Hof, und die, die noch da waren, wollten nicht sagen, was mit den anderen geschehen war. Auch wussten wir nie, wer abreisen würde; ich kann mich noch daran erinnern, wie sehr ich es bedauerte, dass meine Spielkameraden einfach so verschwanden, ohne ein Wort des Abschieds. Mit manchen war ich wirklich befreundet. Ob einer von den Deutschen geweint hat, als sie fahren mussten?

In den deutschen Häusern blieben Möbel, Porzellan, Bilder zurück. Niemand nahm diese Dinge mit, und wir fragten uns erstaunt, warum sie das alles nicht mehr wollten, schließlich waren es noch recht brauchbare Gegenstände. Um diese Dinge brach bei den Polen manchmal Streit aus, sodass die Miliz eine Menge Arbeit damit hatte. Die wertvollsten Gegenstände wurden sowieso von den Behörden abgeholt; was später damit geschah, weiß ich nicht.

Im Sommer gerieten die Soldaten und die Miliz in Streit, es ging um irgendwelche Schätze. In Janowice am Bóbr war das, bei der Eiche. Mein Vater wollte mir nicht sagen, worum es sich genau handelte, erst später erfuhren wir, dass die Miliz dabei wohl einen Soldaten erschoss, damit die ganze Gesellschaft sich wieder beruhigte und einen kühlen Kopf bekam.

Später, als immer weniger Deutsche da waren, verwaltete der alte Tennenbaum im Auftrag der Gemeinde die Sachen, die sie zurückgelassen hatten. Er war teils Jude, teils Pole, teils Deutscher. Während des Krieges muss er wohl als Volksdeutscher gegolten haben; unmöglich, dass er als Jude unter den Deutschen den ganzen Krieg überlebt hätte. Zog eine polnische Familie in ein verlassenes deutsches Haus ein, kam er manchmal mit der Gemeindekommission und schätzte den Wert der einzelnen Gegenstände. Wenn jemand wollte und das Geld hatte, konnte er dann zum Spottpreis ein Klavier oder eine Kuckucksuhr erwerben. Doch die Leute hatten damals kein Geld, deswegen ließen sie Tennenbaum nur die nötigsten Sachen schätzen: Betten, Stühle, Hocker, Tische. Den ganzen Rest, der im Haus war, stellten sie vor die Tür. Und so standen die Klaviere, Kuckucksuhren oder teuren Kredenzen draußen, bis sie aus dem Leim gingen und auseinanderfielen. Als der Winter kam, befeuerten die Hausbewohner mit dem Holz ihre Öfen.«

FOTOGRAFIEN I

In nahezu jeder Ausgabe der *Schlesischen Bergwacht* schreibt einer der deutschen Textverfasser »unser schönes Hirschberg« oder etwas in der Art. Wenn dieser Deutsche später nach Trzcińsko, Janowice oder Miedzianka kommt und aus seinem dicken Mercedes steigt (»Wie kann das sein – wir haben den Krieg gewonnen, und jetzt fahren denen ihre Rentner hier im Mercedes vor?«), und wenn ihm dann dieses »unser« oder »mein« herausrutscht, dann macht sich Beklommenheit breit. Die Leute hier sind nicht dumm, sie verstehen einiges. Vielleicht nicht alles problemlos und auf der Stelle, aber »mein« und »unser«, das erkennen sie.

»Wir wissen nur zu gut, warum die kommen«, sagen sie später. Denn es ist ja schließlich bekannt, dass die Deutschen, als sie gehen mussten, ihre Schätze hier in Verstecken zurückgelassen haben: Gold, Schmuck und Geld.

In der *Schlesischen Bergwacht* sehe ich mir die Fotos an, die Leser an die Redaktion senden. Jedes noch so winzige Dorf hat hier seine feste Rubrik. Es sind überwiegend Fotos von gemeinsamen Ausflügen und Treffen ehemaliger Nachbarn. Ältere Damen mit der unvermeidlichen platinblonden Dauerwelle posieren mit verkrampftem Lächeln an der Seite ihrer ergrauten und leicht übergewichtigen Ehegatten. Auch aus jenen Zeiten, in denen sich noch niemand daran störte, wenn man laut »unser schönes Kupferberg« sagte, sind Bilder dabei.

»Kindergarten Kupferberg 1936«. Ich stelle mir die Mühen des Fotografen vor, der die ausgelassene Schar, fast dreißig Kinder, so im Zaum halten musste, dass sie alle im selben Moment in seine Richtung schauten. Wahrscheinlich versuchte er sein Glück eher mit List und Tücke als mit Geschrei, dennoch ist es ihm nicht gelungen; nur eine Handvoll Kinder blickt direkt ins Objektiv, der Rest hampelt herum. Teilweise stehen die kleinen Fotomodelle gar mit dem Rücken zur Kamera, vertieft in ihre – sicherlich unaufschiebbaren – eigenen Angelegenheiten. Zwei Erzieherinnen weiter hinten im Bild tragen amüsierte Mienen zur Schau, eine weitere ermahnt halbherzig einen kleinen Unruhestifter, nur die älteste sieht ernst und beflissen den Fotografen an. Alle vier wirken, als hätten sie, durch ihre Erfahrung eines Besseren belehrt, schon längst den Gedanken aufgegeben, diesen Sack Flöhe disziplinieren zu wollen, und betrachteten es bereits als Erfolg, alle Kinder an einem Fleck versammelt zu sehen. Einen Erfolg, der sich sicherlich so bald nicht wiederholen lassen würde. Die fröhliche Schar wimmelt und schwirrt herum, sodass es dem Fotografen nicht gelungen ist, alle aufs Bild zu bekommen; am rechten Rand ist ein Kinderpärchen halb abgeschnitten. Sehr schade, blicken doch gerade diese beiden lächelnd ins Objektiv.

Vorfrühling muss es gewesen sein. Die Kinder tragen Mantel und Pullover, manchen sitzt die dicke Wollmütze verwegen schief auf dem Kopf oder rutscht über die Augen. Das Licht ist weich und diffus, der Fotograf hat die Belichtung richtig gewählt, doch die häufige Vervielfältigung hat die Details verwischt. Alle Kinder mit heller Kleidung verschwimmen nahezu mit dem Hintergrund und der Papierstruktur.

Eine lärmende, ausgelassene Horde ist auf dem Bild zu sehen, Freude und Leichtigkeit. Ein wenig Frühlingskühle, die Lust, ohne Jacke nach draußen zu laufen, obwohl es noch zu kalt dazu ist. In vielen der zappelnden und lachenden kleinen Gestalten steckt eine solche Ausdruckskraft, dass man den Blick nicht von ihnen losreißen kann.

Ein paar Ausgaben weiter stoße ich auf eine Aufnahme aus der Schule in Kammerswaldau, dem wenige Kilometer von Miedzianka entfernten heutigen Komarno. Man sieht auf den ersten Blick, dass die Kinder älter sind, es sind ungefähr so viele wie die Kindergartenkinder aus Miedzianka. Fast könnten es dieselben Kinder sein, nur ein paar Jahre später. Nun stehen sie gehorsam in vier Reihen und schauen alle ausnahmslos in die Kamera. In der Bildmitte steht der weißhaarige Lehrer in Gehrock und Krawatte. Von allen Abgebildeten scheint er noch die verschmitzteste Miene zu tragen, als amüsiere ihn der ganze aufgesetzte Ernst ringsum. Nur die beiden Mädchen rechts und links von ihm erlauben sich eine vertrauliche Geste, sie haben sich schüchtern bei ihm eingehakt. Es ist wahrscheinlich Sommer, aber einer der kühleren Tage, alle außer dem Lehrer sind leicht und, man kann es nicht anders sagen, recht bescheiden gekleidet. Nur zwei Jungen aus der ersten Reihe tragen Schuhe, alle anderen präsentieren der Kamera nackte und schmutzige Füße.

Zwei Fotografien aus fast derselben Zeit – Anfang der dreißiger Jahre. Vielleicht sogar vom selben Fotografen. Die sorglose Fröhlichkeit der Kindergartenkinder gegen den Ernst der kaum älteren Grundschüler. Auf dem zweiten Bild weckt vor allem ein dunkel gekleideter Junge mein Interesse. Er hat die Hände auf den Knien gefaltet wie ein Musterschüler, blickt wie seine Kameraden ins Objektiv. Seine Beine ragen am weitesten

vor, vielleicht war er der Größte in der Klasse. Die nackten Füße reichen fast bis an den unteren Bildrand. Ich sehe ihn an und denke mir, wenn ich Gold, Schmuck und Geld gehabt hätte – dann hätte ich dem kleinen Kerl Schuhe gekauft.

GEN WESTEN ODER DIE VIELEN TODE DER BARBARA WÓJCIK

Erster Tod

Ihr Vater war es, der sich dachte, ihr Leben habe keinen Sinn. Der Vierzigjährige nimmt sich ein Kissen, tritt an ihr Bettchen. Das Bettchen steht am Fenster, draußen vor dem Fenster herrscht bitterste Armut. Ihr Vater sagt: »Das Kind hat keine Zukunft.«

Die Mutter liegt im Bett und weint, zu entkräftet, um ihn aufzuhalten. Sie kann nur zuschauen und schreien. So laut wie noch nie in ihrem Leben. Eine Nachbarin kommt herbeigerannt.

Dieses Mal stirbt Barbara Wójcik nicht.

Genosse Stanisław

Verordnung Nummer 1, erlassen von Stanisław Piaskowski, Regierungsbeauftragter der Volksrepublik Polen, am 2. April 1945:

> Wir fahren als Pioniere des Polentums, als Rächer für das jahrhundertelange Unrecht, das die slawischen Völker und Stämme von deutscher Hand erleiden mussten. Daher werde ich unbedingten Gehorsam für meine Verordnungen und die genaueste und pünktliche Ausführung meiner ministerialen Anordnungen verlangen. Behalten wir auf Schritt und Tritt, an jedem Ort, bei jeder Tat im Gedächtnis, dass wir ein Slawisches Volk von alter, unverdorbener Kultur sind. […] Germanisierten Personen slawischer Abstammung gegenüber verhalten wir uns bis zum Erlass genauerer Anordnungen wohlwollend, jedoch ohne Verpflichtungen für die Zukunft einzugehen.

Józef

Wie ein Rächer fühlt er sich nicht. Vielleicht ein bisschen wie ein Pionier. Er fährt hin, so lautet die Anweisung. Dabei hat er ordentlich Muffensausen, heißt es doch über den Westen, er sei »wild«. Er, Józef Ostrowski, 27 Jahre alt, soll dort nun für Ordnung sorgen.

Der Krieg ist kaum vorbei gewesen, da tauchten in Kalisz schon die Werber auf. Damals arbeitete er in einer Spielwarenfabrik, keine besonders schwere Arbeit, aber schlecht bezahlt. Und er hatte schon eine Frau aus erster Ehe und deren kleines Kind zu versorgen. Die Werber boten Arbeit bei der polnischen Miliz. Gesund musste man sein und dem polnischen Staat dienen wollen. Józef war gesund.

Die Schulung fand in Gdańsk statt, keine richtige Schule, nur ein paar Wochen Training, Schießen, Einführungsvorträge. Später ging es gleich ins Gelände, nun waren sie bereits ausführende Gewalt. Nicht alle hatten Uniformen bekommen. Er wusste nicht, dass es nach Westen gehen sollte, dachte, er würde umgeschult und nach Kalisz zurückgeschickt. Doch es wurde anders entschieden.

»Ostrowski, Ihr geht nach Niederschlesien«, hieß es, und ihm fiel gleich der »Wilde Westen« ein. Im ganzen neuen Polen brodelte die Gerüchteküche: Überall sei es friedlich, nur dort nicht. Deutsche Freischärler würden sich im Wald verstecken und auf jeden schießen, der ihnen vor die Gewehrmündung käme, sie hätten ja nichts zu verlieren. Sich nach Deutschland durchzuschlagen würden sie nicht einmal versuchen, ihr Deutsches Reich gab es ja nicht mehr. Deswegen hätten sie sich in den Wäldern verkrochen, und dort würden sie hocken, bis auch der Letzte von ihnen abgeschossen sei. Doch billig würden sie ihre Haut sicher nicht verkaufen. Noch dazu zöge es den ganzen Abschaum, Pöbel, kriminelle Elemente nach Niederschlesien wie die Motten zum Licht. Im ganzen Land machen Geschichten über die Schätze und den Wohlstand die Runde, die die Deutschen angeblich zurücklassen sollen. Jeder will an diesem Wohlstand Anteil haben.

Józef steigt in Janowice Wielkie aus. Hier erwartet man ihn bereits. Es ist der Sommer 1945. Auf dem Weg erläutern die anderen ihm die Situation. Gemeinsam fahren sie die Umgebung ab. Noch viele Deutsche sind hier, die meisten verlassen nicht das Haus. Manche haben ihre Läden geschlossen, um das zu retten, was ihnen geblieben ist. Die Türen haben sie von innen mit Holzbalken verrammelt. Niemand kann hinein, niemand hinaus, eine Katastrophe, wenn es einmal brennen sollte. Und es brennt immer wieder. Ein oder zwei Leute kommen auf die Idee, nachzusehen, was sich unter den Dielenbrettern oder auf dem Dachboden verbirgt. Sie scheuchen die Deutschen aus dem Haus, durchsuchen jeden Winkel. Finden sie nichts, schäumen sie vor Wut, stecken alles an und gehen weiter.

Józef und seine Kollegen fahren in eine kleine Stadt oben auf einem Berggipfel. Ostrowski lernt Wypschlak kennen, den neuen Bürgermeister. Der alte bereitet sich gerade auf die Abreise vor. Nazis gibt es hier schon lange keine mehr, sie sind vor der Front geflohen.

»Wie heißt diese Stadt?«

»Miedziana Góra, Genosse, aber kürzer ist es, einfach Miedzianka zu sagen.«

Bronek

Der Zug hat 44 Waggons; er fährt mit *bimber*, Schwarzgebranntem. Wenn er mitten auf freiem Feld stehen bleibt, gehen die Leute aus den Waggons vor zu den Lokführern und verhandeln, wühlen in ihren Gepäckbündeln, holen Flaschen hervor.

»Das ist jetzt die letzte«, sagen sie, und der Zug fährt wieder an – nur um wenige Stunden später erneut zu halten.

Der hinterste Wagen ist der Liebeswaggon. Hier gibt es Abteile und in den Abteilen weiche Polsterbänke; auf diesen Bänken kosten die jungen Leute von der verbotenen Frucht. Über den jungen Leuten liegt, platt auf dem Bauch, Bronek Hac und späht durch ein Loch im Dach hinunter. Der Weg nach Westen wird für ihn zum Weg ins Erwachsenendasein. Auch wenn es fürs Erste nur ein schmaler Pfad ist.

Im Zug herrschen bestimmte Regeln – die wichtigste ist, dass man seine Notdurft in Eimer verrichten muss. Sich außerhalb des Zuges zu erleichtern ist gefährlich. Die Eimer dürfen nicht ausgeleert werden, bis sie nicht ganz voll sind. Also werden sie gar nicht geleert. Nun fahren sie schon zwei Wochen so. Bronek fragt sich, was geschehen soll, wenn sie weitere zwei Wochen fahren. Er hat Angst, dass ihnen irgendwann der Schwarzgebrannte ausgeht, dass sie dann mitten auf weiter Flur anhalten und für immer dort festsitzen.

Jetzt sind sie schon in Sambor [seit 1945 ukr. Самбір / Sambir], gleich kommt die Grenze, auf beiden Seiten der Schienen mehr und mehr Soldaten, manche führen Hunde. Bronek erinnern sie an die Soldaten, die in Borysław [seit 1945 ukr. Борислав / Boryslaw] einmarschierten. Zum ersten Mal kamen sie 1939, nahmen Lehrer, Beamte, Bahnarbeiter mit. Niemand hat diese Menschen je wiedergesehen. Dann flohen die Ukrainer, und die Deutschen kamen. Die wiederum fürchteten eher die UPA, die ukrainische Partisanenarmee, als die Polen. Dann folgten Bombardements. Bei einem Brand in der Raffinerie von Drohobytsch starb Broneks Onkel. Bronek selbst wurde in den Baudienst aufgenommen, da hatte er noch Glück, er sollte in einer Drechslerei arbeiten, in weiter Ferne von den Schützengräben, die bei Kugel- und Bombenhagel ausgehoben werden mussten. Vielleicht ist er deswegen noch am Leben?

Später kamen wieder Russen, andere diesmal, und befahlen ihnen, zu packen. Sie rafften zusammen, was ihnen in die Hände fiel, und gingen zum Bahnhof. Zwei Wochen warteten sie auf den Transport, bauten sich Zäune aus ihren Gepäckbündeln – in jeder Parzelle eine andere Familie. Jemand spielte Ziehharmonika, als endlich die 43 Viehwaggons mitsamt dem Liebeswaggon in den Bahnhof einrollten. Sie hissten eine Flagge, warfen ihre Bündel in den Zug, und dann fuhren sie endlich.

Jetzt geht Bronek ein Licht auf, wozu die vollen Eimer gut sind. An der Grenze wimmelt es von Soldaten, bewaffnet stehen sie Spalier, während der Zug langsam vorbeirollt. Gleich sind sie da, im neuen Polen. Vom alten Polen nehmen sie Abschied, indem sie den Russkis den Inhalt der Eimer direkt in ihre rotbackigen Visagen schütten. Die Soldaten fluchen, springen beiseite, die Hunde kläffen. Der ganze Zug brüllt vor Lachen. Schließlich wird man sie nicht gleich erschießen, nur weil sie ihren sowjetischen Brüdern Scheiße über den Kopf gekippt haben.

Wieder machen sie irgendwo halt, die Alten gehen vor zur Lokomotive, die Jungen rennen zum Liebeswaggon. Die Plätze dort sind knapp, der Andrang ist groß. Den jungen Leuten heftet sich ein Priester an die Fersen. Als er sieht, was im Waggon vor sich geht, greift er sich eine Flasche und eilt nach vorn zur Lokomotive. Die Zugführer entkoppeln den Liebeswaggon, nun fahren nur noch 43 Waggons gen Westen, der Liebeswaggon bleibt auf freiem Feld zurück. Manche springen noch heraus und rennen, während sie ihre Hosen hochziehen, dem davonfahrenden Zug hinterher. Nach zwei Tagen holen sie ihn ein. Andere Passagiere müssen sie festhalten, damit sie den Priester nicht vermöbeln – in aller Freundschaft, versteht sich.

Vier Wochen später erreichen sie Bytom. Broneks Mutter erspäht Schlote am Horizont – wo Schlote sind, soll es Arbeit geben. In Bytom jedoch gibt es keine Arbeit, in Prudnik gibt es welche, aber nur in der Leinenindustrie. Damit kennen sie sich nicht aus, setzen ihre Fahrt fort. Ende November erreichen sie Wałbrzych. Weiter fährt der Zug nicht. Hier bleiben sie.

Ganz anders ist es hier als im Osten: überall Bergwerke und Fabriken. Arbeit zu finden ist leicht, die Wohnungen übernehmen sie von den wegziehenden Deutschen. Bronek geht aufs Gymnasium, begeistert sich für Chemie. Seine Lehrer überzeugen ihn, sich nach der Matura für ein Chemiestudium in Wrocław zu bewerben. Chemiker werden in der Industrie gebraucht, ein Beruf mit Zukunft. Er reicht seine Papiere für den Studiengang Technische Chemie ein, erzielt jedoch bei der Aufnahmeprüfung nicht genügend Punkte. Die Punktzahl reicht genau, um Geologie zu studieren. Und so wird Bronek eben Geologe.

Es ist das Jahr 1953, als Bronisław Hac, Geologiestudent im dritten Jahr, in Miedzianka aus dem Bus steigt und sich zum Büro eines stillgelegten Bergwerks begibt. Dort erhält er eine Karbidlampe, einen Schlüssel für sein Zimmer und die Aufgabe, im Gewirr der alten Bergwerkstunnel eine Bestandsaufnahme durchzuführen. Als er den ersten Tunnel betritt, erkennt er, dass die Stadt bald verschwinden wird. Sein ganzes späteres Leben lang wird Bronek sich fragen, warum das so kommen musste. Und er wird jeden Russen, dem er begegnet, darauf ansprechen.

Zweiter Tod

Zum zweiten Mal sterben soll Barbara Wójcik vor einer Hausmauer in Windyki, Kreis Mława. Diesmal hat ihr Leben keinen Sinn, weil deutsche Soldaten es so wollen. Es ist das Jahr 1940. Die Soldaten stürmen ins Dorf, stellen alle Bewohner an die Hauswand. Wer nicht zur Arbeit taugt, taugt zu gar nichts – das gilt auch für die humpelnde Frau mit dem kleinen Mädchen am

Rockzipfel. Dieses Mädchen ist Barbara, Basia. Was sollen die Deutschen mit einer hinkenden Frau plus Kind? Sie zerren sie beiseite, in ein verlassenes Haus, ganz klar, was nun geschieht.

Basia beschließt, um ihr Leben zu kämpfen. So wie vor wenigen Jahren ihre Mutter beginnt nun sie lauthals zu schreien. Nicht ins Leere – sie schreit die Deutschen an. Schließlich öffnet einer die Tür, lässt sie frei. Die Mutter aber soll bleiben. Basia will nicht, fängt an zu weinen, ohne ihre Mutter geht sie nicht. So stehen sie an der Wand, vor ihnen die Soldaten mit Hunden. Gebell, Gebrüll, Tränen. Dann endlich – Aufatmen. Man lässt sie beide gehen. Noch ein Weilchen dürfen sie weiterleben.

Miśka und Staszek

Äpfel aus ihrem eigenen Garten, das ist alles, was Miśka wollte. Doch die Leute haben ihre Hunde auf sie gehetzt, sodass sie mit leeren Händen zum Bahnhof zurückkehren musste. Jetzt ist sie hungrig und wütend. Nur ein paar Äpfel, nichts weiter. Sie wollte keine fremden Leute in ihrem Haus wohnen sehen, keine fremden Kinder, die auf ihrem Hof spielen, keinen fremden Hund in ihrer Hundehütte. Alles ist wie immer, nur die Gesichter nicht. Miśka wollte sich das nicht anschauen müssen. Auch bitten wollte sie niemanden. Aber sie hatte Hunger, deshalb musste sie.

Es ist das Jahr 1945, Butschatsch bei Tarnopol. Seit drei Wochen sitzen Miśka, ihre Schwester und Dutzende anderer Einwohner in der kleinen Bahnhofshalle auf ihren Koffern und warten auf einen Zug nach Westen. Wenige Kilometer, wenige Meter, manchmal nur wenige Schritte sind sie von ihren eigenen Häusern entfernt. Dorthin zurückkehren und unter menschenwürdigen Bedingungen warten können sie dennoch nicht: Hinter dem Bahnhof ist nicht mehr Polen, dort ist jetzt die Ukraine.

Miśka – Michalina Pławiak – ist neunzehn Jahre alt und hat nichts als schlechte Erinnerungen an jenen Bahnhof. Noch vor gar nicht langer Zeit ist sie hier weinend in einen Viehwaggon gestiegen, während die Deutschen die schwere Tür mit einem Krachen hinter ihr zuschoben. Dieses Geräusch wird sie ihr Lebtag nicht vergessen – ein satter Knall, schwer wie ein Hammerschlag. Im Waggon waren auch Michalinas Schwester, der Bruder, ihre Mutter. Nach Westen sollte es gehen, zur Arbeit. Aus dem Transport rettete Miśka ein polnischer Bahnarbeiter, der sich bereiterklärte, sie und ihre Schwester während des Krieges unter seine Fittiche zu nehmen. Mutter und Bruder sind abgefahren.

Der Bahnarbeiter hat sie mitgenommen nach Radymno bei Przemyśl. Sie kam in ein Haus, ihre Schwester in ein anderes. Sie wollten aber beisammen sein, und deshalb beschlossen sie, zurückzukehren in ihre Heimat. Von Radymno bis Butschatsch sind es über zweihundert Kilometer Luftlinie. Meistens gingen sie nachts, versteckten sich in Scheunen, aßen, was sie sich bei den Bauern erbetteln konnten. Vor den Ukrainern hatten sie die größte Angst, über die waren schreckliche Geschichten im Umlauf. Miśkas Schuhe fielen auseinander, sie kam barfuß zu Hause an. Als sie ihr Bauernhaus erblickten, weinten sie vor Glück.

Bis Kriegsende bewirtschafteten sie den Hof selbst, Nachbarn griffen ihnen unter die Arme. Was mit ihrer Mutter geschehen war, wussten sie nicht, dafür meldete sich Staszek. Als alles vorbei war, machte er sich auf den Heimweg, blieb jedoch dann in der Nähe von Kalisz. Von dort schrieb er seinen Schwestern, sie sollten kommen, er habe Haus und Arbeit für sie. Und da sie bereits ein Deportationsschreiben bekommen hatten, waren sie ohnehin schon im Aufbruch.

Endlich kommt der Zug, es geht los. Zwei Wochen sind sie unterwegs, halten immer wieder an, gehen auf der Suche nach Essen auf die Felder oder in die Dörfer. Ihre Vorräte haben sie schon auf dem Bahnhof verzehrt, deswegen müssen sie jetzt hungern. Manchmal fährt der Zug unerwartet wieder an, dann sieht man eine Menschenmenge über die Felder auf die Bahngleise zurennen. Die Mutigsten stellen sich vor die Lok und warten, bis der Rest eingestiegen ist; danach geht es weiter.

Zum letzten Mal hält der Zug in Wrocław. Dort erwartet Staszek sie bereits. Und Mutter ist auch da! Ganz kupfrig sind ihre Haare geworden! Sie hat in einer Munitionsfabrik gearbeitet, die Chemikalien haben ihr Haar rötlich verfärbt. Staszek ist dürr wie eine Bohnenstange, ohne seinen deutschen Kollegen wäre er hungers gestorben, sagt er.

»Mein Kollege hat immer ein paar Scheiben Brot in der Maschine liegen lassen und ist dann weggegangen, damit ich sie essen konnte.«

Zunächst fahren sie in die Nähe von Kalisz, doch Staszek hat schon etwas anderes im Auge. Bei Jelenia Góra stehen ganze Dörfer leer, weil die Deutschen ausgesiedelt worden sind.

»Häuser mit fließend Wasser, Strom, drinnen sind noch alle Möbel, auf den Tischen steht das Geschirr, sogar Essen haben sie in den Speisekammern gelassen. Und jeder, der dort hinzieht, kriegt ein Feld zugeteilt, da können wir etwas anbauen.«

Staszek fährt als Erster hin, erkundet die Lage, sieht sich um;

später will er sie nachholen. Miśka will nicht weg, sie hat einen jungen Mann kennengelernt – Władek Łuczak. Er ist von hier, hat einen Bauernhof. Alles kommt langsam wieder ins Lot. Doch Staszek schreibt, dass dort jetzt Bergwerke eröffnen; die Bergleute sollen so viel Geld verdienen, dass keiner mehr auf dem Acker arbeiten will, weil es sich nicht lohnt. Das möchte Władek ausprobieren, Miśka willigt ein, mit ihm zu gehen. Schließlich können sie jederzeit zurück.

Auf dem Bahnhof in Janowice steigen sie aus dem Zug, fragen sich nach Miedzianka durch. Bergauf geht es, vorbei an einem hölzernen Wegweiser. Dann windet sich der Weg scharf nach rechts, kurz darauf sieht man durch die Bäume schon den Kirchturm und die ersten Gebäude. Sie lassen zwei hölzerne Kreuze hinter sich, ein Brauereigebäude. Die Häuser sind adrette zwei-, sogar dreistöckige Backsteinbauten. Vor jedem wachsen Blumen, auf den Plätzen blüht roter Hagedorn. Hinter den Häusern sind Obstgärten. Miśka freut sich, im Herbst können sie Äpfel ernten.

Dritter Tod

Zum dritten Mal verliert Barbara Wójciks Leben jeden Sinn, als sie und ihre Mutter an Typhus erkranken. Zuvor jedoch bringen die Deutschen ihren Vater um, kurz danach explodiert ihrem Bruder eine Granate, die er entschärfen will, in den Händen. Als der Krieg endet, ist von Windyki nicht mehr viel übrig (ein paar Bauernhütten, verminte Felder, niedergebrannte Scheunen und darin die Leichen von Soldaten), doch von ihrem Leben ist noch weniger übrig. Dann stirbt auch die Mutter, und Barbara bleibt so gut wie gar nichts mehr. Sterben darf sie aber noch immer nicht, obwohl sie sich nun zum ersten Mal wirklich fragt, warum.

Stefan und Helena

Stefan Spiż hätte das Heer am 20. September verlassen dürfen, aber dann brach am 1. September der Krieg aus und durchkreuzte alle seine Pläne. Andererseits wäre Stefan ohne den Krieg nicht verwundet worden, er wäre nicht in Gefangenschaft geraten und nicht zur Zwangsarbeit nach Deutschland deportiert worden. Und wer weiß, wie sein Leben dann verlaufen wäre. Wer weiß, ob nicht alles viel schlimmer gekommen wäre.

Zuerst waren da der Zug und die Landschaft, die sich langsam von Westen nach Osten verschob. Sie fuhren ein paar Tage – wohin, das wusste keiner, manche wussten nicht einmal, von wo sie kamen. Stefan war an der Front die Hand durchschossen worden, aber nur eine, deswegen hatte man ihn arbeitstauglich eingestuft. Und in den Zug gesetzt, Richtung Westen. So viel war bekannt – es ging nach Westen.

Er hatte Angst und war traurig. Die Trauer spürte er am stärksten, als er, kurz vor Kalisz, in der Ferne die Felder und Häuser von Szulec entdeckte, seinem Heimatdorf. Er erkannte all die heimatlichen Winkel sofort wieder, und da krampfte sich in ihm etwas zusammen. Denn auch wenn es letzten Endes gut für ihn war, dass sie ihn deportierten, konnte er das damals ja noch nicht wissen. Er war sich nicht einmal sicher, ob er nicht am nächsten Tag erschossen würde.

Aber er wurde nicht erschossen. Sie brachten ihn nach Rötz zu einer Brauerei.

»Hier sollst du arbeiten«, sagten sie.

Zuerst war er Laufbursche – nimm dies mit, bring jenes her, wisch das hier auf. Sie behandelten ihn gut, da kann man nichts sagen. Später kam jemand auf die Idee, ihn anzulernen; zum Aufräumen nahmen sie sich jemand anderen. Stefan konnte Deutsch, ihn anzulernen war leicht. Und es mangelte an Männern, alle waren eingezogen worden zur Front. Die Deutschen hatten für alles das gleiche Rezept – für den Krieg, den Staat, die Ehe, selbst das Bier –, das wichtigste war die *Ordnung*. Der *szlauch* – Schlauch – aufgerollt zu einem gleichmäßigen Ring, die Gärtanks hochglanzpoliert, der Fußboden so sauber, dass man von ihm hätte essen können. Wenn in der Brauerei Ordnung herrscht, gelingt das Bier. Herrscht Unordnung – misslingt es.

Wenn es also den Krieg nicht gegeben hätte, dann hätte Stefan Spiż erstens nie gelernt, Bier zu brauen, und zweitens, was viel wichtiger ist – er hätte niemals Helena getroffen. Wenn er aber Helena nicht getroffen hätte, dann hätte all das keinen Sinn gehabt – der Krieg wäre einfach Krieg gewesen, die Arbeit bloß Arbeit, die Verbannung nur schändliche Verbannung.

Helena hat Charakter, das imponiert Stefan wohl am meisten an ihr. Sie stammt aus dem Rzeszówer Land, nun wohnt sie in Bernried, wenige Kilometer von Rötz entfernt. Dort kümmert sie sich mit fester Hand um die Kinder einer *bauerka* – Bäuerin –, hilft auf dem Hof und im Restaurant mit. Daher kennt Stefan sie. Wann immer Bier nach Bernried geliefert werden muss, meldet er sich freiwillig – und die Deutschen sind nicht dumm, sie wissen schon, was gespielt wird. Ja, Helena ist das wahre Licht seines Lebens. Und das wahre Licht Bernrieds. Alle dort bewundern sie, manche fürchten sie sogar, obwohl sie Polin ist.

Als die Amerikaner einmarschieren, umschwirren sie Helena wie die Motten das Licht. Das kommt fast allen sehr gelegen: den Amerikanern – leben sie doch von der Hoffnung, was in schwierigen Zeiten wie Medizin wirkt; den Deutschen – weil Helena sie vor den Amerikanern und später auch den Russen in Schutz nimmt und nicht zulässt, dass einem von ihnen auch nur ein Haar gekrümmt wird. Helena selbst weiß diese Tändeleien in rein materielle Güter umzumodeln. Kommt einer zu ihr und verspricht, sie bis an sein Lebensende zu lieben, fleht sie an, mit ihm nach Amerika zu gehen, überschüttet sie mit Schokolade und Zigaretten – dann sagt Helena nicht Nein, sie sagt aber auch nicht Ja. Die Schokolade behält sie für sich und die Kinder der *bauerka*; die Zigaretten sind für Stefan. Denn für ihn leuchtet seit einigen Monaten das Licht Bernrieds. Nur für ihn.

Noch im Sommer brechen sie auf, zurück nach Polen. Helena will nach Hause, in die Gegend bei Rzeszów; Stefan will nach Szulec, um nachzusehen, ob noch irgendetwas von dem Ort geblieben ist. Sie versprechen einander, dass das nicht das Ende ist, sondern erst der Anfang. Noch im selben Jahr erfährt Stefan, dass in den Westgebieten Fachleute gesucht werden, auch Bierbrauer. Die Deutschen haben viele Brauereien hinterlassen, die nun in Betrieb genommen werden sollen. Er findet Arbeit in Lwówek, wozu ein gutes Dutzend kleinerer Betriebe in der Umgebung gehört. Sofort schreibt er an Helena: »Komm.« Ein Jahr später heiraten die beiden, bald darauf wird Stefan zum Leiter einer kleinen Brauerei in einem Bergstädtchen ernannt. Sie fahren hin, der Lastwagen quält sich, in den höchsten Tönen jaulend, bis zum Berggipfel hinauf. Dann kommt das Ortsschild »Miedzianka«, zwei steinerne Kreuze, die ersten Gebäude, schließlich halten sie vor einer gelben Villa. Stefan gefällt die Brauerei, Helena das geräumige Haus.

Barbara

In Windyki gibt es keine Zukunft mehr. Bruder, Vater und Mutter hat Basia bereits zu Grabe getragen. Geblieben ist nur die Schwester mit ihrer Kinderschar. Da wäre Baśka bloß ein weiteres hungriges Maul, das es zu stopfen gälte. Vielleicht genau ein Maul zu viel. Im Dorf hängen plötzlich Plakate aus, im Westen des Landes würden Leute gesucht, dort gebe es Arbeit, Wohnungen, man könne ganz von vorn anfangen. Barbara Wójcik glaubt den Behörden nicht aufs Wort, selbst aufs gedruckte Wort nicht. Es ist das Jahr 1946. Sie steigt in den Zug und fährt selbst hin, um sich zu überzeugen. Bis nach Wałbrzych kommt sie, sieht Fabriken und Bergwerke, Menschenmassen. Sie fragt nach Arbeit. Dann kehrt sie eilends nach Windyki zurück. Solche wie sie gibt es dort zuhauf, sie warten auf gute Nachrichten.

Nach Westen also. Zu zweit machen sie sich auf den Weg – Barbara und Zenka Jankowska. Für das Fahrkartengeld kaufen sie sich Essen, steigen durchs Fenster in den Zug. Einen Teil des Weges legen sie auf dem Dach des Waggons zurück. So kommen sie bis nach Kowary, weit hinter Wałbrzych, dort erwischt sie der Schaffner. Er wirft sie wegen des Schwarzfahrens aus dem Zug, also klettern sie durchs Fenster wieder hinein, doch das ist keine gute Idee. Der Bahnarbeiter gerät in Wut und ruft die Miliz. Die Milizionäre kommen, lassen sich nicht beschwatzen, da hilft selbst das schönste Lächeln und Gezwitscher nicht. Beide werden ins Gefängnis nach Strzelin gebracht.

Der Richter hat ein gutes Herz, trotzdem sagt er: »Wenn ich euch nicht einsperre, dann macht ihr euer Leben lang so weiter.«

Eine eindringliche Erfahrung: ein Monat Haft im Frauengefängnis. An drei Sachen wird Baśka sich erinnern: die dreckigen Gefängnisunterhosen, die sie waschen muss, den ewigen Hunger und das Gefühl der Einsamkeit. An Letzteres wird sie sich gewöhnen.

Nach dreißig Tagen dürfen sie gehen, Zenkas Schwester holt sie ab. Sie bringt frisches Brot mit, das sie gleich hinter dem Gefängnistor verputzen bis zum letzten Krümel. Anschließend machen sie sich auf den Weg nach Kłodzko. In der Gegend erzählt man sich, dass dort Spinnerinnen gesucht werden und dass jede, die arbeiten will, dorthin fahren soll. In Kłodzko stirbt Basia zwei weitere Male nicht.

Vierter Tod

Beim Kampf um ihr Leben krallt Barbara Wójcik sich mit Händen und Füßen an der Tischplatte fest und betet, dass jemand kommen möge, denn lange kann sie das nicht durchhalten. Es ist ein ungleicher Kampf, ist Baśka doch gerade einmal sechzehn Jahre alt, hat eben erst den Typhus überstanden und kränkelt noch immer ein wenig. Sie ist schwach, die Maschine ist stark. Ein Moment der Unachtsamkeit – und ihre Kittelschürze ist in die Spinnmaschine geraten. Was so eine Maschine mit einem Menschen anrichten kann, hat Baśka erst vor wenigen Tagen gesehen, als einer Deutschen dasselbe passiert ist: Vom ganzen Menschen bleiben da nur Fetzen.

Barbara Wójcik will nicht in Fetzen gerissen werden – sie will leben. Sie stemmt sich mit Händen und Füßen dagegen, die Maschine zerrt, Baśka kreischt. Endlich kommt jemand, schaltet die Maschine ab. Wieder einmal davongekommen.

Jan, also Jasiek

Es ist der größte Berg, den er je in seinem Leben gesehen hat. Nur wenn er seinen Kopf ganz in den Nacken legt, kann er in weiter Ferne das Ende der Straße und die Gebäude erkennen, die in der Hitze verschwimmen. Mama wartet beim Auto, sie schimpft und ruft, doch Jasiek hat keine Kraft mehr, er kann nicht schneller laufen, das Bündel ist so schrecklich schwer. Schließlich gibt Mama sich geschlagen, wirft die Autotür zu, und der Wagen, der sie bis zum Gipfel hätte bringen können, fährt ohne sie ab.

»Wir gehen zu Fuß.«

Mit Mama würde Jasiek bis ans Ende der Welt gehen. Seinen Vater hat er an der Front verloren. Solange der Krieg dauerte, haben sie in Maków Mazowiecki gewohnt, und als er vorbei war, hat Mama Jasiek bei Oma gelassen und ist nach Westen gefahren. Sie wollte ihn später nachholen. In einem Bergwerk fand sie Arbeit, schrieb, die Arbeit sei hart, aber es gebe gutes Geld. Jasiek hatte entsetzliche Sehnsucht nach ihr. Wenn sie nach Maków kam, hing er an ihrem Hals, wenn sie wieder abfuhr, wollte er sie nicht loslassen. Im Frühling packte sie dann Jasieks Sachen in einen kleinen Koffer und nahm ihn mit.

Alles war neu für ihn – der Weg zum Bahnhof, der Zug, der Schaffner, die Fahrkarten, die Gegend draußen vor dem Fenster. Ab Wrocław drückte er sich die Nase an der Fensterscheibe platt, denn Mama hatte gesagt, jetzt wären sie bald da (weil er sie ständig fragte).

Auch nach den Deutschen fragte er sie.

»Dort, wo wir hinfahren, gibt es noch ein paar von ihnen«, hatte sie gesagt. Ein bisschen Angst hatte er schon vor den Deutschen. Auch jetzt noch.

Als sie auf dem Bahnhof ausstiegen, konnte er nicht glauben, dass es solche Berge gab. Überall Berge! Bis ganz oben zum Himmel.

»Mama, ich schaffe es nicht bis dort rauf«, sagte er, als er sah, wohin die Straße führte. Aber mit ihr wäre er bis ans Ende der Welt gegangen. Eigentlich sogar gut, dass das Auto ohne sie gefahren war.

»Komm, Jasiek, gehen wir«, sagt Mama und streckt ihre Hand aus.

Es ist Frühling, die Sonne scheint, morgen muss er nicht zur Schule. Und so gehen sie zusammen zum neuen Haus, schon lange sind sie nirgends mehr so zusammen hingegangen.

Fünfter Tod

Dass ihr Leben keinen Sinn mehr hat, entscheidet dieses Mal ein alter, pockennarbiger *ubek,* ein Mann vom Staatssicherheitsdienst. Er bringt sie aus der Stadt, stößt sie aus seinem Auto, zieht ein Rasiermesser. Es ist Nacht, ein warmer Herbst, leise weht der Wind, es regnet nicht, trotzdem ist die Luft feucht.

Im Sommer hat alles begonnen. Damals arbeitete sie erst ein paar Monate, war aber schon Vorarbeiterin, bekam Extras zugeteilt: Schmalz, Heringe, einmal sogar von der UNRRA eine hübsche gelbe Wolldecke (die sie gleich zum Schneider brachte, um sich einen Herbstmantel für kühlere Tage nähen zu lassen). Damals tauchten sie zum ersten Mal bei ihr auf, hämmerten mit den Fäusten gegen die Tür; sie versperrte die Tür mit einem Stuhl, setzte sich in eine Zimmerecke und weinte. Sie wusste, was sie wollten. In ihre Wohnung gekommen sind sie jedoch nie, sagt sie, stattdessen seien sie zu anderen gegangen. Manchmal hörte sie Schreie, in der Regel aber war gar nichts zu hören. Danach kamen die Frauen wie gewohnt zur Arbeit, setzten sich schweigend an ihre Webstühle. Manche verschwanden von einem Tag auf den anderen – nach Głuszyca, nach Kamienna Góra. Dort gibt es auch Webstühle, aber keine Staatssicherheitsmänner, die Arbeiterhotels und Unterkünfte für kostenlose Bordelle halten.

Sie hat schon immer ihren Mund aufgemacht. So wie damals in Windyki, wo sie als kleines Mädchen die Deutschen angeschrien hat. Sie hätten sie töten können, doch sie ließen sie laufen. Und jetzt liegt Barbara Wójcik auf dem feuchten Seitenstreifen der Straße von Kłodzko nach Wałbrzych und denkt, dass sie dieses Mal zu viel gesagt hat, dass sie jetzt dafür sterben muss. Denn als sie wieder zu ihr kamen, hat sie sie durch die Tür angebrüllt: »Tiere seid ihr, keine Menschen! Wenn so euer Kommunismus aussehen soll, dann spucke ich auf diesen Kommunismus!« Was genau sie davon so reizte, weiß Barbara nicht, jedenfalls half auch der Stuhl nichts mehr. Sie stürzten in ihr Zimmer, zerrten sie an den Haaren heraus, nahmen sie mit.

Und deswegen jetzt dieser Randstreifen, der Mann mit dem Messer, die Nacht. Alles, um ihr kurzes Leben jämmerlich enden zu lassen. Doch da tauchen in der Ferne Scheinwerfer auf, Motorengeräusche ertönen, dann hält ein Auto mit quietschenden Reifen, heraus springen zwei große, breite Männer, sie laufen auf den *ubek* mit dem Messer zu, Wortwechsel, Handgemenge, jemand schreit, ein anderer stürzt zu Boden. Baśka rappelt sich auf und hört nur noch: »Lauf zum Bahnhof und lass dich hier nie wieder blicken.«

Bergleute

Das Jahr 1948. Von Huta Przedpolska, Kreis Kolbuszowa, macht sich der 21-jährige Stanisław Gruszka auf den Weg. Er nimmt alles mit, was er hat: Hemd, Brot, Butter und Rasiermesser. Für die Fahrt nach Westen hat er sich Geld geliehen.

»Sobald ich etwas verdient habe, zahle ich alles zurück«, verspricht er.

Dass er Geld verdienen wird, ist ziemlich sicher, arbeitet doch bereits sein Bruder im Westen. Er schreibt, dass dort ein Bergwerk eröffnet, die Arbeit soll gut bezahlt werden, Stanisław müsse sich nur in den Zug setzen und kommen, alles andere könnten sie später regeln. Mit Wohnungen gebe es kein Problem. Nach zwei Tagen Fahrt steigt er am Bahnhof Janowice aus, fragt nach dem Bergwerk. Man weist ihm den Weg zu einer kleinen Stadt oben auf dem Gipfel.

Auch Stanisław Kopczyński aus Szczucin bei Krakau ist unterwegs. Bis 1947 hat er allen Dorfkommunisten die Fresse poliert, so oft es ging, bis ihm klar wurde, dass weder er noch seine Kollegen aus der Heimatarmee die rote Pest würden ausrotten können. Also bricht er auf nach Westen, denn jetzt geht die rote Pest daran, anderen die Fresse zu polieren, und da verschwindet er lieber für eine Weile, als dass er am Ende ganz verschwindet. Außerdem ist auch seine Verlobte bereits in Trzcińsko bei Jelenia Góra, ihr Vater hat dort Arbeit in einem Bergwerk gefunden, und jetzt will sie Staszek [Stanisław] überreden, auch zu kommen.

»Wenn du da bist, richten wir die Hochzeit aus«, sagt sie.

Nach Westen geht auch Karolina Kolis. Sie ist 22 Jahre alt und will Geld verdienen. Die Kriegszeit hat sie in Niwiski bei Rzeszów verbracht, nach Mielec waren es von dort aus 22 Kilometer, nach Kolbuszowa zwölf. Elend, so weit das Auge reichte. Zwar hatten sie Felder, doch die waren ständig überschwemmt. Wollte jemand Kartoffeln ernten, musste er durch knietiefes Wasser waten. Und die geernteten Kartoffeln faulten sofort. Sie hoben Gräben aus, doch auch das half nur für eine Weile. Zuerst starb die Mutter, drei Jahre nach ihr der Vater; Karolina blieb mit den Brüdern allein zurück. In den beiden letzten Kriegsjahren bekamen sie kaum Schlaf, gleich hinter dem Haus war ein Militärflughafen, auf dem ununterbrochen Flugzeuge starteten und landeten. Manchmal konnten sie nächtelang kein Auge zutun.

Nach Kriegsende las Karolina auf einem Plakat, im Westen würden Leute gebraucht, um ein neues Polen aufzubauen. Aufbauen wollte sie nichts, aber Geld verdienen wollte sie. Also setzte sich sich in den Zug und fuhr hin.

In Janowice stellt sich heraus, dass Frauen nur in der Gastwirtschaft benötigt werden. Angeblich sucht Wróbel in Stare Janowice jemanden. In der Gemeinde sagt man ihr, sie könne vielleicht im Bergwerk etwas finden, wenn es in Betrieb genommen wird. Fürs Erste solle sie am besten zu Wróbel gehen.

Und dann ist da noch Bolesław Grzyb aus Skaryszew bei Radom. Er kommt, weil seine Brüder schon hier sind. Frau und Tochter – die kleine Elżbieta, neun Jahre alt – bringt er mit. Die drei ziehen nach Stare Janowice, von dort ist es näher nach Miedzianka oben auf dem Berggipfel als bis zum Bahnhof. Hier trifft Elżbieta eine Zwillingsschwester: die gleichaltrige

Elisabeth, die mit ihren Eltern auf dem Dachboden wohnt. Die beiden Mädchen freunden sich rasch an.

Elżbietas Onkel übernehmen die Felder von den Deutschen und fangen an, sie zu bewirtschaften. Für einen ihrer Onkel – Janek – muss Elżbieta sich häufig vor ihrer deutschen Freundin schämen. Onkel Janek nämlich zeigt den Deutschen, wo er nur kann, wer den Krieg gewonnen hat und wem hier nun alles gehört. Manchmal betritt er sogar ohne zu klopfen ihre Wohnung und nimmt sich, was er gerade braucht. Einmal braucht er eine Kuh – und die deutsche Familie hat die einzige Kuh in der ganzen Umgebung.

»Steine oder Wasser gibt's wie Sand am Meer!«, schreit die Deutsche ihn verzweifelt an. Zu Hause hat sie zwei Kinder durchzufüttern, und Milch kann man schließlich nirgends kaufen. »Aber von dieser Kuh kriegst du nichts, kein Stück!«

Geht der Onkel ins Dorf, kommt die Frau fragen, ob sie sich etwas von den Vorräten aus der Speisekammer holen darf. Elżbieta versteht nicht, warum sie fragt – es ist doch ihre eigene Speisekammer.

Nach wenigen Monaten zieht die deutsche Familie weg, lässt fast ihre gesamte Habe zurück. Die Onkel übernehmen den Hof, Elżbietas Vater meldet sich zur Arbeit im Bergwerk. Fast alle Nachbarn arbeiten dort. Täglich verlassen sie vor Morgengrauen das Haus, steigen quer über Wiesen und Felder hinauf zu dem kleinen Bergstädtchen, wo Förder- und Kirchtürme aufragen.

Barbara Wójcik reist ebenfalls nach Westen. Es ist Herbst, doch sie trägt nur ein erbärmliches Kleidchen, sonst nichts. Um ehrlich zu sein, gleicht sie fast einem Gespenst, abgerissen und bleich, wie sie ist, ihr Blick irrt unruhig nach allen Seiten. Sie spricht mit niemandem, hat sich die ganze Zugfahrt über in eine Ecke gekauert. Zum Gemeindeamt in Janowice geht sie nur, weil man das Gebäude vom Bahnhof aus sehen kann. Als sie nach Wohnung und Arbeit fragt, verweist man sie an einen Wirt in Stare Janowice. Bei ihm wird sie mehrere Monate lang arbeiten, bis sie erfährt, dass in Miedzianka die Bergwerke eröffnen und Arbeitskräfte gesucht werden, auch Frauen. Die Bezahlung soll gut sein. Baśka beschließt, sich im Bergwerk eine Stelle zu suchen, nimmt sich ein Zimmer im Hotel beim Bahnhof. Die Deutschen nennen es das Hotel Kluger, obwohl es in der ganzen Umgebung längst keine Klugers mehr gibt. Vom Hotel bis nach Miedzianka sind es zwanzig Minuten Fußmarsch, immer bergauf.

Um Arbeit im Bergwerk zu bekommen, muss man alles verraten – wo man zuvor gearbeitet und was man während des Kriegs gemacht hat, ob es Angehörige im Ausland gibt, warum man in den Westen gekommen ist.

Stanisław Gruszka sagt, er ist hergekommen, um sich sein Brot zu verdienen, und weil er in Miedzianka seine alte Liebe wiedergetroffen hat. Bald wollen sie heiraten.

Stanisław Kopczyński gesteht, sich am Untergrundkampf beteiligt zu haben, doch ohne besondere Verdienste; lediglich Kohlen geklaut habe er, aus deutschen Zügen. Nie würde er einem Kommunisten eins auf die Fresse geben.

Karolina Kolis sagt, sie will bloß Geld verdienen, alles andere interessiert sie nicht.

Bolesław Grzyb versichert, dass er den Krieg als Zwangsarbeiter in Deutschland verbracht hat; als er nach Skaryszew zurückkam, waren schon die Russen da.

Barbara Wójcik sagt nichts davon, dass sie nur mit dem einen Kleid am Leib aus Kłodzko geflüchtet ist, weil ein narbengesichtiger *ubek* ihr auf dem feuchten Seitenstreifen der Landstraße nach Wałbrzych die Kehle aufschlitzen wollte. Doch der, der davon wissen soll in Janowice, weiß schon Bescheid.

Sechster Tod

Eines Abends legt sich Barbara Wójcik, neunzehn Jahre alt, voller Sorge ins Bett. Inzwischen weiß sie, dass sie es wissen. Man hat sie auf die Wache gerufen, ihr mit einer Lampe in die Augen geleuchtet, unzählige Fragen gestellt, auch über Kłodzko. Sie hat geweint. Einer von ihnen sagte: »Ja, behandeln wir dich denn so schlecht, Basia, dass du weinen musst?«

Dann befahl er den anderen, die Lampe auszuschalten.

Als Barbara Wójcik nun draußen einen Motor brummen hört, wird sie ganz starr; Autotüren knallen, dann ist es still. Die Stille hallt in ihren Ohren. Schritte nähern sich, die Bodenbretter der Veranda knarren, die Klinke wird heruntergedrückt, hat sie die Wohnungstür abgeschlossen? Keine Zeit mehr, nachzuprüfen, sie zieht die Decke hoch bis über die Augen, wartet.

»Jetzt ist es vorbei. Hier bleibe ich liegen, mit einem Loch im Kopf«, denkt sie.

Sie sind schon im Flur, durchqueren die Küche. Durch einen Schlitz kann Barbara eine dunkle Gestalt und die Glut einer Zigarette sehen. Dann hört sie, wie das Schloss entsichert wird, und die Worte: »Und jetzt erschieß ich dich, du Miststück.«

Da wird Barbara Wójcik mit einem Mal das Verzweifelte, Tragische, Sinnlose dieser Situation, dieser ganzen Geschichte bewusst, in die sie mit ihren jungen neunzehn Jahren hineingeraten ist. Und als ihr das bewusst wird, schlägt sie die Bettdecke zurück und schleudert der glimmenden Zigarette die Worte entgegen, die sie bis heute mit Schauder erfüllen.

»Das ist mir egal«, zischt sie und wartet auf den Schuss. Doch wieder hört sie nichts als Stille. Als sie nach einer Weile vorsichtig die Augen öffnet, sieht sie nur Dunkel.

»Hier bleibe ich jetzt liegen«, denkt sie und schläft ein.

UEBERSCHAERS GRAB

Das Erste, was langsam verschwindet, ist Ueberschaers Jagdhütte. Noch 1945 brechen ein paar Mutige die Tür auf und sehen sich um. Wahrscheinlich sind sie enttäuscht, denn drinnen befindet sich nichts Wertvolles, nur Bücher. Und so versuchen sie woanders ihr Glück. Drei Jahre später, im Frühling 1948, spielen drei Kinder in der Nähe, darunter auch die kleine Marysia Kaczmarska. Sie ist sechs Jahre alt und eben erst in die Stadt gezogen, ihr Vater hat Arbeit im Bergwerk gefunden, sie selbst soll in ein paar Monaten in die Schule kommen. Jetzt jedoch hat sie noch endlose Ferien vor sich und streunt mit anderen Kindern durch die Gegend. Als sie die alte Jagdhütte entdecken, stellen sie einmütig fest, dass es an so einem Ort unweigerlich spuken muss. Marysia hat Angst vor Gespenstern, deswegen hält sie sich fern, als die Jungen die Kellertür aufbrechen und hinabsteigen. Heraus kommen sie mit Gebrüll, einer hält einen Säbel in der Hand, der zweite ein riesiges Messer, der dritte ein imposantes Geweih. Sie hasten an Marysia vorbei, die sich hinter einem Busch versteckt, und rennen weiter Richtung Stadt, als wäre der Teufel hinter ihnen her. Später werden sie sich erzählen, dass sie im Keller ein Rascheln gehört haben, als wäre noch jemand außer ihnen dort.

Die nächsten Mutigen kommen ein Jahr später. Sieben Kinder aus dem benachbarten Mniszków. Es ist Frühling, Ende März oder Anfang April. Einer der ersten warmen Tage des Jahres. Heute sind sie in keinen der Bergwerkswagen eingestiegen, die die Kinder jeden Morgen zur Schule nach Janowice Wielkie bringen. Heute schwänzen sie die Schule. Hier ganz in der Nähe steht die Jagdhütte eines alten Deutschen; sie wollen sehen, was drinnen ist. Helena Rudzińska ist dreizehn Jahre alt und hält ganz und gar nichts von dieser Idee. Trotzdem geht sie mit, allein will sie schließlich auch nicht in die Schule fahren.

Sie kraxeln bergaufwärts, von Mniszków aus ist es steiler, hier und da sogar felsig, die Jungen haben sich für den Aufstieg über die Felsen entschieden. Das Gelächter ist jedes Mal groß, wenn einem von ihnen der Fuß wegrutscht und er auf dem nassen Laub wieder bis ganz nach unten schlittert. Aber irgendwann sind sie alle oben. Ein Stück entfernt steht die Holzhütte mit der aufgebrochenen Tür, den eingeschlagenen Fensterscheiben. Doch sie werfen nicht einmal einen Blick hinein, sie wissen, dass dort nichts Wertvolles zu finden ist. Einer sagt, sie sollten nach dem Schatz suchen, ein anderer – wenn es diesen Schatz gäbe, dann läge er ganz sicher im Grab. Die Jungen beginnen die Suche, die Mädchen sitzen dabei und schauen zu, packen manchmal mit an.

Das Grab ist massiv, es ist in den steinigen Berghang eingehauen. Auf der leicht bemoosten Grabplatte erkennen sie eine Inschrift. Besonders beflügelt die Fantasie der Kinder jedoch eine kleine Glasscheibe an jener Seite der Krypta, von der man die schönste Aussicht auf die Berge hat. Sie beschließen, die Scheibe einzuschlagen und von dort ins Grabinnere zu klettern. Mehrere Stunden brauchen die Jungen, um eine kleine Höhle in die Wand der Krypta zu graben und einige Ziegel rund um die Öffnung zu lockern. Doch das Loch ist noch immer nicht groß genug, als dass einer von ihnen hindurchkriechen könnte. Aus dem Grabraum weht ihnen Leichengeruch entgegen, doch das kümmert die Jungen nicht; sie graben hartnäckig weiter. Je näher sie ihrem Ziel kommen, desto mehr rückt die Mädchenschar von ihnen ab. Alle wissen, dass sie etwas Schlimmes tun, trotzdem traut sich keiner, etwas dagegen zu sagen.

Schließlich wählen sie den Kleinsten aus und helfen ihm durch das Loch in den Grabraum, wobei sie seine Beine festhalten. Ganz passt er nicht hindurch, doch den Sarg kann er erreichen. Wenn im Grab ein Schatz verborgen ist, dann im Sarg. Der kleine Junge packt den Sarg, holt ihn zu sich heran. Von draußen ziehen die anderen an seinen Beinen, er schafft es, kurz den Sargdeckel anzuheben, der mit einem Knall wieder zufällt. Für einen Moment kann er den halb verwesten Leichnam sehen, dann holen ihn die anderen auch schon wieder zurück nach draußen, und mit lautem Gebrüll stieben alle in Richtung Mniszków davon. Der Kleinste, der im Grabraum war, wird später erzählen, die Leiche im Sarg hätte keine Beine gehabt.

Helena hat zwar weiter entfernt gestanden, dennoch plagen sie Gewissensbisse. Noch dazu hat ihr Vater erfahren, dass sie die Schule geschwänzt hat – und ihr eine fürchterliche Tracht Prügel verabreicht, als sie ihm sagte, wo genau sie gewesen sind und was sie dort getrieben haben. Zudem hat er ihr befohlen, alles dem Pfarrer Matwiejczyk zu beichten. Trotzdem zieht es die Kinder schon zwei Tage später wieder an jenen Ort zurück. Um das Grab machen sie zwar einen Riesenbogen, erwähnen es nicht mit einem Wort, doch nun wollen sie nachsehen, was sich in der Hütte befindet. Drinnen empfängt sie ein angenehmes

Halbdunkel, denn die Fensterläden sind, obwohl bei manchen Fenstern die Scheiben fehlen, doch zum größten Teil unversehrt geblieben. In der Hütte herrscht relative Ordnung, an den Wänden stehen mächtige, mit Feldblumen bemalte Bauernschränke – die ansonsten völlig leer sind. In jedem dieser Schränke würde Helena problemlos Platz finden. Sie gehen nach oben, finden Bücher über Bücher. Dicke Wälzer stehen in Regalen, auf einem kleinen Schreibtisch, stapeln sich auf dem Fußboden. Manche sind zerfetzt, als habe jemand etwas in ihnen gesucht, aufgeschlagen liegen sie auf dem Boden. Die Kinder blättern sie durch, versuchen zu lesen, doch die meisten Bücher sind in einer alten Schrift geschrieben, zudem auf Deutsch. Bebilderte Bände sind kaum darunter, deswegen verlieren die Kinder bald das Interesse an ihrem Fund. Einzig Helena entdeckt zwei Anatomieatlanten. Jede Zeichnung darin stellt einen Menschen und sein Inneres dar, alle sind farbig und exakt gestaltet. Am beeindruckendsten findet Helena die Illustration eines menschlichen Herzens. Beide Atlanten wandern in ihren Tornister, die Kinder treiben sich noch eine Weile in der Jagdhütte herum, schließlich machen sie sich auf den Heimweg nach Mniszków. Zu Ueberschaers Hütte sollen sie nie mehr zurückkehren. Helena trägt ihre Trophäe mit Stolz, in den folgenden Tagen wird sie sich die Atlanten so oft anschauen, dass sie deren Inhalt zum Schluss fast auswendig kennt. Später verliert sie das Interesse an den beiden Bänden, und ihre Schwester bringt sie nach Jelenia Góra in ein Antiquariat. Dank des Geldes aus dem Buchverkauf kehrt sie in einem neuen, warmen Pelz nach Mniszków zurück.

◆ ◆ ◆

Der Nächste, der es wagt, ist Zdzisiek Jankowski, zwölf Jahre alt. Es ist das Jahr 1969 oder 1970, von der Hütte auf dem Gipfel ist keine Spur mehr geblieben, schwarz verkohlte Balken ragen jedoch auch keine auf, daher ist anzunehmen, dass die Bewohner der Umgebung das Häuschen abgerissen haben. Zdzisiek ahnt somit nichts von den bunt bemalten Schränken, den verzierten Fensterläden und den Bücherstapeln, die einst auf dem Dachboden lagen. Ihn interessiert etwas anderes. Er und seine Freunde kriechen in alle Löcher, Stollen und Gänge der ehemaligen Bergwerke, die noch irgendwie zugänglich sind. Alles natürlich ganz im Geheimen, denn Zdzisieks Vater war Bergmann und weiß, dass es dort, unter Tage, gefährlich sein kann. Er hat im Bergwerk beide Beine verloren.

Die drohende harte Strafe wirkt jedoch nicht abschreckend genug, haben die Jungen doch in der Nähe des »alten deutschen Rittergrabs«, beim Weg nach Mniszków, eine neue Höhle entdeckt. Einige Tage lang durchwühlen sie die Erde in der Felsspalte, schließlich gelingt es ihnen, in die Aushöhlung zu kriechen. Am Anfang haben sie geglaubt, bestenfalls eine größere Kammer entdeckt zu haben, jetzt dringen sie immer weiter vor, leuchten sich mit einer Karbidlampe den Weg, und ein Ende des Tunnels ist immer noch nicht in Sicht. Als sie endlich in der Ferne einen blassen Lichtschimmer wahrnehmen, der von einem Ausgang kündet, müssen sie schon durch eisiges Wasser schwimmen. Nass und ausgekühlt verlassen sie den Gang – und stellen mit Erstaunen fest, dass sie unterirdisch die gesamte Stadt durchquert haben. Sie sind auf der anderen Seite, von hier aus sieht man die Straße nach Ciechanowice und die Gebäude des Ortsvorstehers Nowocin.

Nach wenigen Tagen kehren sie zum Grab zurück. Die Krypta lässt ihnen keine Ruhe. Eine der Wände bearbeiten sie mit der Spitzhacke. Schließlich gelingt es ihnen, das Grab zu betreten. Wenig später paradieren sie zu dritt durch die Stadt, einer trägt einen preußischen Helm mit bauschiger Federhaube, der Zweite einen Brustpanzer aus Blech mit deutscher Inschrift. Zdzisiek geht voran und fuchtelt mit einem waschechten Säbel. Die Leute treten vor ihre Häuser, es gibt viel Gelächter, manche salutieren sogar. Dann kommt die Miliz, und der Spaß hat ein Ende. Zu Hause setzt es für Zdzisiek Prügel, weil er und seine Freunde Gräber durchwühlt haben. Zur Krypta kehrt Zdzisiek nie wieder zurück – seine Familie zieht bald darauf nach Janowice, Miedzianka verschwindet.

Gegen Ende der neunziger Jahre erscheint in Miedzianka eines Tages ein geheimnisvolles Auto. Vier Männer sitzen darin. Das Ganze wäre niemandem weiter aufgefallen, wäre das Ziel der eigentümlichen Ausflugstruppe nicht die alte Straße nach Mniszków gewesen. Eine Straße, die, wie jeder aus der Umgebung weiß, einzig zu dem alten Grab führt. Dahinter ist sie so überwuchert, dass man lediglich mit einem Geländewagen vorankäme, und ein Geländewagen ist dieses Auto nicht.

Der Wagen hält hinter dem Ort, die Männer holen Rucksäcke aus dem Kofferraum und verschwinden hinter einem Hügel. Stunden später wird die ganze Gegend von einer mächtigen Detonation erschüttert, Steine fliegen durch die Luft. Von der Stelle, an der das alte Grab ist, steigt Rauch zwischen den Bäumen auf. Kurz danach packen die Männer ihre Rucksäcke wieder ein und fahren eilig davon.

Von dem Auto und der Detonation erfährt Paweł Nowak aus Janowice Wielkie, ein Hobbyhistoriker, den Ueberschaers Grab seit jeher fasziniert. Mit den schlimmsten Vorahnungen eilt er hin. In letzter Zeit wird die Gegend immer öfter von begeisterten Schatzsuchern heimgesucht, die in der Zeitung von dem Ort gelesen habe, den es nicht mehr gibt, und hier ihr Glück versuchen wollen. Manche gehen mit Metalldetektoren ans Werk, andere mit explosiven Substanzen. Paweł weiß genug über die kleine Bergstadt, um mit Sicherheit sagen zu können, dass weder die einen noch die anderen etwas finden werden. Und so verhält es sich auch dieses Mal. Die Umgebung ist von Gesteinsbrocken übersät; rund um das Grab und die Stelle, an der einst die Holzhütte stand, sind einige hastig geschaufelte Höhlen zu sehen. Das Grab an sich ist jedoch unangetastet, einzig daneben klafft ein mächtiger Explosionskrater. Ins Grab gelangt ist niemand, daran besteht kein Zweifel.

Wenige Jahre später nähert sich ein älterer Herr mit Gehstock langsam der Grabstätte. Sein Name ist Karl Heinz Friebe; er kennt den Weg. Niemand achtet besonders auf ihn, im Übrigen ist auch kaum noch jemand hier. Friebe lässt den überwucherten Friedhof und Bauer Pławiaks Wirtschaftsgebäude hinter sich. Über einen schmalen, wie in den Berghang eingeritzten Weg gelangt er schließlich an sein Ziel, steigt vorsichtig den abschüssigen Hang hinab bis zu der Stelle mit der Stahlbetonplatte. Von hier aus erstreckt sich eine herrliche Aussicht über die Falkenberge. Obwohl er sich den ganzen Weg geschworen hat, sich nicht von Rührung übermannen zu lassen, werden Karl Heinz Friebe nun, am Grab des alten Ueberschaer, doch die Augen feucht.

DER ANDERE FRIEDHOF

»Man führte sie bis zum Ende eines unbenutzten Ganges und fesselte sie dort an die Verschalung. Dann sprengte man den ganzen Gang in die Luft. Auf diese Weise sind dort Dutzende Menschen begraben worden. Davon spricht bloß niemand, die Leute haben heute noch Angst.«

»Zu Hause haben wir nie über das Bergwerk geredet, das war ein Geheimnis, und keiner hat dem anderen getraut. Mutter kam immer in mehrere Fufaiki[13] gehüllt von der Arbeit, die Beine dick mit Lumpen umwickelt. Aber was sie dort eigentlich tat, das hat sie uns nie gesagt. Denn wenn uns in der Schule oder auf dem Hinterhof rausgerutscht wär, dass sie im Uranbergwerk arbeitete, dann hätte man sie dort im Bergwerk sicher umgebracht, und dann hätten wir keine Mutter mehr gehabt.«

»Wir wussten, wonach wir gruben, aber laut redete niemand davon. Außerdem, was hieß das schon, dass wir es gewusst haben, wenn uns ja doch niemand gesagt hat, wie schädlich das war? Dass das Uran uns hätte töten können, das erfuhren wir erst in den neunziger Jahren, und da war es zu spät, da ist die Hälfte von uns schon auf dem Friedhof gelegen.«

»Es hat immer geheißen, in Miedzianka gibt es zwei Friedhöfe. Einen deutschen, oben auf dem Berg, der damals schon langsam zugewuchert ist, und einen polnischen, unterirdischen. Im Bergwerk wurden Dutzende Leute lebendig begraben, die verschwanden von einem Tag auf den anderen, zusammen mit ihrer ganzen Familie. Man ist zur Arbeit gekommen, und in der Brigade hat einfach einer gefehlt. Und nach der Arbeit hat sich dann rausgestellt, dass dem sein Haus leerstand oder dass schon jemand Neues drin wohnte. Aber Fragen gestellt hat keiner, im Bergwerk wimmelte es nämlich von Spitzeln. Wenn vier Bergleute einmal in der Pause zusammengestanden sind, dann haben die Staatssicherheitsleute, die *ubowcy,* gleich ein Auge auf die gehabt. Und wenn fünf zusammengestanden sind, dann hat man gewusst, einer von denen ist ein Spitzel, und deswegen haben alle bloß über das Wetter geredet.

Die Spitzel haben später ein Problem gehabt, denn die Leute unten wussten, wer nicht dichthielt, und haben nichts gesagt, wenn diese Leute dabei waren. Deswegen hatten die dann nichts zu berichten und haben selbst die politischen Themen angeschnitten. Dann wurden sie von anderen Spitzeln denunziert – und der Schlamassel war perfekt. Es ist sicher nicht nur einmal passiert, dass ein Sicherheitsdienstler einen anderen denunziert hat.«

»Ich bin 1950 schon sechs Monate Brigadier bei der nächtlichen Brigade gewesen. Wir holten nur Uran, und damals haben mir jeden Tag die Zähne wehgetan. Im April 1951 kommt so ein Apparatschik zu mir, ein Russe, und ich vertrau ihm an, dass mir die Zähne wehtun, wenn ich jeden Tag mit Uran arbeite. Da erklärt er mir, das liegt am Uran, und in Russland würden die, die mit Uran arbeiten, auch erst über Schmerzen in den Zähnen klagen, und später würden sie sterben. Er hat mich nur gebeten, das ja nicht weiterzusagen, denn dann wär er ins Gefängnis gekommen. Ich habe dann nur noch bis

Herbst 1951 dort gearbeitet, danach haben sie mich in ein Sanatorium geschickt. Als ich zurück war, bat ich darum, dass sie mich entlassen, aber was ich wusste, hab ich niemandem gesagt.«[14]

»Am Ausgangstor standen immer Soldaten und prüften ganz genau mit Geigerzählern, ob die Bergleute auch kein Uran mitnehmen. Deswegen haben vor dem Rausgehen immer alle gründlich ihre Kleidung abgeklopft, vor allem die Ärmelaufschläge, denn selbst der kleinste Krumen hätte einem Bergarbeiter ordentlich Probleme einbringen können. Wenn ein Arbeiter einen Kollegen nicht leiden konnte, dann ist es manchmal vorgekommen, dass er ihm etwas strahlenden Uransand in die Tasche gestreut hat, nachdem der andere sich schon abgeklopft hatte, aber bevor er das Tor durchquert hat, und dann kriegte der andere Schwierigkeiten oder verschwand sogar ganz.«

»Ins Bergwerk hat man nur hineindürfen, wenn man einen speziellen Passierschein bei sich hatte. Das Problem dabei war nur, dass nicht alle Soldaten lesen konnten, die das überprüfen sollten. Wenn also jemand gewollt hätte, dann hätte er mit etwas Glück mit dem Passierschein von jemand anderem reingehen können. Aber ich glaube, das hat sich doch keiner getraut. Später, als der Leitung aufgefallen ist, dass manche Wächter Analphabeten waren, haben sie immer wenigstens einen ans Tor gestellt, der lesen konnte.«

»Auf dem Hof vor der Krankenstation hat die Oberärztin Kaninchenkäfige aufstellen lassen. Es gab jemanden mit einer halben Stelle, der die Tiere versorgte. Sie hatten alles, was sie brauchten: Hafer, Milch, Möhren. Aber da gab es noch was: In jedem Käfig stand ein klein wenig Uran in einem Behälter. Die Leute haben nicht laut darüber gesprochen, aber gewusst hat's jeder: Jeweils nach zwei Monaten waren die Kaninchen alle tot. Und wir waren wie diese Kaninchen. Nur dass wir meistens doch ein bisschen länger überlebt haben.«[15]

»Bei uns, da gab es so einen Obergescheiten, der hat an der Waschanlage gearbeitet. Eines Tages hatte er wohl in der Pause ein bisschen was getrunken gehabt und hat einen Spruch aufgesagt: ›Fleisch und Speck / die geh'n an Stalin weg. / Und ich Rindvieh gehe bloß / ab in die Kolchos'.‹ Wir haben ihn nachher nie wiedergesehen.«

»Die russischen Aufseher und Apparatschiks, die unten gearbeitet haben, waren viel besser zu uns als die Polen. Ein himmelweiter Unterschied. Einer von ihnen hat mir mal im Vertrauen gesagt, ich soll mich nie auf die Behälter mit dem abgebauten Material oder an irgendeine Stelle setzen, wo der Apparat knackt. Er hat mir auch geraten, dass ich in der Pause nach oben fahren und dort frühstücken soll. Und dass ich nie vom Grubenwasser trink.

Das Uran hatte einen ganz eigenen Geruch; die Russen und die Steiger haben eine Ader dem Geruch nach finden können. Sie sind mit gelöschter Lampe in einen Gang und haben geschnuppert. Das Uran hat gestunken, als zersetzte sich etwas in Wasser, nach Leiche hat es gestunken, wenn wir auf eine Ader gestoßen sind.

Manchmal, wenn die keine Ader finden konnten, ist ein Apparatschik suchen gekommen. Dann kam es vor, dass er sich eilig zurückzog und nur zu ihnen sagte: ›Und jetzt grabt, Burschen.‹

Die Strahlung im Bergwerk war so groß, dass die Uhren der Bergleute von selbst stehengeblieben sind und einfach nicht mehr in Gang zu bringen waren. Dennoch beschwerte sich keiner. Einmal sagte einer im betrunkenen Zustand, dass er weiß, warum sein Gesicht nach der Arbeit immer so brennt; er wurde zu Tode geprügelt und seine Leiche in einen Graben geworfen.

All das war gut durchdacht, die Russen setzten voraus, dass ohnehin keiner die Bedingungen im Bergwerk überleben würde und dass sich das Problem mit Miedzianka dann von selbst erledigt. Doch da hatten sie sich verrechnet. Hätten sie das damals gewusst, dann hätten sie uns sicher nicht einfach so hier zurückgelassen, dann wären wir schon längst tot und begraben.«

»Die Briefe vom Sicherheitsdienst wurden von so einem jungen Burschen verteilt. Sobald dieser Bote im Betrieb aufgetaucht ist, hat die Leute die blanke Angst gepackt. Denn wer einen Brief von dem gekriegt hat, der ist meistens nicht mehr zurückgekehrt ins Bergwerk. Der Bote ist mehrmals die Woche da gewesen und hat immer einen Packen Briefe dabeigehabt. Die Leute haben die Briefe nicht annehmen wollen, und so hat er sie ihnen manchmal einfach vor die Füße auf den Boden gelegt und ist weitergegangen.«

»So einer ist dann zuerst verprügelt worden, bis er das Bewusstsein verloren hat. Dann wurde er wieder geweckt, danach wieder verprügelt. Und so ging das mehrere Male. Wenn er trotzdem nichts zugeben wollte, hat man ihn hinunter ins Bergwerk gebracht, er hat einen Genickschuss gekriegt, und der Schacht ist zugeschüttet worden. Von so einem Menschen verschwand dann jede Spur, meistens hat auch gar niemand mehr nach ihm gefragt.«

»Sie haben ihm mit dem Griff von einer Pistole die Zähne und den Schädel eingeschlagen, und dann gab's keine Rettung mehr. Wenn sie ihn getötet hatten, brachten sie ihn in einen Schacht, der zugeschüttet werden sollte.«[16]

»Bei uns in Miedzianka war die Strahlung nicht so groß. Doch in Kletno haben es die Kollegen unter Tage nicht aushalten können, sie sind bewusstlos geworden. Dann hat man sie heraufgeholt, aber manche sind sicher auch für immer unten geblieben.«

»Wer zu viel geredet hat, der wurde auf die Dienststelle des Sicherheitsdienstes nach Janowice gebracht. Neben dem Gebäude ist dort so ein kleiner Teich gewesen. Als die Dienststelle verlegt worden ist, hat man den Teich mit Sand zugeschüttet, später sind dort Schilf und Gebüsch gewuchert. Ende der siebziger Jahre hat die Gemeinde den Teich wieder ausheben und Wasser hineinlassen wollen, doch es sind irgendwelche hohen Tiere gekommen und haben das verboten. Angeblich sollen am Grund des Teiches massenweise Leichen von Bergleuten liegen.«

»Wer heute noch nicht über das Bergwerk reden will, der hat bestimmt was auf dem Gewissen. Jeder dort hatte es faustdick hinter den Ohren, für nichts sind die Leute gewiss nicht bezahlt worden. Die schweigen nicht aus Angst, sondern aus Scham, weil sie damals solche Schweine gewesen sind.«

»Einmal kommt jemand vom NKWD zu mir und sagt, ich soll nur nicht den kleinsten Krümel Uran übersehen, wenn ich nicht die Eisbären aus der Nähe kennenlernen will. Ein paar Wochen später hab ich gekündigt und bin zur Arbeit in die Papierfabrik gewechselt.

Das abgebaute Material haben wir auf Wagen geladen, aber wohin es dann gebracht wurde, das weiß ich nicht. Geheißen hat's, zuerst nach Legnica und von dort aus nach Russland, aber wer weiß das schon. Auf jedem Wagen mit Material ist ein sowjetischer Soldat mit Maschinengewehr mitgefahren. Irgendwo auf halbem Weg sind dann die polnischen Fahrer gegen sowjetische ausgetauscht worden, und so haben nicht einmal die Polen gewusst, wohin das Material ging.«

»An den Toren hat es gar keine Kontrolle mit Geigerzählern gegeben, das haben sich die Leute nur ausgedacht gehabt, um Schauermärchen erzählen zu können. Mich hat nie jemand überprüft. Was hätte es da auch mitzunehmen gegeben? Die Steine? Am Bergwerkstor ist immer ein Soldat gestanden und hat die Passierscheine überprüft, und weil einige Soldaten nicht haben lesen können, ist man eben manchmal mit einem zwei Monate alten Papier eingelassen worden.

Alle haben gewusst, wonach gegraben wurde, und alle haben drüber geredet. Dem ganzen Ort ist bekannt gewesen, was da im Bergwerk vor sich ging, denn manche Schächte befanden sich gleich neben privaten Häusern und waren nicht umzäunt. Man hat bloß aufpassen müssen, dass sich keine Kinder dort herumtrieben.«

»Die Bergleute hatten vor Schichtende eine halbe Stunde Zeit, um ihre Kleidung abzuklopfen, bevor sie am Tor kontrolliert worden sind. Im Bergwerk hat es auch Waschräume und eine Wäscherei gegeben, die haben aber nicht alle Bergarbeiter genutzt. Manche sind direkt vom Schacht nach Hause gegangen, in ihren Kleidern, die voll waren von radioaktivem Staub.«

»Ich hab nichts gefragt, ich wusste von nichts; dass dort jemand umgebracht wurde, das hab ich erst jetzt von Ihnen erfahren. Was ich wollte, war arbeiten, Geld haben – und ansonsten meine Ruhe. Ich hab dieses Bergwerk überlebt, ohne irgendwas zu wissen, was soll ich also jetzt mit diesem Wissen.«

EIN HOCH AUF MIKOŁAJCZYK!

Die Hauer, die im Bergwerk vorn in der Mine arbeiten, erkennt man daran, dass sie fortwährend ausspucken. Sie gehen die Straße entlang, räuspern sich und speien dünne Strahlen Speichel auf den Boden. Oder sie fahren sich mit der Zunge im Mund herum, husten und gehen vor die Tür, kommen wieder hinein und wischen sich den Mund ab. Manch einer versucht auch, sich den Mund auszuspülen. Meistens mit Wodka, und wenn die Kneipe geschlossen ist, mit *samogon,* Selbstgebranntem. Doch auch das hilft nur für eine Weile.

»Das Teufelszeug kriegt man nicht aus dem Hals«, sagen sie dann und bestellen den nächsten Doppelten. Sie können einiges vertragen, auch daran kann man sie erkennen. Am Zahltag ist die Kneipe gerammelt voll, die Luft grau von Rauchschwaden. Hier oben reden alle nur vom Wetter. Um die Arbeit dreht sich's unter Tage. Wer sich nicht an diese Regel hält, soll zur Hölle fahren. Auch wenn es die Hölle natürlich offiziell gar nicht gibt.

Himmel

Ob es die Hölle gibt, wird Ludwik Kaczmarski bald erfahren. Es ist Sonntag, elf Uhr vorbei, gerade wollen sie zur Kirche, als er plötzlich nach Hause kommt. Wie ein Geist sieht er aus, kriecht auf allen vieren; jetzt liegt er auf dem Bett und bittet sie, seinen Körper fest abzureiben, denn alles tut ihm schrecklich weh. Anna Kaczmarska knöpft vorsichtig sein Hemd auf, neben ihr stehen die drei Töchter in Sonntagskleidern – Marysia, Bronka und Natalka. Schweigend starren sie auf die bläulich angelaufene Brust ihres Vaters, starren ihre weinende Mutter an. Die vierte Schwester soll bald geboren werden, Anna Kaczmarska ist hochschwanger.

»Was haben sie mit dir gemacht?«, fragt sie unter Tränen, doch Ludwik antwortet schon nicht mehr. Am Vortag ist er nach Janowice gegangen, zum Namenstag eines Kollegen, Mikołajczyk aus Trzcińsko. Wie dieser Mikołajczyk mit Vornamen heißt, ob es ihn tatsächlich gibt und ob er wirklich einen so fatalen Einfluss auf die Bergleute gehabt hat, wie sich später noch herausstellen soll, das weiß niemand und wird sicher auch nie jemand erfahren.

Angeblich ist es so gewesen: Die Männer soffen, die Stimmung stieg, man prostete sich zu. Trank einen auf Grzyb, einen auf Kaczmarski, den nächsten auf Mikołajczyk. Die meisten auf Mikołajczyk, schließlich gab der eine Runde nach der anderen aus. Das will einer gehört haben, der an der Kneipe vorbeikam. Oder die *ubecy*, die Sicherheitsdienstler, selbst, warum auch nicht, die Dienststelle ist bloß ein paar Häuser weiter. Mikołajczyk, das ist zu der Zeit ein schlechter Name, der schlechteste überhaupt. Man sollte diesen Namen am besten gar nicht aussprechen, und wenn, dann nur im Flüsterton und mit größtmöglicher Missbilligung. Einen solchen Namen zu skandieren ist eine Sünde, für die man am eigenen Leib erfahren darf, ob es die Hölle gibt.

Sie stürmten in die Kneipe, schnappten sich, wer immer ihnen in die Hände fiel. Wer nur wenig getrunken hatte und sich noch auf den Beinen halten konnte, haute durchs Fenster ab, in den Wald. Wer keinen Fluchtreflex mehr hatte, blieb sitzen. Auch Kaczmarski. Sie nahmen ihn mit auf die Dienststelle, hielten ihn die ganze Nacht fest. Umbringen wollten sie ihn wohl nicht, denn dann hätten sie wahllos auf ihn eingeprügelt. Er hatte aber nur unterhalb des Halses Blutergüsse, die meisten auf dem Rücken und auf dem Bauch. Zu viel war es dennoch. Am frühen Morgen setzten sie in vor die Tür. Mit Mühe schleppte er sich zurück nach Miedzianka, über den alten Weg. Vielleicht hat ihn deswegen keiner aufgelesen, benutzen doch inzwischen alle die asphaltierte Straße. Es war Herbst, ein kalter Morgen, Nebel hing über Janowice. Als Kaczmarski zu Hause ankam, war er schon mehr tot als lebendig. Zwanzig Minuten später war es ganz aus.

Hölle

Unter dem Teufelszeug zu leiden hat auch Stanisław Gruszka, 23 Jahre alt. Wie alle anderen arbeitet er in der Grube im Akkord, zuerst als Fördermann, bald darauf als Hauer. Den Granit aufzubohren ist Schwerstarbeit, der harte Felsen bricht in großen Stücken aus der Wand, man muss aufpassen, dass sie einen nicht erschlagen. Manchmal stemmen die Arbeiter sich zu zweit gegen den Bohrer, und der Felsen gibt trotzdem nicht nach. Dann wieder reicht ein leichter Schlag mit dem Pickel, um einen gewaltigen Brocken wie von selbst herabstürzen zu lassen. Die Felswände im Bergwerk sind unberechenbar und bei allen Bergleuten gefürchtet.

Beim Abbau werden zunächst kleine Öffnungen in den Felsen gebohrt. Die Bohrung erfolgt trocken, daher hängt in den Gängen meist ein solcher Staub in der Luft, dass zwei hintereinander gehende Bergleute mit Grubenlampen einander nicht sehen können. Einmal haben sie Masken bekommen, die jedoch nach wenigen Minuten vollkommen verstopft waren, sodass die Männer fast in ihnen erstickten. Ohne Masken ging es besser. Als die Verwaltung den Arbeitern Nassbohrer zur Verfügung stellt, um die Staubbildung zu reduzieren, bohren doch alle weiterhin trocken. So geht es schneller, der Ertrag ist besser – und damit auch die Entlohnung. Zum Vergnügen ist schließlich niemand hier unten.

Sind die Öffnungen gebohrt, wird gesprengt. Und kaum ist der Hall verklungen, schickt man die Bergarbeiter bereits in die Stollen. Anders als in anderen Bergwerken wartet hier niemand mehrere Stunden ab, bis der Staub sich gelegt hat. Oder bis das Gestein, das nach der Sprengung lose von der Decke hängt, heruntergefallen ist. Für so etwas ist hier keine Zeit.

Um gute Erträge zu erzielen, gilt es außerdem, sich mit den Russkis gutzustellen. Die haben nämlich die Apparate und untersuchen das Felsgestein. Bis in sechs Meter Tiefe wissen sie, wo Adern verlaufen. Schafft man es nicht, sich mit einem Russki anzufreunden, dann kann man schuften wie ein Ochse, und es kommt doch nichts dabei heraus. Dann zeigt einem der Russki eine schlechte Ader, und die ganze Arbeit ist für die Katz. Ist die Ader gut, braucht man sich nicht besonders ins Zeug zu legen und macht doch einen guten Schnitt. Deshalb muss die polnisch-sowjetische Freundschaft blühen und gedeihen – wenigstens unter Tage.

Staszek Gruszka arbeitet lieber unter den Russkis als unter den Polen. Die Russen lassen mit sich reden. Will jemand eine ordentliche Hochzeit ausrichten, geht er zum Ingenieur und bittet ihn, ein bisschen mehr Ertrag aufzuschreiben. Dann ist die Auszahlung höher und die Hochzeit rauschend, so wie es sich gehört. Es war auch ein russischer Apparatschik, der Staszek das gesagt hat, was ihm noch lange im Gedächtnis bleiben sollte: »Frühstück immer oben essen. Und von hier unten nicht das Wasser trinken, das ist schädlich.«

Himmel

Im Jahr 1948 fing es an. Erst kamen russische Spezialisten, krochen in die alten deutschen Schächte, stellten Messungen an. Über 150 entsprechende Orte fanden sie in ganz Niederschlesien. Die ersten Schächte werden in Kowary, in Kletno und hier in Miedzianka in Betrieb genommen. Eines Tages quartieren sich zwei Heereskompanien im Schloss ein, und von da an ahnen alle, dass etwas im Gange ist.

Das Bergwerk wird in die Erzproduktionsstätten Zakłady Produkcji Rud (ZPR-1, oder kurz: R-1) eingegliedert, deren Zentrale sich in Kowary befindet. Außerdem leben dort 43 sowjetische Ingenieure mit ihren Familien. Sie beaufsichtigen die Arbeit in allen Produktionsstätten der ZPR-1.

An Arbeitswilligen gibt es keinen Mangel in Miedzianka. Der Boden hier ist wenig ergiebig; um all die Steine wegzuschaffen, muss man ackern von früh bis spät. In den Produktionsstätten aber soll gut gezahlt werden – und so ist es auch tatsächlich. Als die Bergleute nach dem ersten Monat ihren Lohn erhalten, trauen sie ihren Augen kaum. Jeder hat 40 000 Złoty bekommen und mehr. Ein Liter Wodka kostet achtzig Złoty.[17] Sofort entsteht in der Kneipe Gedränge. Überall erzählt man sich, die Bergleute in Miedzianka seien wahre Krösusse. Und wer mit seinem Lohn weitergehen muss in ein Nachbardorf, sucht sich zur Begleitung einen bewaffneten Soldaten – schließlich lauern in den Wäldern schon so manche, denen ein schneller Nebenverdienst verlockend erscheint.

Bloß den Mund fest verschlossen halten, kein Wort darüber, was sie eigentlich macht – Karolina Kolis weiß, wie sie sich bedeckt hält. Ihre Arbeit ist einfach, aber hart. Sie nimmt beim Aufzug die Loren mit dem abgebauten Material entgegen und schiebt sie über die Schienen bis zur Halde. Der letzte Teil ist am schwersten, denn nun muss die Lore gekippt und das Material ausgeleert werden. Danach säubert Karolina die Lore noch mit einem Pickel und schiebt sie dann zurück. Acht Stunden täglich, Regen oder nicht. Am schlimmsten ist es im Winter, denn sie haben Holzschuhe bekommen, unter deren Sohlen sich der Schnee zusammenklumpt. Alle paar Schritte muss man ihn wegkratzen, um nicht auszurutschen und der Länge nach hinzuschlagen.

Karolina weiß, was in den Loren ist: Uran. Doch dieses Wissen nützt ihr wenig. Sie weiß nicht, wozu Uran verwendet wird. Und sie will es auch gar nicht wissen, sagen doch alle im Bergwerk, je weniger man wisse, desto besser. Also hält Karolina lieber still und sagt gar nichts. Nur einmal hat sie das Wort ergriffen, auf einer Versammlung der Förderarbeiter, als der Leiter fragte: »Ihr Frauen, nun sagt mir mal, wie wollt ihr euer Geld? Tagessatz oder Prozente?«

Da hob Karolina als Einzige ihre Hand: »Herr Betriebsleiter, ich will Prozente.«

Und er darauf: »Was, Kolis, die Kleinste hier und will Prozente? Was verspricht sie sich denn davon?«

»Wenn ich mich schon so abplagen muss mit den Loren, dann will ich auch was verdienen.«

Als sie später ihren Lohn bekamen, bedankten sich alle bei Karolina. Und sie erklärte ihnen, dass die Bergleute unter Tage alle nach Prozenten bezahlt werden und dass sie deshalb so viel wie möglich wegschaffen, um mehr zu verdienen. Wenn sie unten aber schwerer ackern, wird es auch mehr Ertrag geben. Und oben wird jemand das Material zur Halde schieben müssen, damit die Arbeit nicht ins Stocken kommt.

An der Lore arbeitet auch Barbara Wójcik, die hier von allen nur *Mała Baśka* – Kleine Baśka – genannt wird. Ein Scherz, ist Baśka doch gar nicht mehr klein; sie schiebt die Loren wie keine Zweite, ist rasch zur Vorarbeiterin geworden und lernt jetzt andere an. Die Arbeit mit den Loren ist alles andere als leicht, und wenn man nicht weiß, wie man es anpacken soll, kann ordentlich was schiefgehen. Mit der vollen Lore muss man nämlich abwärts, und dazu braucht man einen Stock. Mit dem bremst man die Lore, wenn sie zu schnell wird. Aber man muss genau wissen, wie man den Stock hält, um sich nicht die Zähne auszuschlagen. Bremst man die Lore nicht, springt sie unten – im besten Fall – aus den Schienen, oder sie trifft – im schlimmsten Fall – eine der Frauen. Aufwärts schiebt man dann die leere Lore, das geht etwas leichter. Schwer ist es trotzdem.

Hölle

Staszek Kopczyński fing als Bergmann an, später machten sie ihn dann zum Elektriker und Schweißer. Alles unter Tage. Die Arbeit hat er sofort bekommen, jetzt hat er etwas Angst, dass die da oben erfahren, was er wirklich in der Heimatarmee gemacht hat, und ihn hinauswerfen. Das Geld braucht er nämlich dringend. Sein Schwiegervater hat sein Versprechen eingelöst: Sobald Staszek nach Janowice kam, wurde Hochzeit gehalten. Und jetzt kommt bald sein Kind zur Welt.

Am meisten Angst hat Kopczyński jedoch, dass er durch puren Leichtsinn sein Leben einbüßen könnte. Im Bergwerk ist es gefährlich, bevor man irgendetwas tut, sollte man dreimal nachdenken. Denkt man nicht nach, kann so einiges passieren.

Staszek hat dreimal nicht nachgedacht. Beim ersten Mal kam ihm die Idee, statt die Leiter hinaufzuklettern mit dem Lastenseilzug nach oben zu fahren. Er packte das Seil – und sah nur noch Sterne, als es sich beim Hinaufziehen zu drehen begann. Fast hätte er losgelassen, dann wäre unten nur noch ein feuchter Fleck von ihm geblieben. Seitdem nimmt Staszek die Leiter, wie es sich gehört.

Beim zweiten Mal sollte er unter Tage etwas schweißen. Er fuhr hinab, ging in den Stollen, schweißte. Der Tag war fast zu Ende, in Gedanken war Staszek schon wieder oben, deswegen dachte er nicht daran, dass es unten keine Belüftung gab – und atmete die Zinkdämpfe direkt ein. Wie er nach oben kam, weiß er selbst nicht mehr. Er legte sich in einen Graben und verlor das Bewusstsein. Die anderen fanden ihn erst abends, da war er mehr tot als lebendig.

Beim dritten Mal arbeitete er an den Pumpen. Die werden mit einem speziellen Hebel angestellt, was nur die Elektriker tun dürfen, mit geeigneten Handschuhen an den Händen. Staszek hatte die Handschuhe vergessen und schaltete die Pumpen mit bloßen Händen an. Vom Hebel schoss eine Flamme auf – und seitdem weiß Staszek, dass man sich ohne Handschuhe den Pumpen nicht einmal nähern sollte.

Derartige Unfälle passieren im Bergwerk immer öfter. Das Betriebsspital in Kowary nimmt jedes Jahr tausend Patienten auf. Und das heißt, dass jeder zehnte Arbeiter der Produktionsstätten irgendwann einen Unfall erleidet. Grund sind häufig Naivität und Leichtsinn. Am 24. September 1949 kommen zwei Bergleute um, weil einer von ihnen sich eine Lunte samt Sprengkapseln um den Hals gehängt hat, die sich an der Karbidlampe entzünden. Ein anderer stieg im Januar 1951 aus einem angehaltenen Transportkorb, wollte die Wand hinunterklettern bis zum Stollen. Doch der Korb setzte sich wieder in Bewegung und stieß ihn hinunter; er starb an seinen schweren Verletzungen. Wieder ein anderer stürzte von einem vierzehn Meter hohen Gerüst, ein weiterer bediente den Aufzug, obwohl er nicht dafür geschult war. Sein Kollege wurde am Kopf getroffen, er starb noch unter Tage. Allein 1950 sterben in den Bergwerken der R-1 zehn Bergleute, insgesamt kommt es zu 1039 Unfällen. Ein Jahr später sind es 757 Unfälle.

Der ernsteste Unfall, den Staszek je im Bergwerk gesehen hat, war, als Józek Sarul als Hauer vorn im Stollen unter Felsgestein begraben wurde. Diesen Anblick wird er nie vergessen, manchmal fragt er sich nur, ob Józek so dumm oder ob der Felsen so unberechenbar war. Józek war für den Rest seines Lebens mehr tot als lebendig.

Himmel

Auf dem Weg nach oben gelten für die Bergleute mehrere Regeln. Ihre Arbeit endet eine halbe Stunde vor Schichtende, dann gehen sie nach oben. Eine volle halbe Stunde haben sie für das Ausklopfen ihrer Kleidung. Kaum einer lässt seine Arbeitskluft im Bergwerk, auch die Waschräume nutzt selten jemand. Die meisten wohnen gleich nebenan, sie wollen sich lieber zu Hause waschen. Also rollen sie nur die Ärmel herab, kehren ihre Hosentaschen von innen nach außen, ziehen die Stiefel aus und klopfen sie ab. Nicht der kleinste Krümel darf in den Falten der Jacke hängen bleiben, nicht das kleinste Steinchen oder Staubkörnchen.

Am Tor stehen Soldaten mit Detektoren. Knackt ein Detektor, rollen sie Ärmel herab, durchsuchen Jacken- und Hosentaschen. Wenn sie etwas finden, verschwindet der Betreffende. Man raunt sich Geschichten von Männern zu, die ihre Kleidung nicht gründlich genug ausgebeutelt haben. Diese Leute hat später niemand mehr gesehen, bestimmt sind sie nicht mehr am Leben. In der Praxis sieht das jedoch anders aus. Der Delinquent wird am Tor von den Staatssicherheitsfunktionären aus der Dienststelle beim Bergwerk abgeholt, verhört, ausgefragt. Mit etwas Glück wird er nur ermahnt und bekommt einen Akteneintrag. Auf eine gute Ader stoßen wird er aber kaum noch. Hat er Pech, muss er seine Sachen packen und noch in derselben Nacht die Stadt verlassen. Nach seinem Verschwinden gehen unter den Bergleuten die ungeheuerlichsten Schauermärchen um. Allein 1949 wurden die Produktionsstätten R-1 von 55 Delinquenten gesäubert.

Somit leben alle in Angst und klopfen sich ordentlich ab. Das Abklopfen wird zum wahren Prüfstein der Kollegialität, einer sieht beim anderen nach, die Männer helfen sich gegenseitig, schauen einander in den Kragen. Schweigend untersuchen sie ihre Kleidung, werfen verstohlene Blicke zu den Soldaten hinüber. Anschließend stellen sie sich in einer Schlange vor dem Tor an. Manchmal kann einer den anderen nicht leiden, oder es ist ihm in der Stadt zu Ohren gekommen, dass der andere sich mit seiner Frau trifft. Wie es eben so passiert zwischen Menschen. Dann braucht er demjenigen bloß nach dem Abklopfen und vor der Überprüfung ein Steinbröckchen in die Tasche zu stecken, und schon kann er sich der Treue seiner Frau wieder gewiss sein. So geht es manchmal im Bergwerk.

Auf dem Berg herrscht außerdem die Regel, nicht zu sagen, was man abgebaut hat, wie viele Loren zum Aufzug geschickt worden sind, wie die Arbeit vorangegangen ist. Am besten sagt man gar nichts, quittiert Fragen nach der Arbeit mit einem Lächeln, wechselt das Thema, schaut in den Himmel. Auch zu Hause erwähnt man besser nichts. Der kleine Janek Majka, der im letzten Frühling zum ersten Mal mit seiner Mama nach Miedzianka hinaufgestiegen ist, fragt sie nur ein einziges Mal, was sie dort macht. Barbara Majka (geborene Kmiecik) bedient den Aufzug im Bergwerk und weiß genug über die Produktionsstätten, als dass die Geschwätzigkeit ihres Sohnes sie zumindest ihre Arbeit kosten würde.

»Davon weißt du besser nichts, mein Kleiner, am Ende verplapperst du dich noch in der Schule, und dann kriegen wir alle Probleme.«

Hölle

Seine Zunge im Zaum halten heißt es auch unter Tage. Hier werden die Bergleute immer wieder in neue Brigaden gesteckt, Arbeitsplätze und Stellungen ändern sich, Vorarbeiter werden ausgetauscht. An keinem Arbeitsplatz bleibt man länger als zwei, drei Monate. Und das alles, damit die Leute einander nicht zu gut kennenlernen.

Der Staatssicherheitsdienst hat hier seine Agenten, deren Aufgabe es ist, so zu arbeiten wie alle anderen auch und zu lauschen, was sie sich in den Pausen erzählen. Meistens wissen die Bergleute, wer einer der Ihren und wer ein Spitzel ist. Vorsorglich trauen sie jedoch niemandem, vor allem neuen Arbeitern nicht. Es heißt, wenn in einer Gruppe fünf Männer zusammenstehen, dann ist einer davon mit Sicherheit ein Spitzel. In Wirklichkeit hat die Staatssicherheit gerade einmal zwei bis drei Agenten je hundert Bergarbeiter. Diese wenigen Leute können nicht überall sein, sie können nicht alles hören, nicht jedes umstürzlerische Wort erfassen oder jeden Gedanken aus dem Gängelabyrinth unter Miedzianka. Die Atmosphäre der Angst reicht jedoch schon aus, um erst gar keine heiklen Themen aufkommen zu lassen.

Natürlich versucht der Staatssicherheitsdienst, neue Zuträger anzuwerben. Dafür hat er seine eigenen Methoden. Zuerst kommen die an die Reihe, bei denen am Tor etwas gefunden wurde, sowie alle anderen, die aus irgendeinem Grund aufgefallen sind. Man redet ihnen ein, sie hätten Verrat üben oder das Betriebsgeheimnis offenlegen wollen, droht ihnen mit Deportation in den Osten oder Arrest. Manche knicken ein, unterzeichnen. Dann kommen sie zurück in ihre alten Brigaden, doch dort können sich bereits alle denken, was die Staatssicherheit von ihnen wollte. Das Misstrauen wächst, die Leute reden nur noch über das Wetter. Die unfreiwilligen Spitzel verlieren schnell die Lust, drücken sich vor ihrer Aufgabe, sodass sie kaum zu etwas nütze sind. Um einiges nützlicher sind die Spitzel, denen der Sicherheitsdienst ihre Informationen vergütet. Der Lohn besteht nicht nur in Geld, denn Geld muss man entgegennehmen, die Auszahlung quittieren, abholen, etwas damit anstellen. Da haben die Leute Bedenken. Bei Bergarbeitern und Markscheidern – den Arbeitern, die die Schächte vermessen – ist die beste Form der Vergütung eine gute Wand. Deswegen geht unter Tage das Gerücht, dass Kollegen, die immer wieder auf Adern stoßen, kein Glück, sondern etwas auf dem Gewissen haben und dass man sich besser von ihnen fernhalten sollte.

Himmel

Ludwik Kaczmarski wurde am 1. November in Janowice beerdigt, auf dem kleinen Friedhof direkt neben der Kirche. Zuvor hatten einflussreiche Personen aus Jelenia Góra in einer Gruft, die die Deutschen hinterlassen haben, eine eilige Obduktion vorgenommen. Anna Kaczmarska sagten sie, ihr Mann sei an den Folgen innerer Verletzungen gestorben – Nieren, Leber, Lungen seien verletzt gewesen. Wer ihm das zugefügt hatte, sagten sie nicht. Bevor der Sarg verschlossen wurde, machte Anna ein Foto. Darauf sieht man ihren Mann auf dem Rücken liegen, in weißem Hemd, die Hände auf dem Bauch gefaltet. Neben den Kopf hat ihm jemand seine Kappe gelegt. Sie begraben Ludwik Kaczmarski ohne Schuhe. Auf den Grabstein hat Anna Kaczmarska schreiben lassen, dass er tragisch umgekommen sei. Und »Friede seiner Seele«. Die Einflussreichen schüttelten ihre Köpfe.

Wenige Wochen später kommt auf demselben Friedhof ein weiteres Grab hinzu. Beerdigt wird ein kleines Mädchen, das tot zur Welt gekommen ist. Ludwika. Sie liegt nur ein paar Schritte von ihrem Vater entfernt.

Anna Kaczmarska und ihre Töchter leben nun in bitterster Armut. Die älteste Tochter, Natalia, fängt an, im Bergwerk zu arbeiten, fälscht absichtlich ihre Geburtsurkunde, sonst hätten sie sie nicht genommen. Angelernt wird sie von der Kleinen Baśka. Natalka wird später sagen, ohne Baśka wäre sie nie mit den Loren zurande gekommen. Basia Wójcik gibt zurück, Natalka sei so ein schmächtiges Persönchen, zum Umpusten, da hätte sich ja jemand um sie kümmern müssen. Und sie, Basia, sei eben zufällig in der Nähe gewesen.

Auch Jan Miroś, der Bäcker von Miedzianka, steht den Kaczmarskis zur Seite. Er trägt den Mädchen auf, jeden Morgen bei ihm frische Brötchen und Brot holen zu kommen. Wenn dann hin und wieder Anna Kaczmarska in der Tür der Bäckerei erscheint und für das Gebäck bezahlen will, winkt Miroś nur ab, um sich dann über die Ladentheke zu lehnen und ihr verschwörerisch zuzuraunen: »Für euch ist bei mir alles gratis.«

Und dieses Versprechen hält er viele Jahre lang ein. Auch als er längst mit seiner Bäckerei nach Janowice umgezogen ist, holen die Mädchen noch Brot bei ihm, und er nimmt niemals Geld von ihnen an. Übrigens kauft ganz Miedzianka bei Miroś Brot, bäckt doch niemand so gut wie er.

In Janowice spricht man nicht über die Kaczmarskis, und erst recht nicht in Miedzianka. Ein Tabuthema, das lieber niemand berührt. Vor allem die anderen Gäste jenes denkwürdigen Namenstages halten lieber ihre Zunge im Zaum. Auch wenn das Ganze schon mehrere Monate zurückliegt, fürchten sie immer noch, dass Ludwik Kaczmarski, bevor er starb, noch irgendwelche Namen hat fallenlassen.

Im Bergwerk verteilt der kleine Janek Czyżyk, ein Waisenjunge, Briefe von der Dienststelle der Staatssicherheit. Er ist vor wenigen Monaten auf der Suche nach Arbeit in die Stadt gekommen. Für das Bergwerk war er zu jung, anderswo konnte ihn niemand brauchen. Da er hungers zu sterben drohte, nahm ihn die Dienststelle auf und lässt ihn nun die Korrespondenz zwischen Bergwerk und Janowice hin- und hertragen. Jeden Nachmittag nimmt Janek die Tasche mit Briefen und begibt sich zum Bergwerksschacht. Dort wartet er, bis die Bergleute ihre Schicht beenden, und händigt ihnen, wenn sie über Tage ankommen, die Umschläge aus. Manche wollen ihre Briefe nicht annehmen. Dann legt er sie ihnen vor die Füße und geht einfach.

Eines Tages erhält Staszek Kopczyński seinen Umschlag. In dem Schreiben steht, dass er an einem bestimmten Tag um eine bestimmte Uhrzeit vor sein Haus gehen und sich umsehen solle. Er werde dann ein Stück entfernt eine Person erblicken, die ihn auf Umwegen zu einem Ort bringt, an dem die Funktionäre ihm einige Fragen stellen wollen. Staszek hat Angst, weiß er doch, dass er in seinem Lebenslauf gelogen hat und dass sie ihn jetzt sicher fragen werden, was er tatsächlich in der Heimatarmee von Szczucin gemacht hat. Aber er kann ihnen schließlich nicht sagen, dass er dort Kommunisten die Fresse poliert hat, und zwar so, dass sie auf beiden Seiten gleich stark anschwoll.

Als die festgelegte Stunde naht, tritt Kopczyński vors Haus und schaut sich um, in der Hoffnung, niemanden zu sehen. Doch ein Stück weiter erblickt er einen *ubek,* der sich bei seinem Anblick langsam umdreht und davongeht. Staszek folgt ihm, wie in der Anweisung beschrieben. Trotz seiner Angst fühlt er sich ein wenig wie in einem Agentenfilm – oder eher einer Agentenkomödie, passt doch bei dieser Heimlichtuerei einfach nichts zusammen. Janowice ist ein großes Dorf, hier kennt jeder jeden. Jeder weiß: Wenn ein trauriger *ubek* vorangeht und ein verschreckter Staszek ihm folgt, dann hat das zu bedeuten, dass Ersterer Letzteren zur Wohnung des alten Piela führt, in der das Staatssicherheitsamt ein geheimes Verhörzimmer hat.

Dennoch gehen sie zunächst scheinbar ziellos im Dorf herum wie Idioten, um schließlich tatsächlich beim alten Piela zu landen. Hier gibt es einen Schreibtisch, eine Lampe, ein großes Stalinporträt an der Wand. Staszek bekommt ein Blatt Papier und einen Kugelschreiber, er soll seinen Lebenslauf aufschreiben. Als er fertig ist, soll er noch einmal alles niederschreiben, dann noch einmal und noch einmal. So produziert er mehr als ein Dutzend Lebensläufe; sobald einer fertig ist, gehen die Männer mit dem Blatt hinaus, um gleich darauf zurückzukehren und ihm aufzutragen, noch einen weiteren zu schreiben. Schließlich fragen sie ihn direkt nach Szczucin und der Heimatarmee. Staszek hält sich an seine Version, spricht von der Kohle. Doch das interessiert die Männer nicht mehr, jetzt fragen sie ihn nach dem jungen Krochmal.

Die beiden sind befreundet, sie kennen sich noch aus der Zeit des Partisanenkampfes. Als Krochmal nach Janowice gezogen ist, hat Staszek sich ein Haus neben seinem gesucht; seitdem wohnen sie Tür an Tür. Und nun wollen die *ubecy* wissen, ob Staszek sich nicht noch etwas näher mit Krochmal anfreunden und ihm ein wenig auf den Zahn fühlen könnte. Dann fände sich vielleicht auch eine bessere Wand im Bergwerk, und möglicherweise gäbe es sogar eine Beförderung, es würden Vorarbeiter gebraucht, und man könnte dafür sorgen, dass Staszek ein solcher Vorarbeiter würde.

»Ihr Angebot ist verlockend, Genosse, doch kann ich mich leider mit Krochmal nicht so anfreunden, wie Sie es sich wünschen, da gibt es nämlich das Problem, dass unsere Frauen zerstritten sind, und ich darf nicht zu den Krochmals ins Haus, so wie die beiden nicht zu uns ins Haus dürfen. So gern ich es auch täte, ich kann Ihnen nicht weiterhelfen.«

Die Genossen laufen puterrot an, holen wieder Blatt und Stift hervor.

»Dann, Kopczyński, werdet Ihr jetzt hier Lebensläufe schreiben, bis Ihr verdammt noch mal tot umfallt!«

Hölle

Über Tage sind also die *ubecy,* unter Tage ist das Radon. Das ist ein Zerfallsprodukt des Radiums, und das wiederum entsteht aus Uran. Radon ist ein leiser Mörder, ein radioaktives Gas, das sich mit dem Felsstaub in der Lunge absetzt. Die Staublunge, die Berufskrankheit der Bergleute, nimmt somit in Uranbergwerken einen deutlich schwereren Verlauf, ist sie doch während der Zerfallszeit des Radons eine radioaktive Staublunge, die Geschwüre und Zellfehlbildungen verursacht. Immer mehr Kollegen von Stanisław Gruszka klagen über gesundheitliche Probleme; er selbst beschließt nach zwei Jahren Arbeit im Bergbau, zu kündigen. Zu viel hat er von den Russen darüber gehört, was sie hier eigentlich abbauen. Der Gesteinsstaub kratzt ihn immer häufiger im Hals, außerdem hat Staszek bemerkt, dass er sich fortwährend zwanghaft die Hände reiben muss, um die Staubrückstände abzuwischen. Er reibt sie sogar dann noch pausenlos, wenn sie längst sauber und gewaschen sind. Seine Entscheidung wird auch durch einen Unfall begünstigt, der sich vor kurzem unter Tage ereignet hat: Seine Kollegen und er hatten gerade den Stollen betreten und die Bohrer angeschaltet wie immer, standen jedoch noch nicht einmal an ihren Arbeitsplätzen an der Wand, als bereits der Erste von ihnen ohnmächtig wurde, und gleich darauf die Nächsten. Staszek kann sich nicht erinnern, wann er selbst das Bewusstsein verlor. Erst oben wachte er wieder auf, neben den anderen. Unten war die Luft zu dünn gewesen. Der Leiter kam, fuchtelte mit den Armen, verbat ihnen, zum Arzt zu gehen, sondern gab nur jedem von ihnen zehn zusätzliche Urlaubstage. Danach kehrten sie alle an die Arbeit zurück.

Alles, was sie tun können, ist, die Regeln zu befolgen, die ihnen die Russen heimlich verraten haben. Im Bergwerk gibt es wohl keinen mehr, der nicht von einem befreundeten »Genossen« gewarnt worden wäre. Sie trinken kein Wasser, essen nicht unter Tage, setzen sich nicht auf die Behälter mit dem Erz. Doch beim Uran arbeiten nicht nur Bergmänner. Die Loren mit dem abgebauten Material werden schließlich auch von Frauen geschoben. Unter ihnen ist auch Karolina Burawa, geborene Kolis. Vor kurzem hat sie geheiratet, jetzt schiebt sie weiterhin ihre Loren, nicht ahnend, dass sie schwanger ist. Als sie es erfährt, reicht sie die Kündigung ein. Karolina hat Glück, sie bringt einige Monate später ein gesundes Mädchen zur Welt.

Dieses Glück hat Julia Jaroszewska nicht. Auch sie arbeitet beim Uran, auch sie ist schwanger. Statt zu kündigen, geht sie nur in Mutterschaftsurlaub. Ihr Kind wird krank geboren, bekommt bald nach der Geburt Krebs. Als Jaroszewska den Ärzten in Jelenia Góra erzählt, wo sie gearbeitet hat, können die es kaum glauben.

Nie wurde im Bergwerk vor Radioaktivität gewarnt, zu Anfang nicht und auch später nicht. Offiziell birgt der Uranabbau keinerlei zusätzliche Gefahren. Doch selbst wenn die Bergleute von der lauernden Bedrohung gewusst hätten – sie hätten sich kaum bei jemandem beschweren können. Im Betrieb gibt es ein Bergbau-Inspektorat, das jedoch unmittelbar der Direktion unterstellt ist und daher nicht gegen deren Anordnung Kontrollen durchführt. Bis 1956 wird in keinem Bergwerk der Produktionsstätten R-1 untersucht, ob die Arbeit dort gesundheitliche Schäden verursacht. Die ersten Messungen, die vorgenommen werden, als die Bergwerke in Miedzianka längst geschlossen sind, ergeben, dass die Radonkonzentration in manchen von ihnen sechshundertmal die zulässige Norm überschreitet. Die Förderung unterliegt jedoch der strikten Geheimhaltung, von allfälligen Problemen darf nichts nach außen dringen. Als ein Arbeitsinspektor von der Hauptverwaltung der Gewerkschaft Nichteisenerz-Bergwerke das Werk besucht, rufen die Wachtposten am Tor direkt die »Fünfzehn« an, die für das Bergwerk zuständige Stelle des Staatssicherheitsdienstes. Kurz darauf landet der Inspektor in einem fensterlosen Raum, wo er die nächsten paar Tage bei Wasser und Brot zubringt. Nach seiner Rückkehr in die Zentrale liefert er einen Bericht ab, der mit den Worten endet: »Man bat mich unbedingt auszurichten, dass niemand mehr zur Inspektion dorthin delegiert werden solle.«

Himmel

Die vier Jahre, in denen das Uranbergwerk in Betrieb ist, sind für Miedzianka fette Jahre. Wie vor dem Krieg gibt es hier wieder eine Apotheke, eine Bäckerei, eine Fleischerei, Geschäfte und Werkstätten. Im alten deutschen Wirtshaus hat man einen Gemeinschaftsraum eingerichtet, in dem samstags Tanzveranstaltungen stattfinden. Bergleute wie Ortsbewohner kommen gern hierher, ebenso die Einwohner der Nachbarorte Ciechanowice, Mniszków und Janowice. Außerdem zeigt ein Wanderkino einmal im Monat Filme. Organisiert werden die Vorführungen von russischen Soldaten, den Wachtposten beim Bergwerkstor; die Filme handeln durchweg vom Mut und von der Tapferkeit der sowjetischen Soldaten an den Fronten des Großen Vaterländischen Krieges. Der Eintritt kostet nur ein paar Złoty, doch die Kinder aus der Umgebung haben eine Methode entwickelt, wie sie die Filme umsonst schauen können. Vor der Vorführung schleichen sie sich in den Raum und kriechen unter die provisorische Bühne, über der die Filme an die Wand projiziert werden. Das Erlöschen des Lichts und das Rattern des Projektors sind das Signal, dass man sein Versteck verlassen und sich in Ruhe den Film ansehen kann.

Den Bergleuten geht es gut. Wer im Bergwerk arbeitet und in welcher Position, ist auf den ersten Blick zu erkennen. Manche kaufen sich Motorräder, andere renovieren ihre Häuser. Baśka Wójcik nimmt im Februar 1949 ein Gehalt von 28 000 Złoty entgegen. Stanisław Kopczyński bringt manchmal sogar das Doppelte nach Hause. Wieder einmal lassen die Schätze, die der Boden birgt, die Stadt aufblühen. Hier, und nicht in Janowice, pulsiert jetzt das Leben. Laufend reisen neue Anwärter auf Arbeit im Bergwerk an. Die Behörden schätzen, dass in der Blütezeit fast 3000 Menschen in Miedzianka leben. So viele Einwohner hatte der Ort noch nie.

Was die Quelle dieses Erfolgs ist, muss jedoch strikt verschwiegen werden. In den offiziellen Dokumenten ist das Uranbergwerk von Miedzianka als Papierfabrik mit Sitz in Janowice Wielkie registriert. Selbst in der internen Korrespondenz meidet man das Wort »Uran« wie der Teufel das Weihwasser und verwendet stattdessen Ersatzbezeichnungen wie »*ruda okrzemkowa*« – »Kieselerz« –, »R-2« oder »P9«.

Nach dem Abbau wird das reine Uranerz, ohne Gesteinsstücke, von Hand in schwere Metallbehälter gepackt. Diese werden vor Ort hergestellt, in einer speziellen Werkstatt, denn die Information, wie viele Behälter an einem Tag gebraucht worden sind, darf nicht nach außen dringen. Würde das Bergwerk die Behälter irgendwo bestellen, müsste jemand sie produzieren, jemand sie zählen, jemand sie schließlich nach Miedzianka bringen. Jeder Beteiligte müsste überprüft, nach Kontakten, Vergangenheit, Familie im Westen befragt, seine Wege müssten verfolgt werden. Mit der Bestellung von Uranbehältern wäre furchtbar viel Arbeit verbunden.

Ist das Erz schließlich verpackt, fahren Lastwagen mit polnischen Fahrern beim Bergwerk vor. Auf jeden Wagen werden mehrere Dutzend Metallbehälter geladen, ein russischer Soldat mit Maschinenpistole begleitet die Fahrt. Dann bricht der ganze Konvoi auf, Richtung Norden. Unterwegs hält er an einem festgelegten Punkt an, wo schon leere Lastwagen mit sowjetischen Fahrern warten. Die Wagen werden getauscht. Nun fahren die Russen mit den beladenen Wagen Richtung Legnica, während die polnischen Fahrer die leeren Wagen zum Bergwerk zurückbringen.

Das Erz aus Miedzianka enthält um die 0,2 Prozent reines

Uran. Deswegen benötigt man viele Tonnen abgebautes Gestein, um ein paar Tonnen Erz zu erhalten, aus dem dann wiederum einige Kilo Uran gewonnen werden. Die Normen werden stetig verschärft, gefördert wird in drei Schichten, im Bergwerk arbeiten bereits fast 1500 Menschen. Die meisten wohnen in der Stadt, manche werden mit Lastwagen des Bergwerks aus den umliegenden Dörfern gebracht, andere kommen zu Fuß durch die Berge.

Die ganze Gegend ist mit Bergbauschächten übersät, neben jedem Schacht türmen sich Halden mit Abbaugestein. Wie viele Stellen es im Berg insgesamt gibt, an denen Uran abgebaut wird, weiß niemand. In den vier Jahren Uranabbau werden 40 000 laufende Meter Tunnel gebohrt. Manche sprechen von ein paar, andere von einem Dutzend, wieder andere gar von mehreren Dutzend Förderstationen. Es genügt zu sagen, dass sämtliche Stollen des Bergwerks ZPR-1 insgesamt eine Länge von 160 Kilometern aufweisen und dass die Schächte zusammengenommen eine Tiefe von dreißig Kilometern erreicht hätten.

Einen Teil der Tunnel, in denen in Miedzianka Uran gefördert wird, haben noch die Deutschen angelegt. Diese Tunnel sind entsprechend gesichert, die Bergwerksleitung verfügt über die komplette Dokumentation. Anders ist es mit den neuen Gängen. Im Bergwerk herrscht die Regel, dass man den Adern folgt. Die Apparate zeigen die Richtung an, in die der Abbau erfolgt. Kaum jemand denkt darüber nach, was sich oberhalb befindet. Die Bergleute erzählen sich, dass sie mit den Gängen manchmal direkt unter der Erdoberfläche ankommen. Halb so schlimm, solange oben ein Feld ist. Dann entdeckt der Bauer eines Tages einen großen Krater, den er mit ein paar Schaufeln Sand zuschüttet, und die Sache ist behoben. Weniger gut ist es, wenn die Bergarbeiter unter die Stadt gelangen – und das kommt schließlich vor. Dann lässt die wegrutschende Erde Hinterhöfe und Keller absinken, Risse in Häuserwänden entstehen. Die Bergwerksleitung versucht, den Schaden zu begrenzen, stützt Häuser mit Holzpflöcken ab, schüttet Einsturzlöcher auf eigene Kosten wieder zu. Ihre Bemühungen erweisen sich zunehmend als fruchtlos.

Hölle

Neben den gewöhnlichen Bergleuten arbeiten im Werk auch Soldaten. Sie werden mit Lastwagen von Ciechanowice hergebracht, wo sich ihre Kaserne befindet. Mit den Soldaten haben die anderen Arbeiter kaum Kontakt; sie arbeiten in ihren eigenen Brigaden, essen sogar getrennt von den anderen. Im Bergwerk erzählt man sich, sie würden nur Soldaten genannt und seien in Wirklichkeit politische Gefangene. Das kommt der Wahrheit ziemlich nahe.

Noch im Herbst 1949 findet in manchen Einheiten der Polnischen Armee eine Aktion namens »Spezialrekrutierung zum Bergbau« statt. Die in Schwung kommende Wirtschaft braucht Hände zur Arbeit, und als man in der Zivilbevölkerung keine Arbeitswilligen findet, beschließt man, sie bei den Soldaten zu suchen. Doch auch hier melden sich kaum Freiwillige, die meisten von ihnen werden in ein Kohlebergwerk in Oberschlesien geschickt.

Im Februar 1951 unterzeichnet Marschall Konstanty Rossowski einen Befehl, dem zufolge Heerführer ihre Soldaten für Arbeitsbataillone qualifizieren dürfen. Von da an ist die Zuteilung in Bergwerke ein weiteres Instrument der politischen Repression. Ins Bergwerk kommen kann man, wenn man ein Lied der Heimatarmee gesungen hat, wenn man sich geweigert hat, in die Partei einzutreten oder an einer Offiziersschulung teilzunehmen. Unter Tage beordert werden auch alle »Staatsfeinde«: Aristokraten und ihre Söhne, Familien von Geistlichen, Grundbesitzern und Privatunternehmern, Söhne von Polizisten aus der Vorkriegszeit und von sogenannten *kułacy*, Großbauern. Bergarbeiter wird auch, wer ganz einfach unsicher erscheint: Schlesier, Masuren, Kaschuben, Slowaken aus der Zips, Remigranten aus Jugoslawien. Keilhaue gegen Karabiner eintauschen müssen Mitglieder unabhängiger Pfadfindervereinigungen, Aufständische aus dem Warschauer Aufstand, Soldaten der Heimatarmee, der Bauernbataillone, der antikommunistischen Widerstandsorganisation Freiheit und Unabhängigkeit (WiN). Bei ihnen heißt es kurz und knapp: »Ihr habt schließlich bloß im Wald schießen gelernt.«

In den Produktionsstätten R-1 sind zwei Bataillone von Soldaten im Bergbau beschäftigt, sie tragen die Nummern 10 und 11. Zusammen bilden sie die 10. Arbeitsbrigade, die zu Hochzeiten 2755 Soldaten zählt. Im fünf Kilometer von Miedzianka entfernten Ciechanowice befindet sich das Quartier von Kompanie 2. Die Soldaten sind in mehreren Gebäuden kaserniert, ihre Schichten dauern zwischen acht und achtzehn Stunden. Sie graben in den schwierigsten Abschnitten, wo die Höhe des Ganges nicht mehr als achtzig Zentimeter beträgt. Die anderen Arbeiter machen einen großen Bogen um solche Abschnitte, gibt es doch bei Unfällen kein Entrinnen. Man kann nur um Hilfe rufen, vielleicht hört einen jemand. Fast jeden Tag arbeiten die Soldaten dort, auch sonntags. Freie Tage stehen ihnen nur wenige Male im Jahr zu – am 1. Mai, 22. Juli, 12. Oktober (dem Tag der Polnischen Armee) und am Barbaratag, dem

4. Dezember.[18] In der Regel hungern sie auch. Zum Frühstück und Abendessen bekommen sie in der Kaserne Brot, eine dünne Suppe und ungesüßten Kaffee. Das Mittagessen unterscheidet sich von den anderen Mahlzeiten nur darin, dass es im Bergwerk verzehrt wird und in der Suppe manchmal Kartoffeln schwimmen. Ein wenig besser ist es nur an Tagen, an denen es in ihrer Einheit eine Inspektion gibt. Dann bekommen sie Grütze oder Nudeln mit Gulasch, zum Frühstück auch Frischkäse und hartgekochte Eier. Gar nicht hungern müssen sie aber nur am Tag der Polnischen Armee – dann gibt es ein Zwei-Gänge-Mittagsmenü und einen Liter Wodka pro Brigade.

Durch die harten Bedingungen und die schwere Arbeit sinkt die Leistungsfähigkeit der Soldaten in den Arbeitsbataillons drastisch. Noch dazu sorgen sie unentwegt für Probleme – am Verdienst liegt ihnen nicht, deswegen meiden sie die Arbeit, wo sie nur können. Manchmal kommt es auch zu Streitigkeiten zwischen ihnen und den Wachtposten am Bergwerkstor, Soldaten vom Korps für Innere Sicherheit. Im November 1951 verschwinden die Soldaten aus Ciechanowice, und auch im Bergwerk werden sie nicht mehr gesehen.

Himmel

Hin und wieder geht in der Stadt das Gerücht, es seien Spione gefasst worden, die dem so streng bewachten Bergwerk sein Geheimnis hätten entreißen wollen. Dass westliche Geheimdienste auf die Produktionsstätten aufmerksam geworden sind, lässt sich nicht verheimlichen. Es ist ein Wettrüsten im Gange, bei dem der Bau einer Atombombe eine entscheidende Rolle spielt. Der Westen will alles über das Uran wissen, das Stalin zukünftig nutzen könnte. Deswegen tauchen so häufig Mitarbeiter westlicher Konsulate und Botschaften zum Urlaub in der Umgebung auf. Doch Kowary, wo die Produktionsstätten ihren Hauptsitz haben, ist eine geschlossene Stadt. Zugang zu ihr haben nur Soldaten oder Zivilisten mit entsprechenden Passierscheinen; an den Toren der Stadt stehen Schranken und bewaffnete Soldaten. Verirrte Reisende, die auf dem hiesigen Bahnhof aussteigen, werden unverzüglich in den nächsten abfahrenden Zug verfrachtet.

Ähnliche, wenn auch nicht ganz so strenge Bedingungen herrschen in allen Bergwerken der R-1. Auch in Miedzianka. So weit die Theorie – in der Praxis sieht es etwas anders aus. Der Staatssicherheitsdienst mahnt immerfort in seinen Berichten, man möge Wachleute herschicken, die des Lesens mächtig sind, und Bergwerksschächte in unmittelbarer Nachbarschaft zu Wohnhäusern umzäunen.

Was für die Ortsbewohner noch sichtbar sein darf, muss mit absoluter Sicherheit vor Reisenden verborgen bleiben – vor allem, wenn sie aus westlichen Ländern kommen. Indessen wimmelt es in der Umgebung von Neuankömmlingen, die nach Jahren der Emigration nun aus Frankreich oder den Beneluxstaaten nach Polen zurückzukehren beschlossen haben. Viele von ihnen arbeiten sogar in den Bergwerken. Exzellente Fachleute, die nun ihre im Westen erworbenen Spezialkenntnisse anwenden können, auf dass sie dem kommunistischen Polen zum Ruhm gereichen. Nicht alle sprechen perfekt Polnisch; sie haben ihre eigenen Brigaden, damit sie in einer Sprache kommunizieren können, die hier niemand versteht.

Der Staatssicherheitsdienst behält sie wachsam im Auge. Umso mehr, als sie vermehrt mit der französischen Botschaft in Warschau und dem Konsulat in Wrocław Kontakt aufnehmen. Nach mehreren Jahren in Polen stehen sie nämlich der hier herrschenden Realität zunehmend unwillig gegenüber und planen, in den Westen zurückzukehren.

Ende der vierziger Jahre nimmt Stefan Burzyński, ein junger Remigrant aus Belgien, in einem der R-1-Bergwerke eine Stelle an. Er ist einer unter vielen, deswegen wundert sich niemand besonders über seine geringen Polnischkenntnisse. Burzyński findet ohne Probleme eine Anstellung im Bergwerk, jedoch dient ihm die Arbeit nur als Deckmantel. In Wirklichkeit heißt er Louis Quievreux, ist Belgier von Geburt und Agent für einen westlichen Geheimdienst. Seine Aufgabe besteht darin, Informationen weiterzugeben über die einzelnen Bergwerke, die Fördermenge und Art des Erzes, das hier gewonnen wird. Einige Monate lang kommt Quievreux alias Burzyński seinen Pflichten ausgezeichnet nach; es gelingt ihm sogar, eine Probe Uranerz aus dem Bergwerk zu schmuggeln, die er seinen Mittelsleuten übergibt. Gleich darauf bekommt er den Befehl, sich über einen eigens vorbereiteten Schmuggelweg zu entfernen. Das Pech will es jedoch, dass der junge Belgier sich in eine gewisse hübsche Bürgerin von Jelenia Góra verliebt hat. Er zögert seine Abreise über eine Woche hinaus, will nicht ohne sie fahren und stürzt sich damit selbst ins Verderben – er wird gefasst und zu dreifacher Todesstrafe verurteilt, kommt ins Gefängnis in Warschau-Mokotów. Dort weckt er schnell das Interesse seiner Mithäftlinge – und er verbüßt seine Haft mit nicht unbedeutenden Persönlichkeiten: Maciej Jeleń, Roman Woźniacki, Jan Pętkowski, das ist die Elite der Wilnaer Heimatarmee. Trotz der hoffnungslosen Situation imponiert Quievreux ihnen mit seiner außergewöhnlichen inneren Stärke. Als er von einem Wärter hämisch angesprochen wird, erwidert er stolz, er habe das Recht gehabt, sein Vaterland auf diese Weise zu verteidigen, er halte nämlich den internationalen Kommunismus für eine Bedrohung für die Freiheit seines Landes.[19]

Trotz dieser kühnen Entgegnung wird seine Strafe bald in fünfzehn Jahre Haft umgewandelt und er selbst in die Haftanstalt in Strzelce Opolskie verlegt. Dort verliert sich seine Spur. Wahrscheinlich wird er bei einem Austausch gefasster Spione zurück in den Westen geschickt.

Hölle

Spione lauern überall, auch unter den Einheimischen. Wer die Behörden anlügt, aus dem quetschen die Behörden die Wahrheit heraus. Den Jungbergmann Czesław Dull bearbeiten sie eine ganze Nacht lang. Als sie ihn einstellten, ließen sie ihn sechs Lebensläufe schreiben. Einen siebten hatten sie in ihren Archiven; sie wussten, dass er ihnen seine Verwandten im Westen verschwiegen hatte. Einen ganzen Tag lang saß er auf der Dienststelle, ohne etwas zu essen zu erhalten, in der Nacht kam der Kommandant und sagte: »Nehmt ihn euch vor!«

Zuerst schlug man ihn auf den Kopf, später fesselte man ihn an eine Bank und prügelte ihn mit Gummiknüppeln. Er verlor das Bewusstsein, man weckte ihn wieder auf. Dann brachte man ihn zu seinem Haus, ließ ihn mit bloßen Händen Türrahmen und Fußböden herausreißen. Was man suchte, waren Waffen – gefunden wurde jedoch nichts.

Teresa Stegnarska wurde auf dem Bahnhof in Jelenia Góra verhaftet. Sie arbeitete bei der Sortierung von Uran, hatte die Anweisung bekommen, auf eine Dienstreise nach Kielce zu fahren. Als sie in den Zug steigen will, stehen urplötzlich zwei Funktionäre in Zivil vor ihr; jemand habe ihnen zugetragen, sie habe Uran aus dem Bergwerk mitgenommen. Gegen Stegnarska wird der Vorwurf der Spionage erhoben – ein Verstoß gegen Artikel 7. Beim Verhör heißt es, man habe die Aussage ihres Schwagers, dank seiner wisse man sogar, in welcher Tasche sie die Probe versteckt habe. Stegnarska verlangt eine Gegenüberstellung.

»Du Miststück wirst uns hier keine Befehle erteilen«, lautet die Antwort.

Die nächsten vierzehn Monate verbringt sie in Haft in Wrocław; anschließend wird sie nach Warschau in die Rakowiecka-Straße verlegt. Dort sitzt sie ein weiteres Jahr ein, ohne Urteil, ohne Strafantrag. Als sie entlassen wird, findet sie monatelang keine Arbeit.

Manche dieser Geschichten klingen erschreckend ähnlich. Am 27. Februar 1950 findet im Gasthaus in Janowice wieder eine Feier statt. In der Kneipe drängen sich die Bergleute, unter ihnen ist auch Bolesław Grzyb, ein Jungbergmann, der aus dem fernen Skaryszew bei Radom zum Arbeiten hergekommen ist. Auch Andrzej Pacholski ist da, er ist Schlosser im Bergwerk. Jung ist er und sieht recht gut aus. Mit Frau und drei Töchtern wohnt er in einem Mietshaus an der 1-Maja-Straße 24. Pacholskis Leidenschaft ist der Fußball, seine gesamte Freizeit verbringt er auf dem Platz und tritt mit seinen Kameraden das Leder. An diesem Tag jedoch ist er ins Gasthaus gekommen, um auf das Wohl eines Kumpels aus dem Bergwerk zu trinken – Mikołajczyk.

Sie trinken den ganzen Abend, singen, heben das Glas. Auf Grzyb, auf Pacholski, auf Mikołajczyk. Nach einiger Zeit stürmen Männer vom Sicherheitsdienst das Lokal. Pacholski und Grzyb ergreifen nicht schnell genug die Flucht; sie werden mitgenommen auf die Dienststelle im Park. Grzyb kommt nach einigen Stunden wieder frei, schafft es nur mit Mühe nach Hause, seine Wunden wird er noch wochenlang lecken. Pacholski jedoch bringt man nach Jelenia Góra, wo alles von neuem beginnt. Sie schlagen ihn, bis er bewusstlos ist, fahren ihn dann nach Janowice zurück und lassen ihn beim Gesundheitszentrum liegen. Dort kommt in derselben Nacht auch Baśka Wójcik vorbei, erschrickt vor dem schnarchenden Betrunkenen im Graben und läuft eilig weiter. Frühmorgens finden ihn Nachbarn, tragen ihn nach Hause. Der Rettungswagen kommt noch und nimmt ihn mit ins Spital in Miłkowo. Dort stirbt Andrzej Pacholski. Begraben wird er in Janowice auf dem kleinen Friedhof bei der Kirche.

Himmel

Im Jahr 1951 sind die leicht zugänglichen Uranflöze unter Miedzianka fast gänzlich aufgebraucht, was die russischen Spezialisten nur zu gut wissen. Auch die Bergarbeiter ahnen etwas, sind doch ihre Gehälter, wenn auch immer noch hoch, so doch um einiges niedriger als zu Anfang. Die Belegschaft in Miedzianka wird also verkleinert. Manche Bergleute kündigen selbst – auch Karolina Kolis und Staszek Gruszka. Sie kümmert sich jetzt um ihre Kinder, er hat Arbeit in der Papierfabrik in Janowice gefunden. Zwar verdient er hier um einiges weniger, muss sich aber auch nicht mehr um den kratzenden Staub in seinem Hals sorgen.

Baśka Wójcik wird nach Radionów versetzt, Staszek Kopczyński nach Kletno. Natalka Kaczmarska heiratet Staszek Kołoda, den Chef der Bergwerksfeuerwehr. Nun muss sie keine Loren mehr schieben. Zusammen mit ihrem Mann besucht sie oft das Grab ihres Vaters. Bei der Nachricht, dass das Miedzianker Bergwerk geschlossen werden soll, zieht ein Teil der Bergleute in die Gegend um Lubin und Legnica, wo gerade der Kupferbergbau in Gang kommt; die Bergwerke brauchen Tausende Fachleute. Wer sich dort niederlässt, bekommt eine neue Wohnung.

1952 wird das Bergwerk geschlossen, die Entwässerungspumpen werden abgeschaltet, Stollen und Schächte füllen sich rasch mit Wasser. Je höher es steigt, desto mehr wächst in den Einwohnern von Miedzianka die Überzeugung, dass sich hinter der Schließung des Bergwerks ein Geheimnis verbirgt. Immer häufiger hört man Gerüchte über Menschen, die unter Tage geblieben sein sollen, über deutsche Schätze, rätselhafte Lastwagen, Spione. Mit den steigenden Wassermassen mehren sich die Geschichten, die in Miedzianka im Umlauf sind.

Die Bergleute, die sich nicht früh genug darum gekümmert haben, stehen nun ohne Arbeit da. Sie verbringen die Tage vor ihren Häusern, hustend und in Erinnerungen schwelgend an die Zeiten, in denen sie sich alles leisten konnten. Nun können sie sich nahezu nichts mehr leisten. Andererseits hätten sie, selbst wenn sie gewollt hätten, kein Geld ausgeben können. Von Tag zu Tag entvölkert Miedzianka sich mehr, leeren sich weitere Häuser, verschwinden Werkstätten und Geschäfte. Schnell wird der Ort zu einer Geisterstadt, die noch zwanzig Jahre als leere Hülle weiterbestehen sollte.

POSTSKRIPTUM

»Herr Direktor, der Hund will nicht, kein Fleisch heute – *mjaso nje budjet*«, ruft Bronek Hac lachend, und Direktor Pawlowitsch macht eine strenge Miene. Der drahthaarige Vorstehhund Jack ist heute tatsächlich nicht in Form, er liegt kränklich vor der Bürotür und hebt nicht einmal den Kopf. Und das heißt, dass die Geologen von Miedzianka heute zwar keine Fleischbrühe essen, am Abend aber auch ausnahmsweise ihre wohlverdiente Ruhe haben werden. Sonst läuft es nämlich meistens so ab: Zuerst kommt Jack mit einem Huhn in der Schnauze, dann essen sie ihr Mittagessen, das ihnen die Perle Lena zubereitet, und später kommt der Bauer und wettert, dass die Zahl seiner Hühner wieder einmal nicht stimmt.

Die Studenten schwören, dass niemand Jack darauf dressiert hat; das Hühnerstehlen muss er mit der Muttermilch aufgesogen haben. Der Direktor drückt bei den Streichen von Hund und Studenten ein Auge zu – nur einmal regt er sich auf, als er in seinem Zimmer ein riesiges Transparent erblickt, auf dem steht:

Zeitig aufsteh'n, welche Müh
besser trink man in der Früh

Oberst Pawlowitsch hat sein Herz am rechten Fleck, wenn er auch ein Russki ist. Alles Sowjetische ist für ihn das Höchste. Er arbeitet als Spezialist bei der Vereinigung Nichteisenerz-Bergwerke in Złoty Stok, davor war er Direktor des Bergwerks Konrad, nun haben sie ihn nach Miedzianka versetzt. Er spricht Polnisch, mit dem Schreiben sieht es jedoch weniger gut aus, dafür hat er Lena eingestellt. Sie muss als Einzige früher aufstehen; morgens setzt sie sich noch im Pyjama an die Schreibmaschine im Büro, während der Direktor im Zimmer auf und ab geht und ihr offizielle Schreiben diktiert.

Die jungen Burschen, in der Mehrzahl Geologiestudenten aus Wrocław, machen sich indessen bereit für die Arbeit. Sie absolvieren hier ihre Ferienpraktika. Pawlowitsch bezahlt sie dennoch für ihren Einsatz, weswegen sie gleich mehrere Monate im Bergwerk verbringen, bevor sie im November an die Universität zurückkehren. Ihre Aufgabe ist jeden Tag dieselbe. Seit einer Woche kartieren sie die Stollen und Schächte des stillgelegten Uranbergwerks. Das Werk ist im vergangenen Jahr geschlossen worden, und nun soll überprüft werden, was sich wirklich unter Tage befindet. Als sie gingen, haben die Russen sämtliche Pläne mitgenommen und einen Teil des Bergwerks geflutet. Steht irgendwo auch nur etwas Wasser, dürfen sich die Studenten dieser Stelle nicht nähern, sind doch manche Schächte und Brunnen nicht gekennzeichnet. Beträte man sie, könnte man leicht den Boden unter den Füßen verlieren und nie wieder auftauchen.

Ins Bergwerk gelangen sie durch einen Entwässerungsstollen, den einzigen, der bei der Schließung des Bergwerks nicht zerstört worden ist. Durch das Labyrinth der Gänge führt sie ein ortsansässiger Bergmann. Sie nennen ihn stets nur »Herr Kot«; während der ganzen Monate in Miedzianka kommt es niemandem in den Sinn, ihn nach seinem Vornamen zu fragen. Kot kennt das Bergwerk wie seine Westentasche. Er weiß auch, wo man Kupfer finden kann. Auf ihrer Wanderung durch die Gänge stößt Bronek fortwährend auf unberührte Kupfererzvorkommen. Doch für sie ist, wie er weiß, nur das Uran interessant. Trotzdem trägt er jede Fundstelle in seine Pläne ein, es gibt nämlich die Überlegung, das Bergwerk wieder für den Kupferabbau zu nutzen. Eine von Ingenieuren aus Wrocław durchgeführte Oberflächenuntersuchung hat vielversprechende Resultate ergeben, doch bevor man die bereits existierenden Gänge nutzt, muss überprüft werden, ob das, was an der Oberfläche vorliegt, sich auch unter der Erde bestätigen lässt. Genau das ist die Aufgabe Broneks und seiner Kommilitonen.

Man braucht jedoch nicht in den Berg vorzudringen, um Kupfer zu finden. Es liegt auch in beträchtlichen Mengen auf den Abbauhalden. Als er das sieht, beschließt Direktor Pawlowitsch, die Kupferförderung nun in Angriff zu nehmen. Nachdem er bei der Zentrale die entsprechenden Genehmigungen eingeholt hat, stellt er die wenigen in Miedzianka verbliebenen Bergleute ein, weist ihnen einen eingestürzten Stollen zu und lässt sie diesen erst einmal räumen. Anschließend sollen sie mit den Sprengungen beginnen. Folgsam säubern die Bergleute den Gang, kurz darauf wird die Gegend von den ersten Detonationen erschüttert. Die Sprengungen nehmen allerdings lediglich fünf Arbeiter vor, unmöglich, dass sie mit der Trennung und Bearbeitung des Materials allein zurechtkommen sollen. Doch das müssen sie auch gar nicht. Die Männer sind sichtlich amüsiert über ihre Aufgabe, sie haben lediglich dafür zu sorgen, dass es in Miedzianka ab und zu donnert und kracht.

Ein gutes Dutzend weiterer Personen, die nicht vom Bergbau kommen, stellt Pawlowitsch für die Arbeit auf den Halden ein. Dort wird das Kupfer gewonnen, das später nach Gliwice gelangt. Das Erz wird von Hand herausgesucht. Die Zentrale zahlt in Tonnen, wobei nicht nur nach der Menge des geförderten Kupfers berechnet wird, sondern nach der Tonnage des gesamten Abbaumaterials. Deshalb lässt Pawlowitsch dem reinen Erz auf den Lastwagen immer auch ein wenig Gesteinsschutt beimengen. Dann hat der Abbaufaktor einen entsprechenden Wert, und die Arbeiter bekommen etwas Extralohn.

Dieses Prozedere geht in Miedzianka ein paar Monate; nachdem sie sämtliche Gänge kartiert haben, nehmen auch Bronek Hac und die anderen Studenten daran teil. Einmal wagt Bronek den Direktor gar zu fragen, zu welchem Zweck die künstlichen Sprengungen vorgenommen werden.

»In den Papieren muss Ordnung herrschen. Kupfer wird unter Tage abgebaut, nicht auf der Halde. Ordnung ist das A und O«, bekommt er zur Antwort.

Als sämtliche Halden vom Kupfererz befreit sind, gibt Pawlowitsch die Anordnung, die überflüssigen Sprengungen einzustellen. Es ist offensichtlich, dass niemand hier mehr unter Tage gehen wird. Die Dokumentation der Studenten macht deutlich: Was den Abbau von Kupfererz in Miedzianka und Umgebung betrifft, liefert die Oberflächenuntersuchung falsche Prognosen.

Bei seinen unterirdischen Eskapaden erfährt Bronek Hac allerdings nicht nur, dass eine Wiederaufnahme des Bergbaubetriebs hier wenig Sinn hätte. Ingenieur Kot zeigt ihm nämlich außerdem Stellen, an denen deutlich zu sehen ist, welchen Raubbau diejenigen getrieben haben, die hier nach Uran suchten. Einige Keller von Wohnhäusern in Miedzianka können Bronek und seine Kommilitonen von unten betreten; Kot macht immer wieder halt und erklärt ihnen, unter welchem

Gebäude sie sich gerade befinden. Einmal weist er ihnen sogar den Weg in die unterirdischen Gemäuer des Schlosses bei der Kirche. Das Gangsystem unter der Stadt wird nur provisorisch von Holzpfählen gestützt; die Verschalung wird dem Zahn der Zeit nicht standhalten können und die Stadt irgendwann absinken. Bronek weiß, dass man Miedzianka vor diesem Schicksal nicht mehr bewahren kann.

Später gehen alle ihrer Wege. Pawlowitsch zieht nach Wałbrzych, die jungen Studenten beenden in Wrocław ihr Studium, die Bergleute sitzen wieder, die Hände auf dem Bauch gefaltet, vor ihren Häusern. Das Bergwerk verschwindet vor ihren Augen. Die letzten Schächte werden zugeschüttet, Stollen verschlossen, Schrott abtransportiert, Baracken abgerissen. Wenige Jahre später werden nur noch die grün überwucherten Halden daran erinnern, dass hier überhaupt einmal jemand unter Tage gegangen ist.

DIE LETZTEN

Die Letzten wohnen am Stadtrand, in einigen wenigen Häusern, sie springen nicht ins Auge. Niemand weiß, ob sie tatsächlich noch Hoffnung hegen oder ob sie bloß geblieben sind, weil sie keine Kraft mehr haben, etwas zu ändern.

Im oberen Stock von Haus Nummer 98 leben die Schwestern Blümke. Sie sind alt, tragen schwarze Röcke, ihre straff zusammengesteckten Haare sind fast immer von einem schwarzen Kopftuch bedeckt. Manche in der Stadt nennen sie »die Gespenster«. Die Jüngere der beiden hilft bei Familie Spiż aus, kümmert sich um die Kinder. Baśka und Stefan nennen sie »Babcia Blimka«, Oma Blümke, und haben etwas Angst vor ihr, denn die Babcia spricht kein Polnisch (mit Baśkas und Stefans Eltern redet sie Deutsch) und ist streng zu Kindern. Baśka Spiż hat einmal beobachtet, wie Babcia Blimka sich vor einem Spiegel kämmte. Dann musste sie schnell wegrennen, denn die alte Dame geriet in Wut und begann, lauthals auf Deutsch schimpfend, hinter ihr herzulaufen.

Die ältere Blümke-Schwester verlässt in den zwanzig Jahren polnisches Miedzianka kaum je das Haus. Oder sie geht nachts hinaus, jedenfalls ändert das nichts an der Tatsache, dass nur wenige Ortsbewohner eigentlich wissen, wie sie aussieht. Klopft man bei den Blimkas an, bleibt die Tür meist verschlossen. Die Schwestern erwarten niemanden. Manchmal geht die Tür einen kleinen Spalt auf, und der Wartende hört ein paar unverständliche deutsche Sätze. Dann wird die Tür wieder geschlossen. Unter Nummer 98 wohnt auch der Totengräber, Alfred Neumann. Säuberlich hebt er die Gräber für die Letzten aus, die hier noch sterben. Er gräbt mit dem Rücken zur Stadt. Viel Arbeit hat er nicht. Die polnischen Verstorbenen werden auf dem Friedhof in Janowice beigesetzt.

Und die Gliszczyńskis gibt es noch. So nennt man in der Stadt jetzt Maximilian von Glyschinsky und seine Familie – Ehefrau Lotte und drei Kinder. Maximilian betreibt einen Limonadenausschank in seinem Haus unter Nummer 21. Vielleicht sind die Familien Glyschinsky und Spiż deshalb befreundet. Stefan Spiż kann ausgezeichnet Deutsch, somit gibt es keine Kommunikationsprobleme. Während die Männer die Zeit nett bei einem Bier verbringen, spielen ihre Kinder – Basia, Stefan und Hania sowie Peter, Christine und Margret – Verstecken hinter der alten Brauerei.

Maximilian genießt Respekt bei den Kindern. Ihm fehlt ein Bein, er humpelt auf einer hölzernen Prothese. Wer sich traut, darf manchmal in seiner kleinen Fabrik mitarbeiten und die gläsernen Limonadenflaschen ausspülen. Für eine Stunde Arbeit bekommen die Kinder ein paar Złoty – jedoch nur in Bargeld, obwohl viele sicher lieber etwas von seiner Limonade gehabt hätten. Doch der alte Deutsche hält sich strikt an seine einmal aufgestellte Regel: Er zahlt den Kindern das Geld bar auf die Hand aus, und sie müssen dann selbst entscheiden, wofür sie es ausgeben wollen.

1957 ist das letzte Jahr, in dem Deutsche im Rahmen der Repatriierungen nach dem Zweiten Weltkrieg Polen verlassen dürfen. Dazu müssen sie in Warschau entsprechende Dokumente einreichen. Zu diesem Schritt entschließen sich alle Deutschen, die zu der Zeit noch in Miedzianka wohnen. Stefan Spiż kommt eines Tages nach Hause und sagt, dass bald kein Deutscher mehr in der Stadt sein werde. Und dass man ihnen helfen müsse, ihre Abreise zu organisieren, damit sie Miedzianka so gut wie möglich in Erinnerung behielten.

Zuerst reisen Babcia Blimka und ihre Schwester aus. Spiż hat ihnen immer wieder versichert, sie könnten so lange in Miedzianka bleiben, wie sie wollten, er verspreche, sie bis ins höchste Greisenalter zu pflegen. Doch die Entscheidung war bereits gefallen. Babcia Blimka putzt noch einmal gründlich die Wohnung, dann hängt sie ein Vorhängeschloss, das sie mit einem in Schmierfett getränkten Lappen umwickelt hat, vor die Tür. Sie verabschiedet sich von den Kindern, steigt in einen Lastwagen und fährt davon. Baśka und Hania, die beiden Spiż-Töchter, weinen.

Bald darauf gehen auch die Gliszczyńskis. Maximilian überlässt seine Fabrik Staszek Pławiak. Die Möbel und das gesamte Hab und Gut schaffen sie zum Bahnhof in Janowice, es dauert mehrere Tage. Auf dem Bahnhof steht bereits ein Waggon, mit dem sie alles in den Westen bringen wollen. Schließlich setzt Lotte sich mit den Kindern in einen Personenzug und fährt Richtung Grenze. Maximilian wird im Güterwaggon mit ihren Habseligkeiten nachkommen. Er bleibt noch ein paar Tage, bringt die letzten Sachen in Ordnung. Am 9. Juli 1957 verabschiedet er sich herzlich von Stefan, schließt das Haus ab und schlägt den Weg nach Janowice ein. Er ist der letzte Deutsche, der die Stadt verlässt.

Am 7. November schreibt Maximilian von Glyschinsky einen Brief an seinen alten Freund, den Grafen Christian Friedrich zu Stolberg-Wernigerode: »Schloß Jannowitz ist Altersheim geworden. Die Gärtnerei ist im Betrieb und Wirtschaftsgebäude in gutem Zustand. Das Zollhäuschen, in dem Familie Stief wohnte, ist eingestürzt, ebenso auch die Meierei. Schloß Rohrlach ist Staatsdomäne.

Am schlimmsten sieht es in Kupferberg aus. Seit 1948 hatten wir in Kupferberg eine der größten Urangruben des Ostens. Sie wurde von Russen geleitet, und auch das gewonnene Uran wurde nach Rußland geschafft. Der Hauptschacht befand sich auf dem Grundstück des Bauern Gräbel. Die Wirtschaft wurde einfach weggerissen und an dieser Stelle ein 300 m tiefer Förderschacht getrieben. Der Schutt wurde auf das unterhalb liegende Ackerstück geschüttet. Das Dominium wurde völlig liquidiert, die Ställe wurden Werkstätten und der Hofraum Lagerplatz. Im Schloß waren zwei russische Kompanien zur Bewachung der Grube einquartiert. Nach Stillegung der Grube dient das Schloß als Ferienheim für Kinder. Um Kupferberg herum wurden insgesamt 34 Schächte gegraben und ebenso viele Halden aufgeschüttet. Die Bergmühle ist stillgelegt worden. Die Turbine wurde verschrottet, die übrigen Maschinen sind noch drin. Es ist auch derselbe Pole noch dort, der Herrn Fürle in die Wohnung gesetzt wurde. Die Holzbrücke (über den Bober) ist eingestürzt, ebenso die Häuser von Teige. Unmittelbar neben der Bergmühle ist ein Wasserpumpwerk für Kupferberg gebaut worden, weil die Wasserversorgung für die großen Kompressoren (für die Urangruben) aus der Wasserleitung nicht ausreiche. Hierzu wurde oberhalb des Viehmarktes ein großes Wasserbassin errichtet. [...]

Der Wildbestand ist unheimlich geworden.«[20]

LASST DIE GRÄBER IN FRIEDEN

»Als Letzter ist da ein Deutscher begraben worden, schon von einem polnischen Priester. Dieser Deutsche muss sehr zierlich gewesen sein, ich weiß noch, wie ich mich über den kleinen Sarg gewundert hab.

Zum Friedhof führte ein schmiedeeisernes Tor, und an den Wegkreuzungen standen Engelsfiguren aus Stein. An jeder Kreuzung einer, jeder muss an die zwei Meter hoch gewesen sein. Aber wir waren damals Kinder, vielleicht sind die uns nur so groß vorgekommen? Die Mauer um den Friedhof ist uns auch unüberwindbar erschienen, trotzdem sind wir immer irgendwie rübergeklettert.

Weiter hinten auf dem Friedhof waren die Grüfte der reichen Deutschen, sie waren so groß wie die in Jelenia Góra bei der Garnisonkirche. In jede passten mehrere Särge. Einmal sind wir von zu Hause weggelaufen und haben in einer Gruft Heu aufgeschüttet. Wir verbrachten die ganze Nacht darin, es war schön warm, und keiner ist auf die Idee gekommen, dort nach uns zu suchen. Da waren in den Grüften aber schon keine Särge mehr. Ich weiß nicht, was mit denen passiert war.«

»Es sind Leute mit Traktoren gekommen, die keiner kannte. Sie haben Ketten an den Grabsteinen befestigt und ganze Grabplatten auf die Straße gezogen. Später haben sie die Platten auf ihre Anhänger geladen und sind abgefahren. Die Gräber sind offen zurückgeblieben, und nach einiger Zeit verteilten sich die Knochen in der ganzen Stadt. Einmal haben Kinder mit einem Totenschädel Fußball gespielt.«

»Mit diesen Brettern haben wir unsere Öfen befeuert. Man ging zu einer Gruft und holte sich das Holz von den Särgen. Knochen waren nicht in ihnen, denn die Deutschen hatten bloß leere Särge in die Grüfte gestellt. Deswegen machte es auch nichts, dass wir die Särge verfeuert haben.«

»Später sind Leute aus Bielsko gekommen und haben sich die Steine geholt. Ganz Niederschlesien sind sie abgefahren, von Dorf zu Dorf, und haben deutsche Grabsteine gesammelt. Von denen schliffen sie die Inschrift ab und verwendeten sie wieder, wenn ein Pole starb. Ich hab für ein paar Groszy mitgeholfen, die Steine auf Lastwagen zu laden. Bei uns ist das alles nur mit Gestrüpp überwuchert, da tat keiner was dran.«

»Wir waren noch klein, erst ein paar Jahre alt. Eines Tages gingen wir hin, und die Buben sind in eine der größeren Grüfte hineingekrochen. Wir blieben draußen stehen, denn wir hatten Angst, außerdem musste einer aufpassen, dass niemand kam. Die Buben haben beide Särge geöffnet. Im ersten ist nur eine Person gelegen, im zweiten muss eine Frau gewesen sein, denn zwischen ihren Beinen lag noch ein kleinerer Schädel. Als wären sie und ihr Kind bei der Geburt gestorben oder kurz danach. Die Buben haben den kleinen Schädel auf einen Stock gesteckt und sind damit durchs ganze Dorf gerannt, später haben sie ihn einfach ins Gebüsch geworfen.

In der Nacht danach habe ich von dem kleinen Schädel geträumt. Ich bin schreiend aufgewacht und habe meiner Mutter alles erzählt. Danach habe ich schlimme Prügel gekriegt. Ich musste den Schädel suchen und wieder dahin legen, woher wir ihn geholt hatten. Mutter sagte mir noch, dass man das, was in Gräbern ist, in Frieden ruhen lassen soll.«

»Ich habe selbst gesehen, wie die anderen Kinder mit dem Schädel Fußball spielten. Das machten sie, weil jemand aus dem Ort ihnen auf die Frage, wer dort begraben sei (es war eine Kapelle aus Mauersteinen mit einer eingestürzten Wand), gesagt hatte, dort liegt ein deutscher Apotheker, der viele Polen vergiftet hat. Also haben sie aus Rache den Schädel so behandelt.«

»Der Friedhof war ein Ort, an dem das gesellige Leben blühte: Man ging zum Biertrinken hin, zum Kartenspielen, oder wenn man sich vor seiner Frau verstecken wollte. Aber keiner tat mit diesem Friedhof irgendwas Schlimmes, da ist nichts dergleichen geschehen.«

»Als wieder Deutsche in die Stadt kamen, sind sie genau dorthin gegangen. Zum Friedhof. Zuallererst. Sie gingen auf und ab, sahen aber nicht verärgert aus. Sie fragten uns auch nie, warum, sondern gingen einfach einmal über den Friedhof. Und wissen Sie was – dass sie uns nichts gefragt haben, das war das Schlimmste.«

»An den Friedhof kann ich mich nicht erinnern, aber wir sind auch erst spät in die Stadt gezogen. Die Leute sagten zwar, da hätte es Gräber gegeben, aber damals war schon keine Spur mehr davon zu sehen. Ich ging immer vor Fronleichnam dorthin, Zweige holen, aus denen Mutter und Großmutter dann Kränze flochten.«

»Unsere Mutter sagte oft: ›Lasst die Gräber in Frieden‹, aber es sind schließlich alle hingegangen. Wir wetteten sogar darum, wer am meisten silberne Engel von den Särgen abbrechen konnte. In der Schule waren diese Engel eine Zeitlang sogar so was wie eine Währung. Neue zu holen war ein Kinderspiel, denn der Friedhof lag auf der anderen Straßenseite; wir sind in den Pausen nach drüben gerannt, und die Buben holten uns Engel von den Gräbern.«

»Das letzte Skelett haben sie sich im Sommer genommen. Das war, kurz bevor ich ins Technikum gekommen bin, am Ende der Volksschule. Sie hatten Langeweile, holten das Skelett aus dem Grab und lehnten es an die Mauer. Das sah aus, als wäre es von selbst aus der Gruft entwichen. Die Mauer haben sie auch abgerissen, denn die war aus guten Steinen gebaut. Später war da nur noch eine Wiese, und auf der Wiese weideten die Kühe von ein paar Bauern. Wir haben damals so gewohnt, dass ich aus meinem Fenster die Kühe sehen konnte und beobachten, wem sie gehörten. Und dann rannte ich zu meiner Mutter und sagte ihr, bei welchem Bauern sie keine Milch kaufen soll, weil seine Kühe auf dem Friedhof grasen. Mir ist das damals ekelhaft vorgekommen, solche Milch zu trinken.«

»Und was ist dann mit dem Friedhof passiert?«
»Wann *dann*?«
»Na, als alles geplündert war.«
»Aber da hat doch keiner geplündert. Gar nichts ist mit dem Friedhof geschehen.«
»Jetzt ist er aber nicht mehr da.«
»Nu, der ist nicht mehr da. Aber eine Gedenktafel gibt es. Die hat dieser Deutsche aufgestellt. Ich weiß nicht, was dann mit dem Friedhof passiert ist, ob er von selbst verfallen ist. Ich weiß es wirklich nicht.«

DIE LEUTE
HATTEN ANGST

»Die Mutter hat uns oft allein zu Haus gelassen, und ich hab dann auf meine kleine Schwester aufpassen müssen. Wir wohnten in diesem grauen Haus ganz oben, an der Kurve. Dort soll mal ein deutsches Wirtshaus gestanden haben, aber als wir da wohnten, war von einem Wirtshaus nichts mehr zu sehen.

Einmal sind wir ganz allein im Haus gewesen. Es war fast Mittag, als ich aus irgendeinem Grund hinausmusste. Schon drinnen vor der Tür habe ich ein Getrappel auf der Treppe gehört, als ob eine Schar Kinder nach oben rennen würde. Ich bin dann sofort raus, aber da war niemand, die Tür oben ist sogar abgeschlossen gewesen. Danach bin ich den ganzen Tag zu Hause gewesen und hab mich nicht mehr hinausgetraut.«

»Wenn es Feiern gab, hat mein Vater immer den Wacek nach Janowice zum Laden geschickt. Die Geschäfte hatten nachts geschlossen, aber wenn man was zum Trinken brauchte, dann ist klar gewesen, zu wem man gehen und an welches Fenster man klopfen musste. Der Wacek nahm immer den alten Weg, damit es schneller ging. Einmal ist er losgelaufen, aber nach einer knappen Viertelstunde ist er wieder zurückgekommen, die Augen vor Angst aufgerissen. Er hat gesagt, im Wald hätte ihm eine schwarze Gestalt den Weg versperrt. Und als er versucht hat, links oder rechts an der Gestalt vorbeizukommen, hätte sie sich mal nach links, mal nach rechts bewegt, genau wie er, und als er ihr dann eine reinhauen wollte, da war sie plötzlich weg. Nun hätte er zwar eigentlich den *bimber* aus Janowice holen können, aber es war ihm komplett die Lust zu trinken vergangen, sodass er unverrichteter Dinge zurückkam.«

»Einem von diesen Friedhofsplünderern ist einmal nachts ein Totenkopf erschienen und hat gesagt: ›Bring mich dahin zurück, wo du mich hergeholt hast!‹ Der Plünderer ist erschrocken am nächsten Tag wieder hingerannt und hat den Schädel zurück ins Grab gelegt. Da hatten alle ihre Lektion erhalten, dass man Gräber nicht anrühren darf. Die Leute hatten Angst, dass die Deutschen ihre Geister hiergelassen haben, damit die uns einen Schrecken einjagen.«

»An der alten Straßen nach Mniszków war das Grab eines Magnaten oder Ritters. Dort steht immer am 1. November eine Kerze, und keiner weiß, wer sie anzündet, denn um dorthin zu gelangen, muss man am Haus der Pławiaks vorbei. Die Pławiaks achten aber darauf, dass bei ihnen keiner ums Haus herumschleicht. Und sie haben nie gesehen, dass da an Allerheiligen jemand mit einer Kerze gewesen wäre.

Einmal, als wir abends an dieser Grabstelle vorbeigekommen sind, da hat durch die Bäume so ein heller Lichtschein geleuchtet, als hätte jemand tausend Glühbirnen angeknipst. Wir sind dann nie wieder dorthin gegangen.«

»Geister gab es viele in der Stadt, aber nur in den Köpfen der Leute. Unsere Oma hat uns Angst einjagen wollen, dass nachts aus unserem Schweinekoben, in dem wir nie Schweine gehalten haben, das Quieken von Ferkeln zu hören wäre, die geschlachtet würden. Also haben wir um den Koben immer einen großen Bogen gemacht. Dabei wollte Oma bloß nicht, dass wir hineingingen, denn der Stall war baufällig, und es hätte uns was auf den Kopf fallen können.

Oma hat uns auch damit gedroht, wenn wir nicht brav wären, würden uns die Geister der Kinder erscheinen, die die Deutschen angeblich lebendig unter unserem Haus begraben hatten. Vor den lebendig begrabenen Kindern hatten wir die meiste Angst.«

»In einem Schacht spukte es. Ich musste jedes Mal dort vorbei, wenn ich von der Spätschicht aus der Fabrik in Marciszów gekommen bin. Das ist meistens um 22 Uhr herum gewesen, und man hat dort immer so ein Hämmern und Klopfen und laute Schreie gehört, dass einem ganz kalt wurde. Ich habe später immer einen anderen Weg genommen, nur, damit ich das nicht mehr hören musste.«

»In diesem Wald, durch den man gehen musste, wenn man von Miedzianka nach Janowice wollte, spukte ein Kaminkehrer, der sich dort aus Liebe umgebracht hatte. Wir haben immer versucht, durch den Wald zu rennen, damit wir nichts hören und sehen mussten, denn vor diesem Kaminkehrer haben wir uns schrecklich gefürchtet.

Am Waldrand stand so ein mächtiger Baum, dessen Stamm war zum Teil ausgebrannt. Und in diesem hohlen Stamm haben sich manchmal Buben versteckt, die sich Bettlaken übergeworfen hatten, um uns zu erschrecken, wenn wir aus der Schule kamen. Aber das war auch schon alles an Geistern, was in Miedzianka spukte.«

DIE DEUTSCHEN KOMMEN

Im August 1961 schreibt ein Reporter der *Nowiny Jeleniogórskie:*
»Angeblich soll es Orte geben, gegen die sich alles Böse der Welt verschworen hat. In jenen bedauernswerten Städten und Dörfern hagelt es unentwegt, während die Nachbarorte selbstverständlich verschont bleiben, und fortwährend setzen Blitze alles in Brand. Das sagen wenigstens die Abergläubischen.

Andere Bürger, die mehr den irdischen Dingen verhaftet sind, behaupten, wenn Buslinien eingestellt werden, dann immer nur in diesen Orten. Katastrophen und Schicksalsschläge haben sich hier häuslich eingerichtet, und, noch schlimmer: Herzlose Menschen arbeiten schwer daran, das Unglück eines solcherart geplagten Ortes zu mehren. Miedzianka liegt im Sterben, ist bereits halbtot, wird die Tage seines nahenden Ruhmes nicht mehr miterleben. Miedzianka stirbt, jeden Tag ein Stückchen mehr. Von vierzig verlassenen Häusern liegen zehn bereits völlig in Trümmern. Schauerlich ist der Anblick halb abgedeckter Dächer rings um den Markt. Fenster, Türen, Rahmen, Böden und Schwellen werden mit jedem Tag morscher. Später dann läuft Regen ins Gebäude, das hinsinkt wie ein Mensch, dem man die Beine abgehackt hat.«

1

Bogdan Spiż' erste Erinnerung aus Miedzianka: Der Wind bläst kleine bunte Schächtelchen davon, Glasfläschchen kullern klirrend die Straße nach Janowice hinab. Bogdan muss hilflos zusehen. Er ist sechs, vielleicht sieben Jahre alt. Mitte der fünfziger Jahre ist es; eben musste die Apotheke am Markt schließen. Was von ihr geblieben ist, erscheint dem kleinen Knirps wie ein Schatz. Er hat an sich gerafft, so viel er nur konnte. Dann kam der Wind auf. Nun weiß Bogdan nicht, was er tun soll: retten, was davongeweht und -gerollt ist, oder das, was er noch im Arm trägt, sicher nach Hause bringen.

Bogdan Spiż' letzte Erinnerung aus Miedzianka: Vater weint.

Sie wohnen in der gelben Villa im unteren Ortsteil. Gleich nebenan befindet sich die Brauerei, deren Leiter Stefan Spiż ist, er hat fast zwanzig Angestellte und verbringt deswegen seine ganzen Tage dort. Stets wiederholt er die alte Maxime der Brauer: »Beim Bierbrauen gibt es drei Regeln: erstens Ordnung, zweitens Ordnung und drittens Ordnung. Andere Regeln gibt es nicht.«

Im Brauereikeller befindet sich eine Trockenanlage, oben stehen die Gärtanks, dort wird das Bier gebraut. An einer anderen Stelle lagern riesige Eisblöcke, mit denen die Räume kühl gehalten werden. Die Mitarbeiter der Brauerei kümmern sich um Stefan Spiż' Kinder, als wären es ihre eigenen. Basia, Hania und Bogdan dürfen auf dem Brauereiteich Schlittschuh laufen. Natürlich strömt dann immer gleich eine ganze Kinderschar beim Teich zusammen, und bald herrscht so ein Gedränge, dass von Schlittschuhlaufen keine Rede mehr sein kann.

Der Betriebsdachdecker baut den Spiż-Kindern auch einen Schlitten, und Bogdan hilft er, einen Taubenschlag auf dem

Dachboden der Villa einzurichten. Doch daraus wird nichts Rechtes, treibt doch in der Gegend ein Taubenhabicht sein Unwesen, sodass jeder Ausflug der Taubenschar mit Schrecken endet. Der Fahrer der Brauerei lässt Bogdan im Führerhäuschen des großen Stalinwerke-Lastwagens auf dem Beifahrersitz mitfahren; wenn er kann, nimmt er ihn mit auf seine Lieferroute zu Restaurants und Läden, die das Miedzianker Bier bestellt haben. So kommt Bogdan nach Szklarska Poręba, Karpacz, Świerzawa, ja sogar Złotoryja und Gryfów Śląski. Die kleinen, eigens hergestellten Bierfässer mit dem »Złoto Miedzianki«, Kupferberger Gold, werden auch an die »Schweizer Berghütte« – »Szwajcarka« – geliefert. Das Schöne an diesen Ausflügen ist nicht nur, dass Bogdan im großen Lieferwagen mitfahren darf, sondern auch, dass er Limonade bekommt – wird doch in fast jedem Gasthof außer Bier auch diese süße Köstlichkeit ausgeschenkt. Ähnlich war es bis vor kurzem auch in Miedzianka, schließlich hatte neben der Brauerei der alte Gliszczyński seinen Limonadenausschank gehabt. Viele Male ist Bogdan dort gewesen, sein Vater war ja mit Maximilian befreundet. Der Junge hat sich sogar fest vorgenommen, später selbst einmal Limonadenproduzent zu werden, dann würde sein Vorrat nie zu Ende gehen.

2

Es ist das Jahr 1959, als *Nowiny Jeleniogórskie* berichtet: »Ein Brauereimitarbeiter in Miedzianka, Pisarczyk, nahm seit längerer Zeit regelmäßig kleinere Mengen an Gerste aus dem Betrieb mit, womit er bis jetzt ungestraft davonkam. Das muss ihn dermaßen ermutigt haben, dass er sich neulich nachts 4,5 Doppelzentner Gerste aus der Brauerei holte. Dieses Mal jedoch lief es nicht gut für ihn: Der Nachtwächter bemerkte ihn beim Heraustragen der Säcke und alarmierte den Brauereileiter, der wiederum die Dienststelle der Bürgermiliz in Janowice benachrichtigte. Bei der unverzüglich angeordneten Wohnungsdurchsuchung wurden bei Pisarczyk 1270 Kilogramm Gerste gefunden, die der Brauerei gehören. Pisarczyk wurde festgenommen und ins Gefängnis gebracht.«

Ein paar Ausgaben später informiert die Zeitung, dass der städtische Nationalrat von Jelenia Góra beschlossen habe, eine neue Wohnsiedlung auf dem zwanzig Hektar großen Platz an der Legnicka-Straße zu erbauen. Der Komplex soll nicht nur aus komfortablen Wohnblocks, sondern auch mehreren Geschäften, einem Kino, einem Restaurant und manchen für das tägliche Leben unerlässlichen Werkstätten bestehen. Die ersten zehn Hektar sollen bis 1965 bebaut sein. Alles in allem entstehen in der neuen Siedlung 5000 Wohnräume. Bereits im März des Folgejahres eröffnet die Zeitung gemeinsam mit dem Präsidium des städtischen Nationalrats einen Namenswettbewerb für die Siedlung. Die Ortsbewohner reichen mehrere Dutzend Vorschläge ein, darunter Bolkogród [Bolkenburg], Pokój i Przyjaźń [Frieden und Freundschaft], Zjednoczenie [Vereinigung], Osiedle Postępu [Siedlung des Fortschritts], Żwirka-und-Wigura-Siedlung [nach zwei berühmten polnischen Piloten], Sarenka [Rehlein]. Es gewinnt der Vorschlag »Piasten-Siedlung«, doch schnell stellt sich heraus, dass eine Siedlung ebendieses Namens kürzlich in Bolesławiec erbaut worden ist. Zu Hilfe eilen die Mitarbeiter der Gesundheitsabteilung des Präsidiums des städtischen Nationalrats. Sie finden, dass die Siedlung Zabobrze [Siedlung jenseits des Bóbr] heißen soll. »Für den Namen sprechen die folgenden Umstände: Er ist abgeleitet vom Namen des Flusses Bóbr, der bereits seit frühesten Zeiten existiert; er ist nach den Regeln der polnischen Namensgebung aufgebaut, und er lässt sich im Alltagsleben leicht verwenden«, erklärt die Redaktion.

3

Seit das Bergwerk geschlossen ist, entvölkert Miedzianka sich zusehends. Jetzt wohnen hier nur noch rund 300 Personen. Die meisten arbeiten in der Papierfabrik von Janowice oder in der Leinenweberei von Marciszów. Manche fahren auch bis nach Jelenia Góra zur Arbeit. Viermal täglich hält ein Bus in der Stadt. Immer mehr Häuser stehen leer, ein Teil davon eignet sich nur noch zum Abriss, andere müssten lediglich renoviert und könnten sicher wieder bewohnt werden. Ein einziges Geschäft und die Schlachterei des alten Zygmunt Pikus sind noch in Betrieb. Um Brot zu holen, gehen die Bewohner Miedziankas nach Janowice Wielkie zur Bäckerei Miroś. Und den Gemeinschaftsraum gibt es noch, jede Woche richtet der Landfrauenzirkel hier mithilfe von Helena Spiż ein Tanzvergnügen aus.

Den Behörden ist bewusst: Bald könnte es zum Problem werden, dass die Stadt sich zunehmend leert. Deswegen versuchen sie, die Situation zu retten. Ende der fünfziger Jahre verfällt bei der Vereinigung Kohleindustrie in Wałbrzych jemand auf die Idee, ein paar Häuser in Miedzianka zu renovieren und Bergleute in Rente dort einziehen zu lassen. Die Stadt hat ein gesundes Klima, es ist still und ruhig, und wenn es gelänge, sie wieder von der Außenversorgung unabhängig zu machen, könnten die Rentner dort leben wie im Paradies.

Bald gehen die ersten Renovierungen los. Die Häuser, die im

besten Zustand waren, werden schnell wieder schön. Rentner kommen trotzdem keine in die Stadt. Bei den Renovierungsarbeiten stellt sich nämlich heraus, dass die meisten Bauten auf zu unsicherem Grund stehen. Die Arbeiter entdecken eingestürzte Keller, rissige Wände; Erdrutsche und Krater entstehen von einem Tag auf den anderen. Der Plan der Wałbrzycher Bergleute hätte nur dann Sinn, wenn es gelänge, eine größere Gruppe von Rentnern hier anzusiedeln. Einige wenige Personen nach Miedzianka ziehen zu lassen würde bedeuten, dass sie hier unter kaum akzeptablen Bedingungen vor sich hin vegetieren müssten.

Doch es finden sich rasch andere Interessenten für die renovierten Häuser. Von den Bergbauschäden haben sie schlicht keine Ahnung – kommen sie doch aus Mittel- und Ostpolen, auch Repatrianten aus der Ukraine und Weißrussland sind darunter.

In Nummer 34 zieht die Familie Gębuś aus Częstochowa ein. In ihrer Heimatstadt konnten sie keine Wohnung bekommen, da sie in Jasna Góra ein Devotionalienlädchen betrieben haben und einer der Söhne Priester ist. Den Behörden genügte das, um ihnen das Leben schwerzumachen. Nun ziehen sie in das Haus, in dem sich vormals die Apotheke befand – hier hat der kleine Bogdan Spiż seine Schätze gefunden. Während des Krieges gehörte das alte Haus dem Apotheker Kurt Hänisch, was sich noch an den verblichenen Lettern an der Fassade ablesen lässt. Vor Hänisch lebte hier der Jäger Gotter; auf dem Dachboden liegen noch zahlreiche Jagdtrophäen, darunter auch der imposante Zwölfender, den er vor Jahren erlegte. Nun holt die kleine Hania Gębuś sich all diese Schätze, und ihre Freunde machen für sie Broschen und Kettenanhänger daraus.

Ungefähr zur selben Zeit kommt auch Familie Kluba nach

Miedzianka. Mit Gepäck beladen steigen sie in Janowice aus dem Zug. Baśka Kluba ist fünf Jahre alt, sie hat noch nie einen so steilen Berg gesehen und stapft ihrer Familie nur mit Mühe hinterher. Noch mehr Probleme hat der gerade einmal dreijährige Janek. Alles erscheint ihm unendlich groß: die Bäume am Straßenrand, die Berge rings um die Stadt. Als sie die ersten Gebäude Miedziankas erreichen, kommen sämtliche Kinder des Ortes zur Begrüßung angerannt; die Hausfrauen schauen neugierig aus ihren Fenstern. Die Klubas bieten nämlich ein recht eigentümliches Bild – die beiden Kinder tragen zerlumpte Kleider, alle vier Familienmitglieder sind beladen mit unzähligen Päckchen und Bündeln. Die Ortsbewohner betrachten sie schweigend. Dann hört Baśka hinter ihrem Rücken jemanden laut und deutlich etwas sagen, was sie nie mehr vergessen wird: »Da kommen die Deutschen.«

Die Deutschen – diese Bezeichnung wird den Zugezogenen noch jahrelang anhaften.

Unter den Bewohnern, die Ende der fünfziger Jahre nach Miedzianka kommen, ist auch Irena Barwicka. 1958 wohnen sie und ihr Mann Władysław noch in Andreyevichy / Andrzejewicze in Weißrussland, arbeiten bei der Bahn, haben eine hübsche Wohnung im Bahnhofsgebäude, wo sie mit der einjährigen Alina leben. Eines Tages kommt ihr Schwiegervater und sagt: »Hör mal zu, wir gehen nach Polen. Hier kann man ja nicht leben.«

Er ist Pole, und seit er sich geweigert hat, sich in eine Kolchose einzuschreiben, wird das Wirtschaften für ihn zunehmend schwerer. Polen nimmt noch Repatrianten auf; jetzt ist der letzte Moment, um abzureisen. Irena setzt sich mit Władek an den Tisch, sie überlegen hin und her. Sie und ihr Mann leben hier gut, doch ohne die Schwiegereltern kämen sie nicht zurecht.

Schlussendlich entscheiden sie sich, ihre Dokumente einzureichen. Nach wenigen Tagen trifft eine Absage ein – und für Władysław Barwicki eine Vorladung zum NKWD.

»Was ist, Barwicki? Gefällt es euch hier im *Sajuz* etwa nicht mehr?«

Władek weiß, wenn er jetzt die falsche Antwort gibt, sieht er Irena nie wieder. Deswegen erklärt er, dass er in Polen geboren sei und dass seine Eltern zurückgehen wollen. Und dass er mitgehen möchte, weil er sie sonst vermissen würde. Nur deshalb. Die Bewilligung erhält er trotzdem nicht, er soll sich in Grodno darum bemühen. Dort macht er kaum den Mund auf, als er schon hört: »Ihr habt zehn Tage, oder ihr bleibt für immer hier.«

Schnell verkaufen sie die Hühner und das Ferkel, packen alles zusammen und setzen sich in den Zug. Inzwischen ist ein Brief von Władeks Eltern eingetroffen. Sie schreiben, dass sie jetzt in Miedzianka in Niederschlesien wohnen, eine Wohnung über zwei Stockwerke und große Felder haben. »Auf Arbeit bei der Bahn gibt es keine Chance, aber wir kommen über die Runden«, heißt es am Ende.

Der Weg nach Polen dauert mehrere Stunden, an der Grenze nimmt man ihnen alle von den sowjetischen Behörden ausgestellten Dokumente ab und lässt sie weiterfahren. Die Meldestelle für Repatrianten ist in Biała Podlaska. Ob die Barwickis wissen, wohin sie möchten, fragen die polnischen Beamten und schlagen Zielona Góra oder Gorzów vor.

»Wir haben Familie in Miedzianka. Dort wollen wir hin«, antworten sie. Irena bekommt eine Zugfahrkarte und macht sich mit Alina auf den Weg nach Westen. Władek soll später mit einem Güterzug samt ihrem Gepäck nachkommen.

Am 25. April 1959, noch vor der Mittagszeit, steigt Irena Barwicka zusammen mit der kleinen Alinka am Bahnhof in Janowice aus dem Zug und fragt die Menschen, die gerade aus der Kirche kommen, nach dem Weg nach Miedzianka. Da müssten sie nur den Berg hinauf bis zur Brauerei, dann wären sie schon da, lautet die Antwort. Sie gehen los, Alinka pflückt Blumen am Straßenrand, Irena schaut sich die Gegend an. Schließlich kommen sie an zwei Steinkreuzen vorbei, dort ist auch die Brauerei. Dann bleibt Irena wie angewurzelt stehen. Die Stadt sieht aus, als wäre der Krieg eben erst vorbei und die Frontlinie wäre genau hier verlaufen. Häuser ohne Fenster, halb aus den Angeln gerissene Türen, überall Schutthaufen. Eine der Kirchen ist nur noch eine Ruine, die andere verrammelt und verriegelt. Sie fragt nach den Barwickis, jemand weist ihr den Weg. Als sie das Haus sieht, in dem sie von nun an leben soll, bricht sie in Tränen aus. Zur Begrüßung rennt ihr die Schwägerin entgegen, gefolgt von den Schwiegereltern. Irena kann nicht mehr an sich halten: »Wo habt ihr uns hingelockt?! Nach Zielona Góra hätten wir gehen können, nach Gorzów, in neue Wohnblocks, überall wäre es besser gewesen als hier! Sogar in Andrzejewicze.«

Sie gehen ins Haus, aber auch drinnen ist es nicht anders. Irena kann sich kaum beruhigen, außerdem fürchtet sie sich, was Władek sagen wird, wenn er diese drei verfallenen Zimmer ohne Heizung sieht, in denen sie von nun an zu acht hocken sollen. Und wirklich, Władysław Barwicki ist eben erst vom Lastwagen gestiegen, der ihre Habe hergebracht hat, als er seinen Vater auch schon anfährt: »Eine größere Bruchbude konntet ihr nicht finden, was?«

Danach wird er wochenlang kein Wort mehr mit ihm sprechen.

4

Der erste Fernseher von Miedzianka steht in einem kleinen Aufenthaltsraum in der Villa bei der Brauerei. Theoretisch ist er nur für die Mitarbeiter des Betriebs gedacht, doch in der Praxis nutzen ihn alle Bewohner der Stadt. Die Bedienung des Empfängers hat Bogdan übernommen. Nur er kann ihn ein- und ausschalten, und er weiß auch, was zu tun ist, wenn das Bild sich verschlechtert und es nicht mehr hilft, mit der Faust auf den Apparat zu hauen. Das Problem ist, dass der kleine Junge immer nur dann gebraucht wird, wenn etwas am Fernseher in Ordnung gebracht werden muss. Sobald auf der Mattscheibe wieder ein Bild auftaucht, scheuchen die Erwachsenen ihn hinaus. Doch Bogdan weiß für seine Rechte zu kämpfen. Wenn mitten in *Kobra* plötzlich das Bild weg ist, rufen alle nach ihm. Er beschließt, vorsichtshalber den Beleidigten zu spielen, und lässt sich eine gute Viertelstunde lang nicht erweichen. Erst, als man ihm hoch und heilig verspricht, dass er bleiben darf, dreht er wieder an den Knöpfen. Von da an will es niemand mehr riskieren, und der Junge hat seinen festen Platz in der ersten Zuschauerreihe.

Wie sie das Potenzial, das im einzigen Fernsehgerät des Ortes schlummert, zu barer Münze machen kann, weiß auch Baśka Spiż. Sie beschließt, von allen Kindern, die das *Sandmännchen* anschauen wollen, zehn Złoty Eintritt zu nehmen. Die Sache fliegt noch am selben Abend auf, denn zum Haus der Spiż rennen scharenweise aufgebrachte Mütter, deren Sprösslinge weinend nach Hause gekommen sind. Baśka muss von Haus zu Haus gehen und das Geld zurückgeben. Danach setzt es noch Prügel vom Vater. Das kommt äußerst selten vor, Stefan Spiż ist ein ruhiger und ausgeglichener Mann, ein stiller, durch und durch sanftmütiger Phlegmatiker. Niemand in der Stadt will den Brauereibesitzer je in Wut gesehen haben. Und mehr noch, kaum jemand erinnert sich, dass er einmal auch nur die Stimme erhoben hätte. Wenn er Baśka oder Bogdan ein paar Klapse verabreichen musste, geht er abends zu ihnen und erklärt: »Dass ich euch geschlagen habe, heißt nur, dass ihr etwas gemacht habt, was nicht gut war. Ich liebe euch und will nicht, dass ihr schlechte Dinge tut. Versteht ihr das?«

Ganz anders ist die Mutter. Die Angestellten in der Brauerei witzeln sogar, eigentlich sei zwar Stefan hier der Chef, fürchten müsse man sich aber vor Helena. Sie ist eine durchsetzungsfreudige, selbstbewusste und entschlossene Frau, kann recht laut werden oder Leuten energisch den Kopf waschen. Manchmal könnte man den Eindruck gewinnen, Stefan stünde völlig unter ihrem Pantoffel. Das scheint jedoch nur so, Stefan hat es faustdick hinter den Ohren; er ist dem Bier nicht abgeneigt, und in der Brauerei hat sich sogar ein Ruf eingebürgert, mit dem die Arbeiter ihren Tag beginnen. Wenn ihr Chef morgens auftaucht, rufen sie ihm entgegen: »*Stefanku, piwa z tanku!*« [»Stefan ist hier, auf ein frisches Bier!«] Dann setzt sich fast die gesamte Belegschaft zusammen, und wenn es draußen kalt ist, wärmen sie sich das Bier in speziellen Büchsen auf, die sie in heißes Wasser tauchen. Stefan trinkt gern zwei oder gar drei rohe Eier dazu. Erst so gestärkt kann er seinen Arbeitstag beginnen. Im Laufe des Tages geht er noch mehrere Male ins Sudhaus, bekommt er doch am laufenden Band Besuch von Bekannten, Gemeindebeamten, Milizionären, mit einem jeden muss angestoßen werden. Bier ist hier einfach ein Getränk wie jedes andere auch. Man trinkt es zum zweiten Frühstück, man löscht mit einem gut gekühlten Hellen an heißen Tagen seinen Durst. Manchmal, wenn die Kette von Besuchern so gar nicht abreißen will, beginnt sich selbst in Stefans Kopf alles leicht zu drehen. Helena ist dann böse auf ihn. An die abendlichen Streitereien ihrer Eltern in der Küche werden die Kinder sich noch lange erinnern. Gewöhnlich erklingen dann die erhobene Stimme der Mutter und der beschwichtigende Ton des Vaters.

Ein Grund für den Streit der Eltern sind gewiss auch die Gerüchte, die seit einiger Zeit in der Stadt kursieren. Die Leute reden, wenn ein junges Mädchen bei Stefan Spiż in der Brauerei eingestellt werden will, dann muss es hübsch sein, sonst hat es keine Chance.

Baśka Sobieś ist hübsch.

Arbeit in der Brauerei kriegt sie jedoch nicht wegen ihrer Schönheit, sondern weil sie vom Arbeitsamt, wo sie sich gleich nach ihrem Schulabschluss vorstellt, hierher verwiesen wird. Man überprüft ihren Wohnort – Miedzianka – und schickt sie zum einzigen Betrieb in der Stadt. Nun soll sie bei den Gärbottichen arbeiten; als sie in der Brauerei auftaucht, fangen die Leute gleich an zu tuscheln. Vielleicht, weil Stefan Spiż nicht eben sparsam mit Komplimenten umgeht. So stellt er eines Tages, als Kontrolleure aus Wałbrzych den Betrieb inspizieren, seine Angestellte mit den Worten vor: »Und das hier ist Baśka, meine schönste Mitarbeiterin!«

Wer den Brauereileiter nicht gut kennt, könnte vielleicht meinen, hinter solchen Komplimenten stecke mehr. Und solche Gerüchte fallen auf fruchtbaren Boden. Manchmal so fruchtbar, dass es zu einem Drama kommt. Vor einiger Zeit arbeitete in der Brauerei die schöne Adele, sie war von einer anderen Brauerei in Lwówek Śląski nach Miedzianka geschickt worden. Ihr Arbeitsplatz war das Büro, und so war sie zwangsläufig die meiste Zeit mit dem Chef zusammen. Die Leute zerrissen sich ohne Unterlass das Maul, zeigten mit dem Finger auf sie – bis die junge Frau es nicht mehr aushielt, weinend die Arbeit hinwarf und Miedzianka verließ.

Dann gibt es da noch Werka Butyńska. Über sie wird auch getratscht. Werka ist aus dem ehemaligen polnischen Osten hergekommen, sie wohnt in Janowice, hat ein kleines Kind und keinen Mann dazu, denn der hat das Weite gesucht, sobald er erfuhr, dass er Vater werden würde. So ist sie allein zurückgeblieben, ohne Arbeit und mit dem Kind, das sie durchbringen muss. An Heiligabend 1965 will sie sich deswegen das Leben nehmen.

Sie wickelt gerade ihr Kind, als ihr Onkel hereinkommt. Werka bittet ihn, die Tür zu schließen, draußen tobt ein Schneesturm, der Kleine könnte sich im Durchzug erkälten.

»Ein Kind hast du dir schon machen lassen, Flittchen, wenn es dir wegstirbt, lass dir halt noch eins machen«, hört sie zur Antwort. Rasch nimmt sie den Kleinen und geht ins Obergeschoss. Dort legt sie das Kind ins Bett, holt Tabletten aus einem Schubfach, will sie alle schlucken, bringt es dann doch nicht über sich. Sie schaut das Kind an, das neben ihr liegt, und weiß, wie immer ihr Leben auch aussehen wird – zu Ende ist es heute noch nicht.

Wer Werka eine helfende Hand hinstreckt, ist niemand anderer als Stefan Spiż, der ihr eine Stelle in der Brauerei anbietet und auch nicht das Gesicht verzieht, wenn die junge Mutter manchmal ihr Kind mitnimmt zur Arbeit. Im Trockenraum beziehen sie eine Bettstelle mit Fellen – es ist warm und trocken, außerdem gibt es dort ständig etwas zu tun, und somit haben die Arbeiter den Kleinen immer im Blick. Als Sławek größer ist, wird er zum Maskottchen und Liebling der gesamten Belegschaft.

Auch Weronika ist beliebt in der Brauerei. Sie drückt sich

nicht vor der Arbeit, und den Männern imponiert sie, weil sie einen Zentnersack Gerste allein schultern und in den zweiten Stock hinauftragen kann. Und wenn in Janowice auf einem Nebengleis ein Güterwaggon abgeladen werden muss, schwingt sich Werka wie ein Mann auf den Lastwagen und fährt mit. Allen in Erinnerung bleiben wird jedoch, wie Werka in Unterwäsche das im Brauereikeller trocknende Malzschrot umschichtet. Vor allem im Sommer ist es dort so heiß, dass man diese Arbeit nur halb bekleidet erledigen kann. Wenn Werka also in den Keller hinab muss, ordnet Stefan Spiż an, dass die Männer sie allein gehen lassen. Die Neugierigsten versuchen trotzdem, durch ein Kellerfenster einen Blick auf sie zu erhaschen. Dann kann es vorkommen, dass Stefan Spiż sich von hinten an sie heranschleicht und ihnen mit einem eigens dafür geschnittenen Stock eins überzieht. Vielleicht befeuert auch das den Tratsch über eine flammende Liebschaft zwischen Werka und dem Brauereileiter, den man sich im Ort erzählt.

All diese Stimmen kommen Helena Spiż zu Ohren, und so muss Stefan sich nach getaner Arbeit ihr Geschimpfe anhören. Einmal endet ein Streit sogar in einer Art Trennung: Stefan hat ein paar Tage Hausverbot, Helena wiederum darf das Gelände der Brauerei nicht betreten. Unter Letzterem haben allerdings besonders die Arbeiter der Brauerei zu leiden – plötzlich sitzen sie zwischen allen Stühlen, wollen es sich einerseits nicht mit dem Chef verderben, wagen andererseits aber auch nicht, sich der energischen Helena zu widersetzen. Nach einiger Zeit jedoch ist die Wut auf beiden Seiten verraucht, alles geht wieder seinen gewohnten Gang.

5

1962 schließen Bogdan und Baśka Spiż die Volksschule ab, und Bogdan beschließt, seinen Vorsatz aus der Kindheit wahrzumachen: einen Limonadenausschank zu eröffnen. Schulen, an denen die Produktion von Limonade gelehrt wird, gibt es nicht, die einzige Möglichkeit ist die Schule für Brauereitechnik in Tychy. Mit Baśka ist es weniger leicht, ihre Lebensentwürfe ändern sich von Minute zu Minute. Mal will sie Lehrerin werden, dann wieder Krankenschwester. Schwierig, sich in all dem zurechtzufinden. Schlussendlich entscheidet sie sich für keines von beidem; stattdessen geht sie, beredet von ihrem Bruder, ebenfalls nach Tychy. Schule und Internat werden von der Brauerei in Lwówek bezahlt, zu der die Miedzianker Brauerei ihres Vaters gehört. Die Abmachung ist simpel: Die Brauerei investiert in die Ausbildung der beiden, nach dem Abschluss sollen sie in Lwówek oder Miedzianka arbeiten.

Im August desselben Jahres brechen sie auf. Von nun an werden sie Miedzianka selten sehen, zweimal im Jahr, zu Weihnachten und in den Sommerferien, und auch dann nur, wenn sie keine Berufspraktika in anderen Brauereien zu absolvieren haben. Im Übrigen verlässt im Herbst die ganze Familie Spiż die Stadt für mehrere Monate. Stefan erhält die Aufgabe, sich um die Produktion in Lwówek zu kümmern, seine leitende Stellung übernimmt für diese Zeit Jerzy Słowiński. Er ist Anhänger derselben Regel wie Stefan Spiż: Das Geheimnis guten Bieres ist Ordnung, Ordnung und nochmals Ordnung. Eine weitere Regel lautet aber, dass man ausreichend Wasser braucht – und daran beginnt es in Miedzianka allmählich zu hapern. Die Brauerei produziert eine Million Liter Bier pro Jahr, das deckt ein Fünftel des Bedarfs, den die durstige Bevölkerung dieser Region angibt. Jeder Bürger im Landkreis Jelenia Góra trinkt nämlich jährlich ganze 46 Liter des goldenen Trunks. Zieht man Kinder und die ältesten Leute ab, kommt sogar heraus, dass jeder Bewohner mittleren Alters 200 Liter zu sich nimmt. Der Beruf des Brauers hat also eine sichere Zukunft. Die Frage ist nur, ob er auch in Miedzianka Zukunft hat. Die Wasserentnahmestelle der Brauerei kann den Bedarf des Betriebs nicht decken, Słowiński muss sich immer häufiger an der städtischen Wasserleitung bedienen. Vielleicht wird deswegen manchmal von einer möglichen Schließung der Brauerei gesprochen – doch niemand, der das Bier aus Miedzianka einmal gekostet hat, nimmt diese Gerüchte ernst. Der Betrieb ist schließlich die einzige Brauerei in der ganzen Gegend. Bei den Bierproben der Woiwodschaft hat das Miedzianker Bier stets den ersten Platz bekommen, und Stefan Spiż wurde nach dem Geheimnis seiner Braukunst gefragt. Mit schelmischer Miene antwortete er, der Erfolg liege am richtigen Einsatz der entsprechenden Temperatur und in der Qualität des Miedzianker Wassers. Von seinen drei Regeln für die Bierproduktion sagte er Journalisten und Konkurrenten lieber nichts.

6

1963 verschwindet der Kirschbaum im Garten der Czaplas. Es ist Juli, doch der Regen fällt ohne Unterlass wie im Oktober. Gelangweilt drücken sich die Sommerfrischler in Janowice herum, oder sie packen ihre Koffer und suchen gleich das Weite. Vom Gipfel des Kupferbergs rinnen kleine Bäche. Manche fließen bis in den Fluss, der bereits bräunlich und trüb geworden ist, andere versickern irgendwo auf halbem Wege. Die Menschen wissen schon, was das heißt, und achten mehr darauf, wo sie ihre Füße hinsetzen. Mehr als an jedem anderen Ort verheißen lange Regenfälle hier nichts Gutes. Die Erde saugt sich voll und wird schwer.

Eines frühen Morgens kommt der alte Czapla ganz niedergedrückt zu Jerzy Słowiński. Eigentlich sollte er schon mit dem Bier nach Złotoryja unterwegs sein, der Lastwagen ist beladen.

»Ich kann nicht fahren, Herr Betriebsleiter, ich kann heute gar nicht zur Arbeit kommen. In meinem Garten ist der Kirschbaum verschwunden.«

Sie gehen hin, sehen es sich zusammen an. Wo der Kirschbaum stand, ist jetzt kein Kirschbaum mehr. Nur ein Loch in der Erde, in das Wasser rinnt. Und in dem Loch sieht man, wenn man mit der Taschenlampe hineinleuchtet, die Baumkrone mit ein paar Kirschen, die die Kinder noch nicht gepflückt hatten. Auch die Kinder stehen um das Loch herum, schauen schweigend hinein. Frau Czaplowa greift sich immer wieder an den Kopf und dankt Gott, dass das alles nicht nachts passiert ist, ging doch direkt neben dem Kirschbaum die ganze Familie zum Abtritt.

»Wenn da nachts einer hingemusst hätte, dann wäre er ja lebendig vom Erdboden verschluckt worden«, sagt sie.

Sie lassen den Baum da, wo er ist, und warten noch ein paar Tage ab, bis der Regen nachlässt. Dann leiht der alte Czapla sich einen Lieferwagen aus der Brauerei und holt Schutt, um den Kirschbaum zu begraben. Einen Monat lang fährt er hin und her, bis von dem Loch nichts mehr zu sehen ist.

Nur Frau Czaplowa bittet später die anderen Leute um etwas Obst für Kompott – und erzählt dabei jedem, dass ihr eigener Kirschbaum ja schließlich jetzt tief unter der Erde steht.

7

Für die Bildung der Kinder von Miedzianka ist Kazimierz Milcuszek zuständig. Zum ersten Mal kommt er Anfang der sechziger Jahre in den Ort. Er geht gern in den Bergen wandern, fährt häufig in die Karkonosze, manchmal auch ins Rudawy-Gebirge. Er ist ein Einzelgänger, die meisten Bergpfade erklimmt er auf eigene Faust. Als er nach Miedzianka kommt, macht die Stadt keinen guten Eindruck auf ihn. Später wird Milcuszek sagen, seinem Empfinden nach habe dort Endzeitstimmung geherrscht.

Nach seinem Lehramtsstudium in Wrocław möchte er sich in Jelenia Góra eine Stelle suchen. Dort gibt es jedoch keine freien Plätze, dafür sucht die kleine Schule in Miedzianka dringend einen Lehrer. Wohl oder vielleicht eher übel wird Milcuszek der Schulleiter von Miedzianka. In der Schule gibt es vier Klassen, die von ganzen sechzig Kindern besucht werden. Von Jahr zu Jahr werden es weniger. Dafür kommen Romakinder dazu. Mit ihnen hat Kazimierz Milcuszek gewisse Probleme, sind sie doch nicht besonders geneigt, zu lernen und die vorgesehene Zeit in der Schule zu bleiben. Anstatt auf Strafen setzt Milcuszek jedoch auf die Zuckerbrot-und-Peitsche-Taktik. Er kauft Musikinstrumente aller Art – Zimbeln und Trommeln, Triangeln und Becken – und zeigt sie den Romakindern, die sich begeistert darauf stürzen. Allerdings schließt er mit ihnen einen Pakt: Auf dem lautstarken Instrumentarium gespielt werden darf nur in der dritten und vierten Pause, und auch nur, wenn man in allen Schulstunden davor fleißig in seiner Bank gesessen hat. Mit diesem Trick gelingt es ihm, das Problem des Schuleschwänzens bei den Romakindern in den Griff zu bekommen. Was natürlich nicht bedeutet, dass es in der

Miedzianker Schule ganz aus der Welt geschafft ist. Die um den Berggipfel brausenden Stürme wehen manches Mal ganze Klassen aus der Schule.

Bald erlangen die Romakinder eine solche Kunstfertigkeit auf den Instrumenten, dass sie mit ihrem Spiel und Tanz sämtliche Schul- und sogar Gemeindefeste verschönern; stets klatscht das Publikum begeistert. Was die Roma nicht wissen können, ist, dass die Einwohner Miedziankas sich später aus einem ganz anderen Grund an sie erinnern werden.

Die größeren Kinder gehen auf die Schule in Miedzianka, die Jugendlichen auf Schulen in Jelenia Góra und Janowice. Ein Problem gibt es allerdings mit den Kleinsten, die Betreuung im Kindergarten benötigen. Ein solcher existiert nämlich weder in Miedzianka noch in irgendeinem der umliegenden Dörfer. So sind die Mütter gezwungen, allein mit ihren Knirpsen zurechtzukommen. Wer nicht arbeitet, hat kein Problem damit; die meisten Frauen aus Miedzianka fahren aber zur Arbeit nach Marciszów in die Leinenweberei. Die Kinder bleiben währenddessen allein zu Haus oder werden von Nachbarn oder anderen Familienmitgliedern betreut.

Eines dieser Kinder ist Urszulka Wyka. Ihre Mutter Helena Wyka arbeitet in drei Schichten in Marciszów, um das Mädchen kümmern sich Nachbarn und Tante. Am 12. Oktober 1965 ist niemand zu Hause, die zweijährige Urszulka klettert auf einen niedrigen Küchenschrank und greift nach einer Flasche Benzin. Die Flasche ist nicht ganz zugeschraubt, einige Augenblicke später ist das Kind von Kopf bis Fuß mit dem beißend riechenden Inhalt bekleckert. Als es dann noch nach den Streichhölzern greift, kommt es zur Tragödie. Zwar fangen Urszulkas Kleider nicht lichterloh Feuer, doch glimmen sie längere Zeit vor sich hin. Die Nachbarn bemerken erst, was vor sich geht, als Rauch aus der Wohnung quillt. Sie schlagen Alarm, brechen die Tür auf: Urszulka liegt am Boden, sie hat schwere Verbrennungen. Einzig der Kragen ihres Pullovers ist nicht versengt, die Flammen haben das Gesicht des Kindes nicht entstellt. Die herbeigerufenen Ärzte wissen nicht, wie sie die Kleine behandeln sollen, ohne ihr weitere Schmerzen zuzufügen. Urszulka lebt noch wenige Stunden. Zum Begräbnis erscheinen fast alle Einwohner von Miedzianka, viele bringen kleine weiße Blütensträußchen mit – die Blumen, die das Mädchen immer so gern rund ums Haus pflückte.

8

In der *Nowiny* stand, dass in Miedzianka eine Folge der Fernsehserie *Vier Panzersoldaten und ein Hund* gedreht werden solle. Es ist das Jahr 1968, neue Gemeindevorsteherin in Janowice ist seit kurzem Irena Siuta, die Frau eines in der Umgebung äußerst geschätzten Arztes. Zuvor ist sie Lehrerin in Jelenia Góra gewesen, wurde dann nach Janowice versetzt. Die Leute sagen, sie sei Russin. Von einem möglichen Besuch des Panzersoldaten Janek Kos und seiner lustigen Kompanie weiß Irena Siuta nichts, sie ist neu hier, kennt niemanden, im Übrigen fällt solche Entscheidungen der Landkreis oder sogar die Woiwodschaft. Argumente, die Filmleute in die Stadt zu locken, gäbe es sicherlich genug. Nirgends in der ganzen Umgebung stehen wohl so viele Ruinen, keine andere niederschlesische Stadt sieht aus, als sei der letzte Bombenangriff gerade erst vorüber. Und das, obwohl auf Miedzianka in Wahrheit nie eine einzige Bombe fiel.

Die verfallenden Häuser bereiten zunehmend Probleme.

Nachts geben manche von ihnen Geräusche von sich, die das Blut in den Adern gefrieren lassen; sie knirschen, knacken, ächzen. Die Leute sagen dann, dass ihre Häuser »singen«. Abends legen sie sich ins Bett, schließen die Augen und lauschen. Wer die nächtlichen Seufzer seines Hauses nicht mehr mit anhören kann, geht zur Gemeinde, fordert wie auch immer geartete Maßnahmen; in einer einsturzgefährdeten Ruine wohnen möchte keiner.

Schlussendlich reist gar aus Katowice eine Kommission für Bergbauschäden an, von Haus zu Haus gehen die Inspektoren, steigen in Keller und auf Dachböden. Und finden fast überall etwas – bei den Barwickis rissige Wände, bei den Majeks verzogene Fensterrahmen, bei den Żureks ein Dach, das nur durch ein Wunder bisher niemandem auf den Kopf gefallen ist, lässt sich doch kaum feststellen, worauf es eigentlich ruht. In einigen Hinterhöfen bleiben sie verwundert stehen und spähen besorgt in die schwarzen Abgründe, die sich hier nach größeren Regenfällen auftun.

Die Kommission urteilt, dass man den Boden unter der Stadt festigen könne, indem man die alten Bergwerksgänge sichert. In der Praxis würde das bedeuten, man müsste eine schier unvorstellbare Menge Beton in die Erde pumpen. Dafür aber hat niemand die Zeit, geschweige denn das Geld. Außerdem ist nicht bekannt, wie viele dieser alten Gänge es eigentlich gibt. Es wäre ein gigantischer Arbeitsaufwand, in der Praxis so gut wie undurchführbar. In einem *Nowiny*-Artikel zum Thema geben die Journalisten offen zu: »Kosten: schwindelerregend – Ergebnis: gleich null«.

Eine zweite Lösung ist einfacher – die Bewohner der unmittelbar einsturzgefährdeten Häuser sollen so schnell wie möglich umziehen. Wohin? Das ist nicht das Problem der Kommission für Bergbauschäden. Ein Problem ist es dennoch, und zwar kein kleines.

Zunächst setzt eine Art innerstädtische Migration ein. Die Anordnung, ihre Häuser sofort zu verlassen, bekommt ein gutes Dutzend Familien. Die, deren Häuser am lautesten singen. Sie ziehen dorthin, wo es weniger oder gar keine Bergbauschäden gibt – am besten hält sich noch der Westteil der Stadt, dort stehen die Schule, ein paar kleine Häuser, die gelbe Villa der Familie Spiż und die Brauerei. Bald jedoch neigt sich der freie Wohnraum in Miedzianka dem Ende zu, niemand will in engen Behausungen zusammenrücken. Die Ersten beginnen sich nach Wohnungen in Janowice umzusehen. Sie möchten in der Nähe bleiben.

Indessen verfallen die verlassenen Häuser weiter. Einwohner der umliegenden Dörfer holen sich kostenlose Ziegel und Holz aus Miedzianka, Materialien, die es hier mehr als genug gibt, mit Leichtigkeit lassen sie sich besorgen. Nur in ein beliebiges leerstehendes Haus braucht man zu gehen und sich das Benötigte mitzunehmen. Auf die Ruinen achtet niemand, in der ganzen Gemeinde gibt es zwei Milizionäre, die sich nach Miedzianka lieber nicht vorwagen. Langsam gerät die Stadt in Verruf – »Zustände wie im Wilden Westen«, »Schlupfwinkel für Schmuggler, Herumtreiber und Zigeuner«. Mit den eigentümlichen Vergnügungen der städtischen Jugend befasst sich sogar die Lokalzeitung *Nowiny*:

»Ein Laden zum Vergessen: Liebe Redaktion! In Miedzianka verkauft ein Lebensmittelgeschäft Wein an Fünftklässler aus der Volksschule. Von der Verkäuferin dazu angestiftet, kaufen die Kinder sich Alkohol, den sie in den Ruinen hier in der Gegend trinken. So angeheitert belästigen sie dann die Vorbeigehenden, bewerfen sie mit Steinen.«

»Wein nur gegen Vollmacht: Liebe Redaktion! Bezüglich der Notiz, in der man den Lebensmittelladen in Miedzianka kritisierte, Alkohol an Minderjährige zu verkaufen, möchte ich erklären, dass ich den Wein lediglich einem einzigen Jungen verkauft habe, der einen Einkaufszettel von seiner Mutter bei sich hatte, auf dem auch der Wein stand.«

»Antwort von der Redaktion: Besser wäre es gewesen, Sie hätten dem Kind gegen Vorlage des Einkaufszettels von seiner Mutter Brot oder Butter verkauft und keinen Wein.«

Zu den zweihundert alteingesessenen Ortsbewohnern beginnt die traurige Gewissheit vorzudringen, dass ihre Tage in Miedzianka gezählt sind. Das Gerücht kommt auf, die komplette Stadt solle in eine neue Wohnsiedlung in Jelenia Góra verlegt werden – nach Zabobrze. Angeblich lautet der Plan, dass sämtliche Bewohner in zwei oder drei Wohnblocks zusammengepfercht werden sollen.

9

Schlamm gibt es die verschiedensten Arten – den dünnen, flüssigen, schwappenden Schlamm, der gleich einem Ölanstrich alles, was man hineintaucht, mit einer feinen glänzenden Schicht überzieht. Den Frühlingsschlamm, der schwer ist, lehmig und an den Stiefeln haftet, sodass man schon nach wenigen Schritten stehen bleiben und ihn abstreifen muss, um überhaupt weitergehen zu können. Den gefrorenen Schlamm, hart wie Stein – wenn man nicht aufpasst, verstaucht man sich den Knöchel oder bricht sich den Absatz ab, meint man doch, an weichen Schlamm gewöhnt, dass auch hier der Fuß tief einsinken wird. Und das Schlammmeer, an dessen Rand man ungläubig stehen bleibt und den Blick schweifen lässt, wohl wissend, dass man nur auf anderem Wege »ans jenseitige Ufer« gelangen kann. Weniger schön ist es, wenn es keinen anderen Weg gibt. Solche Schlammmeere sind in Zabobrze die häufigsten Erscheinungen von Schlamm.

Die Bewohner der Siedlung kämpfen von Anfang an wacker um ihr Überleben. Bereits 1965 sind die Ersten hergezogen. In den folgenden drei Jahren füllen sich nach und nach weitere Wohnblocks. In der Siedlung herrscht Surrealismus in Reinkultur, in dieser Ausprägung äußerst typisch für jene Zeit. Als es im Herbst 1967 kühler wird, stellt sich zum Beispiel rasch heraus, dass die Bautrupps einige Blocks an den Heizungskeller anzuschließen vergessen haben. Nun wohnen aber bereits Menschen in den Häusern. Diese Arbeiten nachzuholen nimmt Wochen in Anspruch.

Heizungsprobleme haben im Übrigen alle Bewohner der neuen Siedlung. Sie frieren im Oktober und im Januar; im März wiederum klagen sie, dass die Heizöfen auf vollen Touren laufen, sodass es in den Wohnungen kaum auszuhalten sei. Schwierigkeiten gibt es auch mit dem Wasser. Es herrscht die Regel: Je höher die Wohnung, desto später das abendliche Bad. Die Mieter in den unteren Stockwerken können sich bereits um acht Uhr abends eine Wanne einlassen, während die Bewohner von ganz oben erst nach Mitternacht baden und ihr Geschirr waschen können, wenn der Druck in den Rohren steigt und das Wasser bis in ihre Stockwerke gelangt. Natürlich nur, wenn aus den Wasserhähnen nicht wieder trübe und stinkende Brühe rinnt. Und das kommt leider allzu häufig vor.

Die Redaktion der *Nowiny* widmet der neuen Wohnsiedlung immer mehr Platz, treffen doch fast täglich Briefe von murrenden Bewohnern ein:

»Vor einem Jahr bin ich in den Wohnblock an der Szymanowski-Straße 12 gezogen. Der Abfluss in der Küche war mit Putz verkleistert. Ich rief die Installateure; sie brachten eine uralte Spirale mit, die bei der Reinigung des Rohrs durchbrach. Anderthalb Meter blieben im Rohr stecken, der Installateur sagte jedoch, das mache nichts, die Feder werde verrotten. Trotzdem funktioniert der Abfluss weiterhin nicht, beim Nachbarn tropft Wasser in die Küche. Ich habe den Mangel noch einmal moniert, man gab mir einen Termin für den 20. März um zehn nach acht. Jetzt ist Juli, und noch immer ist niemand da gewesen.«

»Im eben erst bezogenen Block an der Szymanowski-Straße ist schon der Keller überschwemmt. Wie sich herausstellte, sind die Abflüsse im Boden verstopft, die Rinnen funktionieren nicht. Ich habe um eine Überprüfung gebeten. Der Bauleiter sagte mir, man müsse warten, bis es regnet. Bevor es regnen konnte, wurde der Abfluss mit einem Haufen Baumaterial überdeckt. Von einer Überprüfung war keine Rede mehr.«

»In der Szymanowski-Straße gibt es einen Trockenraum, aber ohne Heizkörper, deshalb ist Wäschewaschen in diesem Haus ein seltenes Privileg, vor allem, da es kaum je Wasser gibt.«

»In unserem Block, Hausnummer 5, ist der Waschkeller immer noch nicht benutzbar, dabei steht das Haus schon seit einem halben Jahr. Als wir uns an die Hausverwaltung wandten, antwortete man uns, es gebe momentan keine Brenner für die Gasplatte. Der Techniker riet uns noch im Weggehen, wir sollten nicht mehr nach dem Waschraum fragen, schließlich könnten wir im Bóbr waschen.«

»In den Räumen, die wir vor kurzem bezogen haben, entstehen Ritzen in den Wänden, die im Zickzack von unten nach

oben verlaufen. Man kann sich Seifen und andere Dinge hindurchreichen.«

»In der Wohnung ist das Fenster in der Wand zwischen Küche und Wohnzimmer einfach herausgefallen. Das Parkett ist so ausgetrocknet, dass mehrere Zentimeter breite Ritzen darin entstanden sind, seit zwei Jahren tropfen die Heizkörper, alle zwei, drei Tage überschwemmt Schmutzwasser das Badezimmer; es ist wirklich nicht auszuhalten in dieser kalten und stinkenden Wohnung.«

Theoretisch ist Zabobrze ein Stadtteil von Jelenia Góra, doch um ins Stadtzentrum zu gelangen, müssen die Bewohner der Siedlung ganze drei Kilometer an einer stark befahrenen Landstraße entlanglaufen. Es gibt keine Überführung, die den neuen Stadtbezirk mit dem Zentrum verbinden würde. Überdies versinkt bei jedem noch so leichten Nieselregen alles gleich in tiefem Schlamm, denn auch wenn die ersten Blocks bereits zum Bezug freigegeben sind, ist die Wohnsiedlung nach wie vor eine große Baustelle. Eigentlich gibt es hier nichts außer den Blocks – keine Telefonzelle, keinen Kindergarten, keine Post. Die Siedlung ist dem Postbezirk am anderen Ende der Stadt zugeordnet worden. Den, der sich das ausgedacht hat, verfluchen nicht nur die Briefträger – für die Abholung von Einschreiben müssen auch die Bewohner der Siedlung sechs Kilometer gehen. Zwar könnten sie ein Taxi nehmen, jedoch gibt es in Zabobrze keinen Taxistand. Als endlich ein Taxistand eingerichtet wird, will kein Fahrer hier stehen, endet doch die Anfahrt allzu oft mit einer abgerissenen Radaufhängung oder anderen Schäden. Nicht umsonst nennen die Bewohner ihre Siedlung »*Zabłocie*« [Zabobrze – Jenseits des Bóbr, »Transbobrien«; Zabłocie – Jenseits des Schlamms, »Transschlammien«].

Probleme gibt es auch mit der grundlegendsten Lebensmittelversorgung. Obgleich hier mehrere Hundert Familien leben und später einmal mehrere Tausend leben sollen, ist nicht einmal der kleinste Gemüsestand vorhanden, geschweige denn das versprochene Einkaufszentrum. Alle Dinge des täglichen Bedarfs müssen die Bewohner der Siedlung aus der Stadt herschleppen. Als endlich der erste Lebensmittelstand aufmacht, und bald darauf weitere Verkaufsstände und Werkstätten, überschwemmt eine neue Welle von Beschwerdebriefen die *Nowiny*.

»Wenn man die beiden Verkäuferinnen am Lebensmittelstand von Zabobrze von ganz hinten in der Schlange so beobachtet, könnte man meinen, man sähe einen Film in Zeitlupe über zwei Vorarbeiterinnen, deren einziger Lebensinhalt ihre Arbeit ist.«

»Endlich haben wir in Zabobrze einen Gemüsestand, und das freut uns sehr, was uns aber betrübt, ist, dass der Verkäufer nicht gerade ein Sauberkeitsfanatiker ist. Mit schmutzigen Händen und schwarzen Fingernägeln reicht er nicht nur das

Gemüse herüber, sondern fasst auch eingelegte Kohlblätter und saure Gurken an. Wir empfehlen einen Besuch des Gesundheitsamts.«

»Der Betreiber des Obst- und Gemüsestandes in Zabobrze besitzt wahrhaftige Händlermanieren. Er weigert sich systematisch, die Kartoffeln in dem vom Kunden eigens mitgebrachten Nylonnetz abzuwiegen, weil das Netz ›selbst was wiegt‹, und schaufelt stattdessen die kostbaren Feldfrüchte in eine erdverkrustete Schüssel, die ihm zufolge ›selbst richtig wiegt‹.«

»Am 13. April habe ich sechs Stunden lang im Friseursalon gewartet. Die Friseuse, Frau Litwin, bediente reihenweise Kundinnen, die angeblich alle einen Termin hatten, und ignorierte mich. Schade, dass sie mir nicht gleich gesagt hat, dass Warten sinnlos ist.«

»Am 22. Januar wollte ich ein Kilo Zitronen kaufen. Die Verkäuferin eröffnete mir, ich würde die Zitronen bekommen, wenn ich außerdem eine Grapefruit kaufe.«

Trotz dieser ganzen Beschwerlichkeiten ist Zabobrze offiziell ein Paradies und ein Segen für Jelenia Góra. Seit die Industrie hier in Gang gekommen ist, nimmt die Einwohnerzahl der Stadt rasant zu, die alten deutschen Häuser im Zentrum platzten schon seit langem fast aus den Nähten. Zudem zieht Jelenia Góra auch manche Bewohner nahegelegener Städte an – es ist hier leichter, Arbeit zu finden, es gibt mehr Schulen, es gibt Kinos und Theater. Für die Menschen aus Miedzianka ist Jelenia Góra allerdings noch etwas mehr. Es ist der wahr gewordene Traum, endlich die Geisterstadt verlassen zu können, in der die Häuser ächzen und man nach jedem Regenschauer prüfen muss, ob man draußen seinen Fuß noch auf ein Fleckchen festen Grund setzen kann (nachts das Haus zu verlassen empfiehlt sich schon gar nicht). Sie wissen bereits, dass die Stadt bald verschwunden sein wird. Und sie wissen auch, dass die Gemeinde in Zabobrze ganze zwei Wohnblocks hat erwerben können, Nummer 9 und Nummer 11. Bald kommen weitere dazu: 37, 39 und 45. Die Gelder für den Kauf stammen aus einer Entschädigungssumme für Bergbauschäden. Die Vereinigung der Bergbauindustrie, die die Bergwerke in Miedzianka beaufsichtigt, hat sie an die Gemeinde ausgezahlt. Theoretisch sollte für dieses Geld die Stadt gerettet werden. Die Gemeinde verhängt jedoch ein Instandsetzungsverbot für einsturzgefährdete Häuser. Dass sich hier noch irgendetwas retten lässt, glaubt ohnehin kaum mehr jemand.

10

Dableiben wollen nur wenige. Staszek Pławiak sagt, er geht nicht weg aus Miedzianka, und wenn er allein inmitten der Ruinen zurückbleibt. Er weiß nicht, dass es fast genau so kommen soll. Im Moment besitzt er hier weite Felder, einen Stall voller Kühe – all das für eine Wohnung in einem beengten Block zurückzulassen, will ihm einfach nicht in den Kopf. Vorerst ziehen die Pławiaks also von Haus zu Haus, wohnen nacheinander in Hausnummer 88, 46, 75, 44. Alle Häuser, in denen sie zu leben versuchen, sind jedoch im Grunde abrissbereit, unweigerlich kommt die Aufforderung zum Auszug – und sie ziehen in das nächste Haus, das andere verlassen haben, die nach Zabobrze gegangen sind.

Wegziehen will auch die alte Frau Płaksowa nicht, die inzwischen im Schulgebäude wohnt. Der letzte Schuldirektor, Kazimierz Milcuszek, hat die Stadt als einer der Ersten verlassen und ist in Wohnblock Nummer 9 eingezogen.

Auch Familie Spiż zieht nicht um. Helena und Stefan streiten sich zwar in schönster Regelmäßigkeit, was die ganze Stadt weiß; in dieser Frage jedoch sind sie sich erstaunlich einig: Miedzianka verlassen – niemals. Ihre Lage ist allerdings auch einfacher als die vieler anderer. In dem Stadtteil mit der Brauerei und der gelben Villa gibt es so gut wie keine Bergbauschäden, nichts droht einzustürzen, die Häuser singen nicht, man kann hier ohne Angst und Schrecken leben. Allerdings ist eines klar: Wenn die Stadt verschwindet, verschwindet auch die Brauerei. Denn wer sollte dort arbeiten? Die Beschäftigten eigens herzubringen würde sich für niemanden lohnen. Ob Stefan nun will oder nicht, die Tage der Brauerei sind gezählt. Das wissen auch die Angestellten, mehrheitlich Bewohner von Miedzianka. In der Brauerei werden sie nur so lange arbeiten, wie sie auch hier leben. Niemand hat vor, von Jelenia Góra nach Miedzianka zu pendeln, umso mehr, als der Bus zwischen den Städten nur noch zweimal täglich verkehrt. All dessen ist sich auch Baśka bewusst, die »schönste Mitarbeiterin« der Brauerei. Sie ist frisch mit Janek Majka verheiratet, als Hochzeitsgeschenk haben sie von Stefan ein Fass des besten Bieres bekommen. Nun erwarten die Majkas ein Kind.

Die angespannte Atmosphäre teilt sich allen mit, selbst dem sonst immer so beherrschten Stefan. Obwohl Baśka hochschwanger ist, will der Brauereileiter sie schwere Gerstensäcke schleppen lassen. Die anderen Arbeiter sehen dem ungläubig zu, doch keiner protestiert. Baśkas Erklärungen nützen nichts, beide gehen schnell von Worten zu Geschrei über. Niemand hat den Leiter bis jetzt in einer solchen Verfassung gesehen. Baśka rennt weinend aus der Brauerei, Stefan knallt erzürnt die Tür hinter ihr zu. Kurz darauf stürmt Józef Sobieś aufgebracht herein, Baśkas Vater, ein guter Bekannter Stefans. Er zerrt Stefan nach draußen und schlägt ihm mit aller Kraft ins Gesicht.

»Wenn du sie noch einmal Säcke schleppen lässt, du Hurensohn, dann mach ich dich so fertig, dass du nie mehr irgendwo Arbeit kriegst«, sagt er im Weggehen, und Stefan sucht im tiefen Schnee nach seiner Mütze. Sobieś ist in der Partei, er kennt Leute, die ihm helfen könnten, seine Drohung wahrzumachen. Und Stefan wiederum weiß, dass er zu weit gegangen ist. Beide Männer sind sich aber auch bewusst, dass der Vorfall die Atmosphäre entspannt hat. Bald schon werden sie sich wieder zum Bier treffen, ohne einander noch etwas übelzunehmen.

1969 ziehen die Barwickis weg. Kaum hatten sie die Kommission für Bergbauschäden ins Haus gelassen, da kam auch schon die Aufforderung zum Auszug. Ähnlich war es bei der alten Frau Majkowa, Janek Majkas Mutter – sie hat Miedzianka im selben Jahr verlassen, wohnt nun in Zabobrze in der Nummer 11. Ein Jahr darauf verlassen die Stadt unter anderen die Klubas, die zwanzig Jahre zuvor von den restlichen Bewohnern für Deutsche gehalten wurden, und die Żureks, die sich eben erst über ihre neue Dachgeschosswohnung am Marktplatz gefreut haben. Allzu schnell stellte sich nämlich heraus, dass das Dachgeschoss ebenfalls sang. Janina Żurek hatte die letzten zwei Jahre Schlafprobleme; immerfort starrte sie wachen Auges an die Decke, die ihr auf den Kopf zu fallen drohte. Für die Żureks, die Barwickis und ein Dutzend anderer Familien ist der Umzug nach Zabobrze ein wahrer Segen, eine Erleichterung.

11

Nach Abschluss des Technikums und mehrerer Praktika tritt Bogdan Spiż seinen Militärdienst an. Die Einberufung hat er gleich nach der Matura bekommen, für ein Fass Bier ließ es sich hindrehen, dass er den Dienst in Jelenia Góra absolvieren darf. Hier nennen sie Bogdan »Miedzianka«. Manchmal wird Soldat Miedzianka auf recht spezielle Mission geschickt – dann rast er mit dem Motorrad zur Brauerei seines Vaters und entwendet klammheimlich ein Fässchen Bier, mit dem er in halsbrecherischem Tempo zu seiner Einheit zurückbraust. Was er nicht weiß, ist, dass das Bierklauen hier bereits langjährige Tradition ist, deren Anfänge auf den jungen Georg Franzky zurückgehen. Dank der guten Beziehungen in seiner Einheit, die noch dazu mit hervorragendem Bier begossen werden, vergeht der Wehrdienst für Bogdan recht angenehm, die Zeit wird ihm fast gar nicht lang. Und je näher der Termin für den Reservedienst rückt, desto mehr Ideen zur Verbesserung des väterlichen Betriebs entstehen in seinem Kopf.

Als er endgültig nach Miedzianka zurückkehrt, hat er endlich Zeit, sich den Betrieb einmal genauer anzusehen. Er wusste, dass die Stadt sich leert, erblickte er doch auf Jelenia Góras Straßen immer häufiger bekannte Gesichter. Doch erst der Gang durch die ruinengesäumten Straßen macht ihm das Ausmaß dessen deutlich, wovon sein Vater wieder und wieder erzählt. Nur ein gutes Dutzend Häuser weist keine Verfallsspuren auf, der ganze Rest ist fenster- und türenlos, es fehlen Giebelbalken, manchmal ganze Wände. An einigen dieser Ruinen hat die Gemeinde Schilder anbringen lassen, dass beim Betreten Lebensgefahr besteht. Auch gibt es Häuser, bei denen man durch das völlig verfallene Erdgeschoss in den ersten Stock gelangt, wo noch jemand wohnt. Dass man hier keine tragenden Balken entfernen darf, markieren die Topfblumen auf den Fensterbänken. 1971 leben in Miedzianka nur mehr gute hundert Einwohner, die überwiegende Mehrheit sind Roma. Sie sind von Płoszczyna hierhergebracht worden, gemäß der neuen Vorschriften, die eine Sesshaftmachung der Roma fordern und sie am fahrenden Leben hindern sollen. Die Roma beziehen die leerstehenden Häuser, jedoch nicht ohne zu beteuern, nur eine Weile bleiben zu wollen. Tatsächlich machen sie sich bald wieder auf den Weg.

Bei der ersten Umzugswelle 1968 und 1969 sind Dutzende Familien weggezogen, um ihre Häuser kümmert sich niemand mehr. Geschlossen ist auch der Gemeinschaftsraum, in dem Helena Spiż noch vor nicht allzu langer Zeit an den Samstagabenden ihre ausgelassenen Tanzvergnügen organisierte. In der ganzen Stadt gibt es nicht einen Laden mehr, der letzte wurde zugesperrt, weil er sich nicht mehr rentierte. Fast jedes Gespräch dreht sich um das nahende Ende. Niemand macht sich Illusionen, dass die Stadt noch zu retten sei, und mit einer gewissen Anerkennung spricht man über die, die allen Widrigkeiten zum Trotz noch bleiben wollen.

Bogdan ist einer von ihnen. Baśka Spiż hat einen Freund und Arbeit in Wałbrzych gefunden, nach Miedzianka zurückkommen will sie nicht mehr. Mit Bogdan ist es das genaue Gegenteil; in der Brauerei seines Vaters sieht er die Erfüllung all seiner Träume. Die entsprechende Ausbildung hat er, zudem gelingt es ihm, einige Neuerungen im Betrieb einzuführen. Der Vater gestattet es ihm und hat nur auf die wichtigsten Angelegenheiten ein Auge; ansonsten steht er, wenn nötig, mit Rat und Tat zur Seite.

Eine solche Zusammenarbeit ist für Bogdan eine wertvolle

Chance, Stefan wiederum kann sich einen Teil der beschwerlichen Aufgaben vom Hals schaffen.

Die Ambitionen des jungen Brauers wollen jedoch nicht recht zu den Plänen der Zentrale in Lwówek passen – sie setzt Bogdan und Stefan Spiż kurzerhand in Kenntnis, dass die Brauerei das Ende der Stadt nicht überleben wird. Daher wundert es kaum, dass Bogdan den Ärger der Direktion auf sich zieht, als er Anfang der siebziger Jahre ein paar ungekennzeichnete Flaschen seines Biers nach München zur Bierbrauermesse schickt. Bei der Verkostung erzielt das Kupferberger Gold, »Złoto Miedzianki«, den zweiten Platz. Als herauskommt, dass die Bierproben von jenseits des Eisernen Vorhangs stammen, bricht ein kleiner internationaler Skandal aus. In Lwówek und Miedzianka stehen die Telefone nicht mehr still, die Entscheidungsträger in der Zentrale sind wütend, nimmt die hohe Bewertung des Miedzianker Biers doch ihren Argumenten für die Schließung der Brauerei den Wind aus den Segeln. Bogdan bekommt den Befehl, auf der Stelle sämtliche für diesen Anlass hergestellten Flaschen und das darin befindliche Bier zu vernichten. Er ruft seine Kollegen zusammen, sie setzen sich zu dritt hin und vernichten in den folgenden Stunden ohne Unterlass. Einer jener Kollegen, Bogdan Markowski, wird später erzählen, er habe in seinem ganzen Leben keinen solchen Kater mehr gehabt wie nach dieser Biervernichtung oben auf dem Berggipfel.

»Das war im wahrsten Sinne des Wortes eine vernichtende Vernichtung«, setzt er verschmitzt lächelnd hinzu.

12

Am 13. Mai 1972 wird das endgültige Urteil unterzeichnet: Der in Wrocław ansässige Volksrat der Woiwodschaft fällt die Entscheidung zur Auflösung der Stadt Miedzianka. Das Dokument enthält einen Zeitplan mit allen Schritten, die nacheinander vorgesehen sind. Noch im selben Jahr soll die Brauerei geschlossen werden, bis 1973 sollen die letzten Einwohner weggezogen sein. Danach ist in drei Etappen der Abbau der Stadt geplant – zuerst werden die Häuser abgerissen, danach wird der Schutt mit den größten Fundamentstücken abgetragen und zum Schluss ein Wald angepflanzt.

Wie im Zeitplan festgelegt, verlassen 1973 die letzten Familien Miedzianka. Unter ihnen ist auch die »schönste Mitarbeiterin der Brauerei«, Baśka Majka, mitsamt Mann und kleinem Sohn. Dass sie Wohnungen zugeteilt bekommen haben, erfahren sie am 19. März, am Namenstag von Baśkas Vater. Da sitzen sie gerade in einer Kneipe in Janowice, als jemand vom Gemeindeamt mit einem Blumenstrauß hereinplatzt.

»Józef, zum Namenstag kriegst du heute drei Wohnungen in Zabobrze, je eine für dich und deine beiden Töchter.«

Józef Sobieś bricht in Tränen aus, vermutlich nicht vor Freude. Um nichts in der Welt hatte er in die größere Stadt ziehen wollen, in Miedzianka wäre alles gut, wenn da nur nicht diese ständige Sorge gewesen wäre, dass ihm etwas auf den Kopf fallen könnte. Anders ist es bei Baśka und Janek – für sie bedeutet Miedzianka nichts als Kummer. Auf die zugeteilte Wohnung haben sie deshalb ungeduldig gewartet, saßen sozusagen auf gepackten Koffern. Noch im Mai mieten sie sich einen klapprigen Lieferwagen und ziehen in einen Wohnblock an der Karłowicz-Straße 45. Ihre Wohnung liegt im vierten Stock, daher werden sie die nächsten Jahre hindurch den Wecker auf ein Uhr nachts stellen, um im Halbschlaf zu duschen. Bereuen sollen sie den Tausch trotzdem nie.

Im selben Jahr ziehen weitere Familien aus Miedzianka weg – die Chutyrkos, die Mądreckis, die Wędzels. Sogar die Roma verschwinden, manche lassen sich in den umliegenden Dörfern nieder – in Trzcińsko, Janowice, Radomierz, andere gehen nach Kowary, wieder andere in weiter entfernte Gegenden in ganz Polen.

In der Stadt leben nur die wenigen Einwohner, die sich entgegen allen behördlichen Aufforderungen zu bleiben entschlossen haben: die Familien Spiż, Pławiak, Płaksa, Łuczak, und an der Straße nach Ciechanowice die Dudeks. Ihre Häuser sind nicht einsturzgefährdet, die Behörden können also nur betonen, dass sie nach der Auflösung der Stadt ganz allein hier zurückbleiben werden, mitten im Nichts, ohne die lebensnotwendigen Dinge. Diese Argumente jedoch verhallen ungehört.

Und noch mehr verschwindet: Eines Tages ist eines der Steinkreuze nicht mehr da, die vor Jahrhunderten am Rand der Straße nach Janowice aufgestellt worden waren. Aus unerfindlichen Gründen haben die Diebe Gefallen an dem Kreuz ohne verwitterte Inschrift gefunden. Vielleicht haben sie das Kreuz in der Nacht entwendet und daher den Unterschied nicht bemerkt. Oder sie wollten sich beide holen, sind jedoch von jemandem aufgeschreckt worden. Wie auch immer – nun steht am Wegesrand nur noch das eine Kreuz mit dem eingemeißelten »Memento« auf dem Querbalken. Bald darauf versetzt ein Ortsbewohner es an eine andere Stelle, an den Feldrain auf der gegenüberliegenden Straßenseite.

Ende 1972 lockt ein gehöriger Tumult die letzten Stadtbewohner aus ihren Häusern. Von Janowice kriecht ein riesiger Bagger herauf nach Miedzianka, hinter ihm fahren Lastwagen mit Bauarbeitern. Sie halten mitten auf dem Marktplatz, schwärmen nach allen Seiten aus, sehen sich um, klopfen alles ab, gestikulieren lebhaft.

Das alles beobachtet Bogdan Spiż. Ja, es besteht kein Zweifel, das ist nun wirklich das Ende. Er weiß nur nicht, wie er es seinem Vater beibringen soll.

WESSEN SCHULD

»Wer es wissen soll, der weiß es, die Leute erinnern sich. Alles wurde zur Ruine. Aber von selbst ist das ja nicht passiert. Unsere ›Frau Doktor‹, die große Gräfin, hat das Geschäft gewittert, und dann war es vorbei mit unserer Stadt. Die hat sich an Miedziankas Unglück bereichert und sich ein schönes Leben gemacht, neidisch könnte man werden. Und deswegen hassen die Leute sie so.

Die Siutowa, das war eine Russki, die kam aus dem Osten, die war gar nicht von hier. Sie sollte alles beseitigen, was die Russen hier hinterlassen hatten. Hat sich aufgespielt wie die große Gräfin, wie ihre Mutter übrigens auch, die nie Polin gewesen ist.

Die Leute, die den Kommunisten glaubten, lassen sich einteilen in solche, die aus der Not heraus dran glaubten, und solche, die dran glaubten, weil es bequemer war. Die wusste gar nicht, was Not war, die Regierung hatte ihr auch nie was angetan. Ist ja klar, warum die so rot war.

Eine Zeitlang hat sie in der Schule gearbeitet, um unerkannt zu bleiben, Russisch hat sie unterrichtet, ist aber dann schnell zur Gemeindevorsteherin gemacht worden. Und danach hat sie in Karpacz regiert, als Woiwodin. Die Leute hatten Angst vor ihr, es hieß, sie hätte Beziehungen nach ganz oben, zum

Zentralkomitee, sogar bis nach Moskau, denn da kam sie schließlich her. Und sie hatte schon von denen die Anweisung gekriegt, was sie machen sollte, damit von der Stadt keine Spur mehr bliebe. Nur noch Gestrüpp, das ist es, was wir der Frau Doktor zu verdanken haben.«

»Unser Miedzianka, das hat die Frau Doktor Siuta kaputtgemacht, wenn sie nicht gewesen wäre, stände die Stadt heute noch. Es gab sogar Pläne, die leerstehenden Häuser zu renovieren und Rentner aus Wałbrzych einziehen zu lassen, und wenn es solche Pläne gab, dann heißt das doch, dass hier gar nichts vom Einsturz bedroht war. Die Schäden waren nur ein Vorwand, damit die ihre Abrisstrupps herschicken konnte.

Das fing schon 69 an. Da wurde hier ein Haus nach dem anderen abgerissen. Mit den Ziegelsteinen von Miedzianka entstanden nicht nur die Lehrerheime in Janowice, sondern auch der Kulturpalast in Warschau. Der Zug, der diese Ziegel rüberbrachte, stand immer auf einem Nebengleis bei Stare Janowice, und da wurden die Lastwagen entladen.«

»Wir haben sie immer ›unsere Frau Siutowa‹ genannt, aber die war keine von uns, und eine Gräfin war sie schon gar nicht. Hübsch war sie, das muss man ihr lassen, immer geschminkt, schön frisiert, ein Auto hatte sie auch.

Und gierig nach Antiquitäten war sie, wenn sie irgendwo was sah, dann ist sie sogar in fremde Häuser gegangen und hat es sich einfach genommen. Damals widersetzte man sich den Behörden nicht, also gaben die Leute bereitwillig alles her. Die Siutowa sammelte diese Antiquitäten in ihrem Haus und verkaufte sie später munter weiter. Beim Ausverkauf von Miedzianka hat sie sich übrigens auch ihren Teil in die Tasche gesteckt. Für das kleine Gehalt von der Gemeinde hätte die sich doch nie das Haus am Bóbr hinstellen können.«

»Ich hab ihr nichts vorzuwerfen, mir persönlich hat sie nichts getan. Aber dass sie die Kirchenglocken in Radomierz an einen Altmetallhändler verkaufen wollte, das tragen ihr alle nach. Sie ist selbst hingefahren, um die Glocken abzunehmen, zusammen mit so einem langen Lulatsch, der ihr wohl helfen sollte, aber das war den Leuten dann doch zu viel, das haben sie nicht zugelassen. Das ganze Dorf ist damals zusammengerannt. Gab einen schrecklichen Skandal.

Die Siutowa ist die Leiter rauf, die Leute haben sie wieder runtergezerrt. Katholische Kirchenglocken, dazu noch alte, die darf man sich nicht nehmen, aber das hat die – als Kommunistin – nicht verstanden. Erst als die Leute mit Mistgabeln auf sie los sind, hat sie es aufgegeben, hat sich ins Auto gesetzt und ist abgefahren. Wir haben ihr das mit den Glocken nie verziehen.«

»Miedzianka haben die Zigeuner abgerissen, deswegen hatte die Siutowa, die Gemeindevorsteherin, die hergeholt. Das ging so: Die Zigeuner sind in ein leerstehendes Haus eingezogen und haben da so lange gewohnt, bis sie alles verfeuert hatten. Die haben die Böden rausgerissen, die Treppe, das Parkett, die Fensterrahmen, und haben damit im Erdgeschoss geheizt. Wenn kein Ofen mehr im Haus war, dann haben die ihre Lagerfeuer einfach auf dem Küchenboden angezündet. Irgendwann war von dem Haus nichts mehr übrig, dann haben die Zigeuner noch das Dach runtergerissen und sind ein Haus weitergezogen. Und so von einem Haus zum anderen.

Die Häuser, mit denen die Zigeuner fertig waren, wurden dann von Abrisstrupps ganz auseinandergenommen. Da kam so ein Riesenbagger, den haben wir die Wielka Dziunia [Dickes Mädel] genannt, und der packte mit seiner Schaufel die Fenster und riss Wand für Wand ab. Danach kamen die Bauarbeiter und suchten die guten Ziegelsteine raus. Und dann hat die Wielka Dziunia alles dem Erdboden gleichgemacht.«

»In Miedzianka herrschte wirklich Einsturzgefahr, aber kein Gebäude stürzte von unten her ein, das kam bei allen von oben. Das Bergwerk hatte damit nichts zu tun. Ein paar Jahre lang war die Stadt für die ganze Umgebung ein Selbstbedienungsladen für Baumaterial. Wer Ziegelsteine brauchte, der fuhr nach Miedzianka und holte sich, so viel er wollte. Ich selbst habe mir auch hinter meinem Haus einen Schuppen aus diesen Ziegeln gebaut, er steht immer noch, das sind gute deutsche Ziegel. In Janowice sind so einige Häuser aus diesen Steinen gebaut.

Und es stimmt nicht, dass Miedzianka von den Zigeunern zugrunde gerichtet wurde. Da gab es viele Dutzend Häuser, wie viele Zigeuner hätten es wohl sein müssen, um das alles allein abzureißen? Sie haben die Stadt nur so weit ruiniert wie die anderen Einwohner auch. Wenn einer im Erdgeschoss wohnte und ihm war kalt, dann ging er rauf in den ersten Stock, riss sich ein Stück vom Boden raus oder sägte etwas vom Dachstuhl ab, damit heizte er dann in seinem Ofen ein. Und wenn es ihm auf den Kopf regnete oder die Wände Risse kriegten, dann ging er eben zur Gemeinde und fragte nach einer anderen Wohnung. Miedzianka, das war wie der Wilde Westen – und eine einzige große Ruine.«

»Die ganze Stadt ist von den Zigeunern kaputtgemacht worden. Die Siutowa hatte sie hergeholt. Und dann hatten die hier jahrelang das Sagen.«

»Die Zigeuner haben hier sämtliche Häuser zerstört? Allein?«

»Allein, ein Haus nach dem anderen, sie zogen in die leerstehenden Gebäude ein und ruinierten sie.«

»Wie viele waren es denn?«

»Na, da kamen so zwei Familien, die wohnten erst im Schloss, aber dann haben die sich schnell vermehrt, und nach einem Jahr waren schon die Hälfte der Einwohner Zigeuner. Bis die Polen dann protestiert haben, weil die Zigeuner die ganze Stadt zur Ruine gemacht haben.«

»Gab es Probleme mit ihnen?«

»In der Kirche, die es jetzt nicht mehr gibt, auf dem katholischen Altar, da haben die Pferde geschlachtet! Der alte Mirga führte das Pferd in die Kirche, haute ihm mit einem dicken Kloben auf den Schädel, schlitzte ihm die Kehle auf, und das Pferd verblutete. Dann schnitten die das Tier in große Stücke, und die Kinder rannten mit den dampfenden Fleischbrocken nach Hause. Das Fleisch kochten die in Wäschekesseln, und in ganz Miedzianka stank es nach angebranntem Pferdefleisch.«

»Haben Sie das gesehen?«

»Nein, aber alle in der Stadt sagten, dass die Mirgas in der katholischen Kirche Pferde abgeschlachtet haben. Das Blut ist die Treppe runter bis auf die Straße geflossen.«

»Hinterhältig wurden die Leute aus ihren Häusern vertrieben. Da kam die Siutowa mit einer ganzen Kommission und sagte, das Gebäude soll renoviert werden, deswegen würden die Bewohner in ein anderes Haus verlegt. Und wenn die Leute dann ausgezogen waren, kamen Planierraupen und machten alles platt.

Später, als es nicht mehr genug leerstehende Häuser für die Umsiedlungen gab, mussten ein paar Familien nach Zabobrze ziehen, in die Wohnblocks. Man sagte ihnen, es wäre bloß für ein Jahr, für die Zeit der Renovierung. Die Leute glaubten das, nahmen aus Miedzianka nur das Nötigste mit. Und als sie dann nach einem Jahr wiederkamen, war von der Stadt und von ihren Häusern keine Spur mehr zu sehen, da wuchs nur noch Gras.«

»Die Leute wollten nicht aus der Stadt weg, denn hier war es schön, gar nichts stand kurz vor dem Einstürzen. Aber die Regierung hatte anderes beschlossen, und wir hatten nichts zu sagen, es hieß nur, Sachen packen und abfahren. Ein Teil der Leute wurde nach Janowice umgesiedelt, und als es dort keine Wohnungen mehr gab, wurden zwei Wohnblocks in Zabobrze gekauft, und dort pferchte man uns alle hinein. Und gleich darauf wurde Miedzianka dem Erdboden gleichgemacht, damit nichts mehr von dem Bergwerk zu erkennen war.«

»Eiskalt war diese Frau. Wenn jemand was in der Gemeinde erledigen wollte, dann ging der lieber zur Słowińska als zur Siutowa. Vor der hatten die Leute Angst, und außerdem war die gar nicht von hier, und man wusste nicht, von wem die gesteuert wurde. Dafür war ihr Mann eine Seele von Mensch, ein Arzt, ein paar Jahre lang ist der bei der Friedensfahrt[21] mitgefahren. Alle haben sich immer gewundert, wie die ihn wohl eingewickelt hatte, dass er das überhaupt mit ihr aushielt. Doktor Siuta war immer sofort zur Stelle, der kam sogar mitten in der Nacht, wollte nicht mal Geld dafür. Vielleicht war ja auch sie nicht einmal schlecht, vielleicht musste sie einfach machen, was die ihr im Landkreis oder in der Woiwodschaft sagten. Aber das ist ja nicht unsere Sache, wenn die schlechte Vorgesetzte hatte.«

»Wie kommt es, dass es Miedzianka nicht mehr gibt?«
»Wie das kommt? Die Siutowa, zur Hölle soll sie fahren.«
»Wie – die Siutowa?«
»Die kam her und hat alle vertrieben.«

»Sie allein hat die Leute vertrieben?«

»Na, ein paar Helfer hatte die schon, alles Langfinger wie sie selbst.«

»Aber es bestand doch Einsturzgefahr?«

»Ja, aber nicht überall. Doch sie hat die ganzen Leute vertrieben und alles umpflügen lassen. Das hätte man doch anders angehen können, nicht gleich alle vertreiben.«

»Was hätte man denn machen sollen?«

»Was weiß denn ich, was man hätte machen sollen? Stürzen etwa heute in Miedzianka Gebäude ein? Nein, also wären auch damals keine eingestürzt.«

DIE BÖSE

Das Beste, was die Leute über sie sagen, ist, dass sie einen wunderbaren Mann hat. Ansonsten reden alle nur schlecht über sie.

»Es geht uns nicht um Rache«, betonen sie, »aber die Dame soll bloß nicht glauben, wir wüssten von nichts. Nur schade, dass sie damit durchgekommen ist. Bereichert hat sie sich, ein schönes Haus hingestellt, wer weiß, vielleicht sogar mehrere Häuser. Unsere Frau Doktor.«

Die Böse sagt: »Geben Sie mir ein paar Tage Zeit, ich muss mir das erst alles wieder in Erinnerung rufen. Ich bin achtzig Jahre alt, ich weiß, wie ich heiße, ich habe noch nicht vor, zu sterben, und schämen tue ich mich auch für nichts.«

◆ ◆ ◆

Eben sind sie mit den Eltern aus den Sommerferien zurück, als sich am Himmel Flugzeuge zeigen. Schnell machen sie, dass sie nach Wolhynien kommen, nach Zahajce und Tytylkowce, dort besitzt der Vater ein Landgut, dort wollen sie sich verstecken. Von jenem Landgut sollen ihnen bald nur noch Erinnerungen bleiben.

Irenas Vater wiederholt immer und immer wieder – wie ein

Mantra (im Alter wird er Buddhist) –, dass ja vielleicht bald England und Frankreich Hitler den Krieg erklären und doch noch alles gut ausgeht. Als die Russen einmarschieren, hört er damit auf. Ins Dorf kommen Rotarmisten, auf Kamieńskis Gut stellt sich sogleich das NKWD ein. Der Vater wird abgeführt und zwei Tage lang festgehalten. Irena ist voller Angst. In der Gegend geht das Gerücht, dass die *burżuje* nach Sibirien deportiert oder an Ort und Stelle erschossen werden sollen. Irenas Vater ist so ein *burżuj*, ein Bourgeois.

Die Bauern stellen sich hinter Kamieński. Sie bilden ein Komitee, gehen zu den NKWDlern und flehen sie an, ihn freizulassen. Er sei doch nur ihr *pan* – ihr Herr –, kein Leuteschinder. Ihr Einsatz zeigt Wirkung, Kamieński darf gehen. Noch in derselben Nacht kommen die Bauern auf den Gutshof und bringen die Kamieńskis aus dem Dorf. Sie haben die Information erhalten, dass es am nächsten Tag schon zu spät für eine Rettung sein könnte.

Also geht es nun nach Westen, zu den Deutschen, über den Fluss. Dieser Fluss ist der Bug. Und der Bug ist weit weg, sie müssen lange gehen, verschiedene Führer bezahlen, in Scheunen schlafen, sich vor Bauern, Ukrainern, Russen verstecken. Vor allen. Sie können nicht wissen, wer Freund ist und wer Feind. *Lachy* nennt man sie, *pany*[22], und wenn solche Leute sich verstecken, haben die sicher was auf dem Gewissen. *Pany* können sie hier nicht leiden – so wird es jedenfalls immer gesagt. Deswegen heißt es, nur weg hier, so weit wie möglich, in der Nacht und über Seitenstraßen oder durch Wälder und Wiesen, querfeldein. Und wenn man nicht weiterkommt, dann muss man sich irgendwo hinkauern und im Versteck abwarten, bis es wieder weitergeht. Bloß den Fluss erreichen, den Westen. Der Westen ist besser als der Osten.

Zwei Monate sind sie unterwegs, irren umher, weichen aus, warten auf eine günstige Gelegenheit, endlich erreichen sie im Dezember den Fluss. Sie mieten sich ein Boot und einen weiteren Führer. Irena und ihre Mutter setzen sich ins Boot, der Vater geht mit dem Führer durchs Wasser, so gelangen sie ans andere Ufer. Nun sind sie im Gouvernement, doch in Sicherheit noch nicht.

Aber der Vater hat Beziehungen; Graf Maurycy Stanisław Potocki, Gutsherr von Jabłonna bei Nowy Dwór, ist sein Freund. Ende des Jahres erreichen sie Jabłonna. Potocki stellt Adam Kamieński auf seinem Anwesen als Inkassanten ein, hier können sie sich vorübergehend sicher fühlen.

Jabłonna ist um einiges größer als ihr eigenes Landgut, das die Kamieńskis im fernen Wolhynien zurückgelassen haben. Der Pomp des Palastes und der ringsum angelegten Gärten kontrastiert jedoch mit der harten Wirklichkeit, in der alle Bewohner leben müssen. Im Haus herrschen Armut und Hunger; kurz nach ihrer Ankunft in Jabłonna muss Irena sich Arbeit suchen. Sie findet eine Anstellung in einer Limonadenfabrik, spült dort täglich Flaschen.

Jabłonna hat auch seine guten Seiten – nach wie vor ist es ein großes Landgut, mit allem, was dazugehört. Beispielsweise die Pferde. Schon als kleines Mädchen in Wolhynien hat Irena diese Tiere lieben gelernt, die Sehnsucht nach ihnen war wohl ihr größter Kummer auf der Flucht. Ihre Pferdeliebe führt jedoch zu Schwierigkeiten. Eines Tages taucht auf dem Potocki-Gut ein deutscher Offizier auf. Er ist zu Pferd von der nahegelegenen Festung Modlin gekommen. Irena spürt die Gefahr nicht; ohne auf den Reiter zu achten, geht sie zu dem Pferd, streichelt seine Nase, küsst es auf die Nüstern.

Vielleicht bringt Irena einfach den deutschen Offizier nicht mit den Schildern in Verbindung, die sie bereits früher gesehen hat: *Eintritt für Hunde, Juden und Polen verboten.* Oder sie geht davon aus, dass die gemeinsame Liebe zu Pferden für einen Moment alles, was zwischen ihr und dem Soldaten steht, nivellieren wird. Was auch immer sie sich denken mag – sie irrt gewaltig. Der deutsche Offizier verfällt in Wut und befiehlt ihr, sich am nächsten Tag in der Festung einzufinden. Dort soll sie als seine Dienstmagd arbeiten und dafür sorgen, dass auf seinem Schreibtisch jeden Morgen ein Frühstück und frischer Kaffee stehen. Auch seine Stiefel muss sie polieren und das ganze Haus in Ordnung halten. Die Arbeit selbst ist weder besonders lästig noch schwer; Irena muss lediglich ihre Pflichten sorgsam erfüllen und ansonsten nicht weiter auffallen. Anders ist es jedoch mit dem Weg zur Arbeit, den Irena am meisten fürchtet, muss sie doch, um zur Festung zu gelangen, nicht nur mehrere Dörfer und Siedlungen durchqueren, sondern auch eine Brücke passieren – auf der die Deutschen bevorzugt ihre Opfer abfangen. Nicht nur einmal rettet Irena der Name ihres »Arbeitgebers« das Leben.

Im August 1944 bricht in Warschau der Aufstand aus, und das nahe Legionowo ist der einzige Ort außer der Hauptstadt, in dem noch gekämpft wird. Auftrag der Aufständischen ist es, die Stadt von Norden her abzuschirmen. Die Deutschen werden mit dem Aufstand recht bald fertig, doch nun ziehen von Osten die Russen heran. Bis sie einmarschieren werden, ist es nur eine Frage der Zeit. Das weiß auch Adam Kamieński, der von neuem mit seiner Familie Schutz suchen muss. Er findet ihn gerade noch rechtzeitig im nahen Baboszewo.

Noch im September erreichen die Russen Jabłonna, die flüchtenden Deutschen setzen Potockis Gutshof in Brand. Bald darauf sind die Rotarmisten auch in Baboszewo. Damals unterläuft Adam Kamieński ein Fehler, den er nur durch ein Wunder nicht mit dem Leben bezahlen muss: Er erkennt die sowjetischen Uniformen nicht, läuft den Soldaten entgegen und begrüßt sie auf Deutsch.

Der Krieg endet, doch von einer Rückkehr in den Osten dürfen die Kamieńskis nicht einmal träumen. Denn nun wird die Umsiedlungsmaschinerie in Gang gesetzt, die Hunderttausende Menschen ihren Heimatorten entreißen und sie nach Westen verschlagen sollte. Die Kamieńskis überlegen ebenfalls, was sie tun sollen. Wolhynien liegt nun nicht mehr in Polen, sondern in der Ukraine, in der Umgebung von Warschau zu bleiben hat wiederum keinen Sinn, die Hauptstadt erinnert an einen Schutthaufen. Nach Kriegsende jedoch leben Adam Kamieńskis alte Kontakte wieder auf. Aus dem Konzentrationslager in Neuengamme kehrt sein alter Freund und Kumpan Czesław Centkiewicz zurück. Irena erinnert sich noch an seine Geschichten aus der Vorkriegszeit über eine Polarexpedition und andere verrückte Reisen. Jetzt lauscht sie mit angehaltenem Atem seinen Erzählungen vom Aufständischenkampf. Schon bald bekommt Centkiewicz ein Arbeitsangebot von der Energievereinigung; er soll Technischer Direktor für Niederschlesien werden. Eine solche Arbeit schafft natürlich Möglichkeiten – die Centkiewicz nutzen möchte, um seinen Freunden zu helfen. Er schlägt den Kamieńskis vor, mit ihm in den Westen zu kommen. Die brauchen nicht lange zu überlegen – sie fahren mit.

Aus Warschaus Trümmern kommen sie in die Trümmer Wrocławs. Von dort aus geht es nach Südwesten. Im Mai 1946 sind sie bereits in Jelenia Góra. In den ersten paar Tagen streift Irena mit erstaunt aufgerissenen Augen durch die Stadt: Hier haben die Häuser Dächer und Fenster, nirgendwo sind Ruinen zu sehen, deutsche *Hausfrauen* fegen allmorgendlich den Gehsteig, übergießen ihn allabendlich mit Wasser. Die polnischen Ämter haben geöffnet, Straßenbahnen fahren. Als hätte es hier niemals Krieg gegeben.

Gemeinsam mit den Centkiewiczs beziehen die Kamieńskis eine Villa an der Aleksander-Fredro-Straße. Das Gebäude ist nicht sonderlich komfortabel, besitzt aber einen großen Vorteil: Als Eigentum der Energievereinigung steht es unter dem Schutz der Straż Przemysłowa, der Industriepolizei. Das ist wichtig, hört man doch in der Umgebung und der Stadt selbst immer häufiger von Plünderungen und pöbelnden Räuberbanden, die das Nachkriegschaos ausnutzen und die von den Deutschen hinterlassenen Wohnungen ausräumen. Auf der Jelenia-Straße gibt es sogar einen bestimmten Markt, den sogenannten *szaberplac,* auf dem man im wahrsten Sinne des Wortes alles kaufen kann.

Ihr Vater bekommt Arbeit bei der Energievereinigung, Irena geht zur Schule. So wie viele Einwohner Jelenia Góras versuchen die Kamieńskis, den Krieg zu vergessen, sehen sich in der Stadt um, beginnen die Umgebung zu erkunden. Bei einem Sonntagsausflug entdeckt Irena Miedzianka, das idyllische Städtchen oben am Berggipfel. Sie spaziert durch die steilen Gässchen, bleibt auf dem dreieckigen Marktplatz stehen, betrachtet die Berge und ist ganz beglückt von der Stille und Beschaulichkeit hier oben. Alles ringsum gefällt ihr, und sie nimmt sich vor, ab und zu wieder herzukommen.

Dafür werden die Menschen sie verwünschen.

◆ ◆ ◆

Die Böse und der Gute wohnen in Cieplice, gleich bei der Landstraße von Jelenia Góra nach Szklarska Poręba. Als sich alles änderte in Polen, sind sie hier untergeschlüpft. Das Haus in Janowice überließen sie ihrem Sohn. Nicht, dass sie sich verstecken wollten, sie waren einfach müde. In Cieplice können sie sich erholen.

Es ist ein bisschen wie am Ende der Welt. Durchquert man den Kurort und hält sich südlich, so kommt man nach mehreren Kilometern an ein altes deutsches Mehrfamilienhaus. Von außen wirkt es ärmlich und verfallen, nichts Extravagantes, eher Vorstadtprosa, die Gärten gehen nahtlos ins freie Land über. Drinnen sieht es etwas besser aus, an den Wänden hängen Malereien von Irenas Vater.

»Das ist Zahajce, das ist Tytylkowce. Ich bin nur einmal wieder hingefahren, habe nichts wiedererkannt außer einer großen Eiche. Alles war verschwunden; von dem, was wir zurückgelassen haben, stand kein Stein mehr auf dem anderen.«

Schon wollten sie abfahren, als aus einem der Häuser in der Nähe eine Frau gelaufen kam und unsicher fragte: »Fräulein Irenka?«

»Ich weiß nicht, wer sie war. Doch wir haben beide geweint.«

Irena Kamieńska-Siutas Visitenkarten zeigen ein Panorama des Riesengebirges und eine lateinische Maxime: *Nummis praestat carere quam amicis* – »Lieber ohne Geld auskommen als ohne Freunde«.

Ihr bester Freund ist seit Jahren Ehemann Stanisław Siuta. Über ihn sagen die Leute, er habe »ein goldenes Herz« – und sie, die Böse, müsse ihn wohl irgendwie um den Finger gewickelt haben.

◆ ◆ ◆

Es ist Mitte der fünfziger Jahre. Irena ist eben zurück aus Warschau, wo sie Russistik studiert hat, nun sieht sie sich nach einer Arbeit um. Lehrerin möchte sie werden. Ihre Herkunft ist nicht die allerbeste, über ihre Wurzeln spricht sie lieber nicht – »Tochter eines Großgrundbesitzers aus dem Osten«, das klang in den damaligen Zeiten nicht allzu gut.

Noch vor ihrem Umzug nach Warschau ist sie in die Partei eingetreten. Damals war sie siebzehn Jahre alt, betätigte sich in der OMTUR, der Jugendorganisation der Gesellschaft der Arbeiteruniversität. Nun, nach ihrer Rückkehr, hat sie mehr Freizeit. Sie ruft innerhalb des Bundes der Polnischen Jugend die Ortsgruppe Jelenia Góra ins Leben, wird deren erste Vorsitzende. Ja, Irena Kamieńska glaubt an den Kommunismus. Außerdem hat sie viel Energie, doch wenig sportliches Talent – sonst könnte sie diese Energie auf dem Sportplatz ausleben. Leider aber fliegen ihre Bälle stets in die falsche Richtung. Einmal hat Czesław Centkiewicz sie im Winter zum Skilanglauf mitgenommen, bis nach Bierutowice wollten sie laufen. Unterwegs stürzte Irena 113 Mal, danach ließ sie das Zählen. Nach jedem Fall rappelte sie sich aber wieder auf und machte weiter. Allzu weitgehende Schlüsse sollte man daraus doch nicht ziehen: Wäre sie nicht aufgestanden, hätte sie wohl allein in den Bergen bleiben müssen – Centkiewicz hatte nicht die Angewohnheit, sich nach hinten umzusehen. Die einzige Sportart, die Irena mag, ist Schwimmen.

»Ich schwimme im Wasser ebenso gut wie durchs Leben«, sagt sie Jahre später, nicht ohne Stolz.

Schließlich bekommt sie Arbeit an einem Gymnasium in Jelenia Góra. Hier lernt sie ihren zukünftigen Mann kennen, Staszek, einen gutaussehenden Sportlehrer und angehenden Medizinstudenten. Sie, die schöne, energiegeladene, etwas draufgängerische Dunkelhaarige, ein Wirbelwind. Flink wie Quecksilber. Und er, der Ruhige und Beherrschte. Wie Feuer und Wasser ergänzen sie einander gut. Ein hübsches Paar. Für den Rest ihres Lebens werden sie zusammenbleiben. Als Staszek für ein Studium wegzieht, stürzt Irena sich in die Arbeit, unterrichtet und engagiert sich im Jugendbund. Sie wird Vorsitzende der Bildungskommission des Städtischen Volksrates von Jelenia Góra, kandidiert für den Kreisrat, organisiert, schult, kontrolliert. Ehrgeizig war sie schon immer, sie will hoch hinaus. 1965 erläutert sie in einem Interview mit einer Lokalzeitung: »Es ist schon manches Nützliche unternommen worden, aber mit einer engeren Verbindung zu Umgebung und Gesellschaft könnte man noch einiges mehr ausrichten. Zu selten gab es Zusammenkünfte der Kommission vor allem mit Lehrern, Eltern von Schülern oder auch Schülern selbst. Ich hoffe, dass die neue Bildungskommission in diesem Bereich die Versäumnisse ihrer Vorgängerin wiedergutmachen kann.«

Als Staszek Siuta nach seinem Medizinstudium zurückkommt nach Jelenia Góra, heiraten die beiden schnell. Eile ist geboten, hat doch Staszek anschließend den für Mediziner verpflichtenden Wehrdienst abzuleisten. Die erneute Trennung währt jedoch nur kurz; der junge Mann kann kaum seine Uniform anlegen, als ihm schon die Leitung des Gesundheitszentrums in Janowice Wielkie angetragen wird. Beide wissen nicht recht, wo der Ort liegt, suchen ihn erst einmal auf der Landkarte. Als sie ihn gefunden haben, überlegen sie nicht lang. Staszek bringt seinen Wehrdienst zu Ende, sie packen ihre Koffer und fahren. Er wird Direktor, sie Lehrerin an der Schule des Ortes. Die Einwohner beäugen sie misstrauisch. Zu ihm gewinnen sie schneller Vertrauen, er ist Arzt, hat Kontakt zu den Leuten, behandelt ihre Kinder. Sie dagegen bleibt ihnen ein Rätsel.

Eine Dorfgrundschule ist nicht dasselbe wie das Gymnasium in Jelenia Góra. Andere Probleme, andere Schüler, eine ganz andere Lebensrealität. Für viele Kinder ist es nahezu unmöglich, im Winter zur Schule zu gelangen – zum Beispiel aus einem Ort wie Mniszków, wo es keine eigene Schule gibt, sodass die Schüler sechs Kilometer gehen müssen. Ist der Weg verschneit, kann von pünktlichem Erscheinen keine Rede sein. Außerdem ist es für Lehrer an Provinzschulen viel schwieriger, Schulhilfe oder zusätzliche Mittel von der Zentrale zu bekommen. Als Irena noch in Jelenia Góra wohnte, konnte sie den Zuständigen auf die Füße treten und die Dinge ganz gezielt erledigen. Von Janowice aus ist das fast unmöglich.

Immer häufiger kommt sie deswegen schlechtgelaunt und unwillig nach Hause. Der Kampf gegen Windmühlen kostet sie viel Kraft, und es lässt sich auch nicht leugnen, dass sie lieber mit Jugendlichen als mit Grundschülern arbeitet. Die Kinder spüren ihre Unlust und tanzen ihr auf der Nase herum. Bald wird ihr die ersehnte Arbeit zur Belastung.

»Du kannst jederzeit aufhören«, sagt Staszek eines Tages. Um Geld brauchen sie sich nicht zu sorgen; als Leiter des Gesundheitszentrums verdient er gut, in Janowice können sie bequem von seinem Einkommen leben. Doch nicht das Geld ist es, was Irena an ihrer Arbeitsstelle hält – es ist ihre unbändige Energie, der sie irgendwo freien Lauf lassen muss.

»Was soll ich denn stattdessen machen?«, fragt sie.

◆ ◆ ◆

»Ich wusste nicht, dass sie mich hassten; wir haben alles getan, was in unserer Macht stand, um diese Menschen zu retten«, sagt sie verwundert. Das Wort »retten« spricht sie sehr langsam und deutlich aus, wiederholt es später noch mehrere Male. »Ich habe nie gespürt, dass sie mir genau das angeblich so übelgenommen haben.«

Auf dem Tisch stehen Kuchen und Tee in verschnörkelten Tässchen, draußen vor den Fenstern ist das fröhliche Geschrei einer herumtollenden Kinderschar zu hören. Im Wohnzimmer selbst aber ist es ziemlich still. Eine Uhr tickt, eine Fliege summt, oben knarrt der Holzboden der Nachbarn. Die Böse schweigt, starrt auf ihre Untertasse, dreht sie zwischen den Fingern, klopft leicht mit ihrem lackierten Fingernagel darauf. Ein feines Lächeln weicht nicht von ihrem Gesicht, man sieht, dass sie mit den Gedanken woanders ist. Sie sieht nicht verwundert aus, eher resigniert. Der Gute sitzt neben ihr, sieht sie an, als warte er darauf, dass sie etwas sagt.

»Die Leute müssen es mir nicht glauben, aber ich habe wirklich keine andere Staatsangehörigkeit als die polnische. Meine Mutter war Russin, aber ich bin Polin. Das ist ein sehr eigentümliches Völkchen. Wir haben eine herrliche Geschichte, eine herrliche Literatur und einen unendlichen Vorrat an herrlicher Niedertracht. In einem Buch von Melchior Wańkowicz fragt ihn einer seiner Gesprächspartner, ob das Wodkatrinken die schwierigste Eigenschaft der Polen sei. Wańkowicz antwortet, Wodkatrinken sei nicht das Problem. Das Problem sei die Missgunst, die häufig jeder Grundlage entbehrt.«

»Worum haben die Menschen Sie am meisten beneidet?«

»Wir hatten mehr als sie, und ich war Kommunistin. Reicht das nicht?«

◆ ◆ ◆

Es ist der Frühling 1969. Über Komarno, ein Dorf in der Gemeinde Janowice Wielkie, ist eben ein heftiger Gewittersturm hinweggefegt. In wenigen Minuten hat der Wind Häuser abgedeckt und das Regenwasser den einzigen Zufahrtsweg zum Ort überschwemmt. Weidezäune sind umgestürzt, und Vieh ist entlaufen, im ganzen Dorf ist der Strom ausgefallen. Die Menschen hasten aufgeregt hin und her, wissen nicht, wo sie zuerst Hand anlegen, was sie zuerst in Sicherheit bringen sollen.

Die Gemeindevorsteherin Irena Kamieńska-Siuta besucht den Ort. In einer Scheune, die nur wenige Schäden davongetragen hat, beruft sie eine Versammlung ein. Kamieńska ist nicht besonders groß; um besser gesehen zu werden, steigt sie auf einen Strohballen. Sie versichert, dass die Gemeinde den Dorfbewohnern helfen werde, fragt nach den dringlichsten Notwendigkeiten. Ein Bauer ruft eine Frage in den Raum – wie man die wilden Bullen bändigen solle. Irena Siuta wird rot, sie hält die Frage für eine Provokation; dann holt sie tief Luft und setzt zu einem belehrenden Vortrag über die Erziehung der Jugend und über den Umgang mit jungen Draufgängern an, die den Dorfmädchen zu Leibe rücken. Die Bauern stehen bloß da, manche kratzen sich am Kopf. Als Kamieńska zu dem Punkt kommt, die Gemeinde könne Freizeitangebote für die Jugendlichen organisieren, um ihnen etwas Konstruktives zu tun zu geben (heute seien die Möglichkeiten schließlich nahezu unbegrenzt), unterbricht einer der Bauern sie gutmütig: »Wir meinen unsere Jungbullen, die sind in den Wald gelaufen, weiß der Teufel, wie wir sie ohne Hilfe wieder einfangen sollen.«

Zwar ist Irena Kamieńska-Siuta vor einem Jahr Gemeindevorsteherin geworden, doch eine von hier ist sie deshalb noch lange nicht. Sie war im Volksrat der Gemeinde tätig, als der Vorschlag an sie herangetragen wurde, die gesamte Gemeinde zu leiten. Das war, kurz nachdem sie ihre Arbeit in der Schule aufgegeben hatte und eine neue Beschäftigung suchte. Sie hatte schon immer gern organisiert, sich aktiv beteiligt. Das Problem mit alldem war und ist jedoch, dass es sich um eine ländliche Gemeinde handelt und sie sich mit dem Landleben ganz einfach nicht auskennt. Ihre Kindheit – ja, die hat sie auf dem Gutshof ihres Vaters verbracht, doch dort nannten sie alle nur »das Fräulein«, das Landleben hat sie dort kaum kennengelernt. Dann folgten Jelenia Góra, das Studium in Warschau. Die Menschen hier betrachten sie als Städterin. Und zu Recht, sie kommt schließlich aus der Stadt. Auf dem Amt hat sie Mitarbeiter, die sich mit den Anforderungen des ländlichen Lebens auskennen. Es hat sich sogar so eingeschliffen, dass jeder, der etwas in der Gemeinde zu erledigen hat, eher zur Gemeindesekretärin Irena Słowińska geht als zur Vorsteherin Siuta.

»Die Siutowa versteht gar nicht, wovon wir reden«, beklagen sich die Menschen bei Słowińska.

Deren Verhältnis zur neuen Gemeindevorsteherin schwankt daher zwischen Misstrauen und Überheblichkeit – was die jedoch nicht im Geringsten stört.

»Häng im Amt einen Zettel auf, dass du Federvieh nur tot und gerupft annimmst«, scherzt ihre Mutter einmal. In Wirklichkeit jedoch werden solche Dankesgaben nur äußerst selten an Irena Siuta herangetragen.

Ein zusätzliches Problem ist natürlich, dass Siuta eine »Genossin« ist. Zudem lassen ihre russischen Wurzeln und ihre hilfreichen Beziehungen die Menschen misstrauisch werden, was ihre wahren Absichten betrifft. Im Dorf wird geredet, sie sei hergeschickt worden, um sämtliche Hinweise auf das sowjetische Uranbergwerk in Miedzianka verschwinden zu lassen. Diese Gerüchte machen natürlich den Kreis ihrer Sympathisanten nicht größer. Niemand weiß, ob es Vorsatz ist oder eine Unachtsamkeit, als ihr beim 1.-Mai-Umzug die Redetribüne unter den Füßen wegrollt. Arbeiter haben sie auf runden Fässern aufgebaut, und als die Vorsteherin vor das Mikrofon tritt, beginnt das ganze Podest langsam zur Seite wegzurutschen. Die Zuschauer brüllen vor Lachen, die Mitarbeiter eilen ihrer Chefin rasch zu Hilfe. Es glückt gerade noch, den ganzen Vorfall ins Scherzhafte zu drehen.

Was die Menschen tatsächlich von ihr halten, erfährt sie wohl erst in Radomierz. Anfang der siebziger Jahre kommt ein Priester aus Szklary bei Nowa Sola zu ihr ins Amt. Er lässt dort gerade eine Kirche bauen und fährt nun in ganz Niederschlesien herum, um die Ausstattung seines Gotteshauses mit Dingen zu komplettieren, die andere Geistliche in ihren Pfarren nicht verwenden wollen. Vom Denkmalkonservator des Landkreises hat er die Erlaubnis bekommen, sich die unbenutzte Kirchenglocke aus dem alten Glockenturm in Radomierz zu holen. Alles soll auf Kosten seiner eigenen Pfarre vonstattengehen, die Gemeindevorsteherin hat lediglich die entsprechenden Bewilligungen zur Mitnahme der Glocke zu erteilen, die seit jeher im Radomierzer Kirchturm hängt. Irena Kamieńska-Siuta sieht darin kein Problem – der Glockenturm von Radomierz droht ohnehin einzustürzen, nie läutet jemand die Glocke, zudem steht direkt daneben eine neuere Kirche, in der die Gottesdienste stattfinden. Somit sieht sie die Initiative des Geistlichen aus Szklary als gute Lösung für das Problem mit der Turmruine an, die schon bald die Einwohner gefährden würde – und unterzeichnet ein entsprechendes Schreiben. Dann vergisst sie die ganze Sache.

Wenige Wochen später kehren Irena Słowińska und Irena Siuta gemeinsam aus Jelenia Góra nach Janowice zurück. In Radomierz sehen sie einen Menschenauflauf bei dem alten Glockenturm. Sie halten das Auto an, wollen nachsehen, was da vor sich geht. Schon von weitem sind aufgeregte Stimmen zu vernehmen. Inmitten der Menschenmenge steht der erschrockene Priester aus Szklary. Ohne Priesterkragen, in Arbeitskleidung, mit entsetztem Blick. Die Dorfbewohner drohen ihm mit Fäusten und beschimpfen ihn als verkleideten Dieb.

Die Gemeindevorsteherin versucht die Situation zu entschärfen, erklärt, die Glocke sei für eine andere Kirche gedacht, weil sie hier nur unbenutzt verwittern würde und obendrein eine Gefahr für die Menschen darstelle. Erst nach einer Weile bemerkt sie, dass die Glocke gar nicht mehr im Turm hängt.

»Sie haben sie versteckt und wollen sie nicht herausgeben, weil sie mir nicht glauben, dass ich der bin, für den ich mich ausgebe«, erklärt ihr der Priester besorgt.

»Wir lassen nicht zu, dass katholische Kirchenglocken auf den Schrott geworfen werden!«, brüllt einer aus der Menge.

Ein anderer schüttelt drohend eine Mistgabel. Weitere Ortsansässige haben sich vor dem glockenlosen Turm aufgebaut und weichen keinen Schritt beiseite. Die Protestierenden gewinnen an Mut, Irena Siuta schallen die ersten unflätigen Beschimpfungen entgegen. Irgendwann kommt der breitschultrige und hochgewachsene Wachtmeister aus Janowice dazu, eine Weile wird noch hin und her verhandelt, jedoch bleiben alle Erklärungen vergeblich. Schließlich geben Gemeindevorsteherin und Priester sich geschlagen, steigen in ihre Autos und fahren ab. Nach einigen Tagen hängt die Glocke wieder im Turm. Ihre Verteidiger werden noch jahrelang im Glorienschein ihres Sieges herumlaufen.

❖ ❖ ❖

Irena Słowińska lebt heute in Janowice Wielkie, in einem kleinen Haus oben auf einem Hügel. Ihr Mann Jerzy war fast ein Jahr lang Leiter der Brauerei in Miedzianka, und bis heute ist ihm die Gewohnheit geblieben, diesen Ort »*mój mały browarek*« – »mein Brauhäuschen« – zu nennen. Fast ihr gesamtes Leben hat Słowińska im Gemeindeamt verbracht. An die Ereignisse in Radomierz erinnert sie sich nur allzu gut, fasst knapp zusammen: »Ich hatte damals Angst, manche dieser Leute waren regelrecht aggressiv. Irena aber wirkte ganz beherrscht.«

Ihre ehemalige Vorgesetzte hat sie in positiver Erinnerung, auch wenn sie heute nur noch selten Kontakt haben. Als in Polen alles anders wurde, trennten sich ihre Wege.

»Sie forderte viel und war streng, unablässig musste man sich um ihre Anerkennung bemühen. Grundlos verwöhnt hat sie niemanden. Wenn aber jemand aus dem Amt in Schwierigkeiten war, stellte sie sich auf den Kopf, um ihm zu helfen.«

Auf die Frage, warum niemand in der ganzen Gegend Irena Siutowa leiden könne und manche sie regelrecht zu hassen scheinen, wird Irena Słowińska für einen Moment still.

»Irena war keine besonders zugängliche Person, die man leicht ins Herz schloss. Sie war einfach anders: besser ausgebildet als wir alle, mit Ambitionen und städtischen Manieren, hübsch, modisch gekleidet, immer die Augen geschminkt. Sie fuhr ihr eigenes Auto, hatte einen Arzt zum Ehemann, sammelte Antiquitäten. Er verdiente gut, sie arbeitete für ihre Selbstverwirklichung – nicht, weil sie das Geld brauchten. Na, und ein bisschen auch für den Ruhm, es gefiel ihr, wenn gut von ihr gesprochen wurde. Aber wem gefällt das nicht? Und was ist das schon für ein Ruhm, hier in der Gemeinde oder im Landkreis?«

◆ ◆ ◆

Die ersten Einwohner von Miedzianka wenden sich schon ab Anfang der sechziger Jahre mit Klagen an die Gemeinde. 1966 wird das Amt noch von Janina Karwacka geleitet; sie setzt Himmel und Hölle in Bewegung, um 32 Ersatzwohnungen für die Menschen zu finden, deren Häuser in Miedzianka bereits in sich zusammenzufallen beginnen. Man siedelt sie um nach Janowice und Jelenia Góra. Das Problem wird jedoch immer größer. Als Irena Kamieńska-Siuta 1968 Gemeindevorsteherin wird, erwartet sie auf ihrem Schreibtisch ein gewaltiger Stapel Papiere, die sämtlich mit dem Verfall der Stadt zu tun haben. Theoretisch sind die Entschädigungsgelder für die Bergbauschäden, die der Gemeindekasse zufließen, für die Instandsetzung der Häuser gedacht. Im ersten Amtsjahr der neuen Vorsteherin sind es über 200 000 Złoty. Eine nicht geringe Summe, jedoch lediglich ein Tropfen im Ozean des Renovierungsbedarfs, in dem die Stadt unterzugehen droht. Statt in Ruinen zu investieren, zieht die Gemeinde Spezialisten aus Katowice für einen Lokalaugenschein hinzu; sie sollen beurteilen, ob es noch Sinn hat, in Miedzianka etwas zu bauen oder instand zu setzen. Dafür müssen jedoch die Behörden des Landkreises ihre Einwilligung geben. Und die wiederum sind nicht sehr erpicht darauf, sich mit einem derart komplexen Problem herumzuschlagen –wie viel leichter ist es doch, einfach abzuwarten, bis es sich von allein löst, genauer gesagt: im Erdboden verschwindet. Die Besprechungen und Verhandlungen ziehen sich über viele Wochen.

Schlussendlich kommen die Katowicer Spezialisten doch in die Stadt. Das Auto parken sie mitten auf dem Marktplatz, die Vorsteherin ist auch dabei (später wird es Gerüchte geben, eines Tages sei ein schwarzer Wolga mit Leuten vorgefahren, denen die Siutowa die gesamte Stadt verkauft habe). Nach mehreren Stunden Begutachtung haben die Ingenieure keinen Zweifel mehr – die Stadt wird früher oder später in der Erde versinken. Nicht vom Einsturz bedroht ist lediglich ein kleiner, westlich gelegener Stadtteil. Doch größere Bauarbeiten sollten auch dort besser nicht vorgenommen werden. Die Einwohner am Marktplatz und in den umliegenden Straßen sollten unverzüglich umziehen, auch von Renovierungen jeglicher Art werde dringend abgeraten, da sie nicht zielführend seien.

Ideen zur Problemlösung gibt es einige. Mit dem Entschädigungsgeld könnten neue Häuser auf ungefährlichem Grund gebaut werden; man könnte das Geld auch an die Bewohner auszahlen, die dann selbst sehen sollen, was sie damit machen. Der erste Vorschlag übersteigt jedoch wohl die organisatorischen und finanziellen Möglichkeiten der Gemeinde, der zweite hingegen birgt das Risiko, dass nicht alle mit dem ihnen anvertrauten Geld verantwortungsvoll umgehen. Es lässt sich nicht leugnen: In den letzten Jahren gedeihen in Miedzianka die verschiedensten Pathologien; immer häufiger müssen die Milizionäre aus Janowice gerufen werden, wenn es im Suff zu Schlägereien kommt oder bei der Plünderung verfallener Häuser Unfälle passieren. Natürlich leben hier auch rechtschaffene Bürger, die das Leben hierher verschlagen hat oder die an Miedzianka hängen und nicht gehen wollen. Wahrscheinlich sind diese Menschen sogar in der Mehrzahl, jedoch ist der Ruf, den die Stadt in letzter Zeit genießt, nicht der allerbeste. Es gibt aber noch einen dritten Lösungsansatz: In Jelenia Góra entsteht eine neue Wohnsiedlung, und das Geld für die Bergbauschäden reicht genau, um dort ein paar Dutzend Wohnungen für Einwohner aus Miedzianka zu kaufen. Irena Kamieńska-Siuta erscheint diese Lösung am sinnvollsten. Bald bekommen die ersten Einwohner der Stadt Wohnungen in den Blocks an der Karłowicz-Straße in Jelenia Góra zugeteilt.

❖ ❖ ❖

1972 treffen im Gemeindeamt in Janowice Wielkie erste Beschwerdebriefe von der Wohnbaugenossenschaft Jelenia Góra ein; man klagt über die neuen Bewohner aus Miedzianka. Deren Nachbarn beanstanden, die Zugezogenen hielten sich Hühner und Nutzvieh auf ihren Balkonen. Wenn man sie darauf hinweise, dass das kein Ort für die Tierzucht sei, reagierten sie aggressiv. Die *Nowiny Jeleniogórskie* wiederum veröffentlicht Briefe von aufgebrachten Lesern, die nicht wünschen, dass auf den Rasenflächen der neuen Wohnsiedlung Kaninchenkäfige stehen und Wäsche trocknet. Kamieńska macht sich also auf den Weg nach Zabobrze, um nachzusehen, wie es den Menschen so geht unter den neuen Lebensbedingungen. Bei der Gelegenheit will sie überprüfen, ob die Beschwerden der Nachbarn berechtigt sind. Manchmal wird sie auf ihren Erkundungsfahrten von Irena Słowińska begleitet. Doch obwohl sie die Wohnsiedlung mehrere Dutzend Male aufsuchen, sehen sie niemals irgendwo Hühner. Sie reden mit den Menschen – und die beschweren sich darüber, dass es in den Blocks enger ist als in den ehemals deutschen Häusern und dass die Aussicht aus den Fenstern nicht dieselbe ist wie in Miedzianka. Zur Schule ist es aber nah, die Arbeit haben sie direkt vor der Nase, zum Einkaufen muss man auch nicht weit gehen. Sogar die Bäckerei Miroś hat angefangen, ihr Brot von Janowice auch nach Zabobrze zu liefern, als es hieß, Miedzianka befinde sich jetzt dort.

»Ich hatte bei diesen Gesprächen nie den Eindruck, die

Menschen hätten uns etwas übelgenommen oder wären bei diesem Umzug schlechter weggekommen. Natürlich, sie hatten Heimweh nach Miedzianka, aber das ist ja auch ein wunderschöner Ort, wie sollte man da kein Heimweh haben. In Zabobrze hatten sie allerdings ein bequemeres Leben«, erinnert sich Irena Słowińska, »und sie alle äußerten sich entweder wohlwollend über uns oder mit neutraler Höflichkeit. Schließlich musste uns nicht jeder lieben.«

◆ ◆ ◆

Im Jahr 1981 publiziert eine Zeitung in Jelenia Góra einen Text, in dem Irena Kamieńska-Siuta als »Vampirin des Riesengebirges« bezeichnet wird. Der »Karneval der Solidarność« ist in vollem Gange – mehrere Monate reglementierter Freiheit, die mit der Verhängung des Kriegsrechts endet. In den Räumen des Gencjan-Betriebs in Jelenia Góra finden Treffen zwischen Gewerkschaftsfunktionären und Regierungsvertretern statt; es soll eine Abrechnung mit den Regierenden der Woiwodschaft für deren Taten geben. In der Folge dieser Treffen kommt es zu einem Streik bei Gencjan, der durch die Unterzeichnung eines Übereinkommens in elf Punkten beendet wird. Punkt neun verpflichtet drei Personen, ihre bislang ausgeübten Funktionen niederzulegen – darunter auch die Vizewoiwodin von Jelenia Góra, Irena Kamieńska-Siuta.

1972 hat Kamieńska sich vom Gemeindeamt in Janowice verabschiedet und war Bürgermeisterin von Karpacz geworden. Das gelang ihr dank ihrem Durchsetzungsvermögen und ihrer Selbstsicherheit; in der Woiwodschaft wurden tatkräftige Funktionäre gesucht, besonders in solch schwierigen Gegenden wie Karpacz, einem der wichtigsten Tourismusorte der Region. Bei einem Parteitreffen sagt der Funktionär einer Nachbargemeinde lachend, eher würde ihm ein Kaktus auf der Handfläche wachsen, als dass es ihr gelänge, die Lehrerheime bauen zu lassen, die ihr entlang der Wojsko-Polskie-Straße in Janowice vorschweben. Ein Jahr später wendet sich Kamieńska mit folgenden Worten an ihn: »Nun, Genosse, dann zeigen Sie mir bitte Ihren Kaktus. Die Heime sind längst gebaut, es wohnen schon Lehrer darin.«

Einige Jahrzehnte später ergänzt sie mit einem Lächeln, dass die Lehrerhäuser ihr größter Stolz seien und dass sie sich nicht erklären könne, wieso diese Straße in Janowice nicht nach ihr benannt sei.

Während ihrer Amtszeit in Janowice gelingt es Kamieńska zweimal, für den Ort eine Auszeichnung als vorbildliche Touristengemeinde der Woiwodschaft Niederschlesien zu erlangen. Nun soll sich dieser Erfolg im größeren Karpacz wiederholen.

Dort geht es ihr recht gut, steigt sie doch nach vier Jahren von der Bürgermeisterin zur Vizewoiwodin auf. Die Woiwodschaft wird zu jener Zeit von Stanisław Ciosek geleitet, dem späteren Minister für Berufsverbände, Arbeit, Löhne und Soziales, und nach 1989 Botschafter der Republik Polen in der UdSSR und Russland. In Irena Kamieńska-Siutas Aufgabenbereich fällt zu ihrem Pech die Aufsicht über Handel und … Landwirtschaft. Dabei kennt sie sich weder mit dem einen noch mit dem anderen besonders gut aus.

Als 1980 die Solidarność legalisiert wird, beginnt in Jelenia Góra die Zeit der Abrechnungen. Jemand erinnert sich, dass Kamieńska während ihrer Amtszeit in Karpacz sieben Hundertstel Hektar Wald für den Bau eines Sessellifts hat abholzen lassen, ohne sich dabei ganz korrekt an die nötigen Formalitäten zu halten. Der Wald befindet sich nämlich in der äußeren Schutzzone eines Naturschutzgebietes, somit hätte eigentlich der Forstminister seine Einwilligung geben müssen. Mit dem Fall hat sich sogar bereits die Staatsanwaltschaft befasst, ihn jedoch aufgrund »der geringen gesellschaftlichen Schädigung durch die Tat« eingestellt. Mit der Abrechnungswelle ab August 1980 kehrt das Thema zurück, und die Woiwodschaftsbehörden beschließen, die Frau Bürgermeisterin zu opfern, obwohl sie gut wissen, dass die Strafe angesichts der geringfügigen Schuld überproportional ausfallen würde. Das Gericht spricht allerdings kein Urteil, sondern macht von der eben erst verkündeten Amnestie Gebrauch.

»Nun wird ein Urteil gegen mich aufgehoben, das es nie gegeben hat«, sagt Kamieńska-Siuta nach der letzten Verhandlung zu ihrem Mann. Das ist jedoch noch nicht das Ende, nun schreiben sogar die regierungsnahen Zeitungen mit Vorliebe lang und breit über Kamieńska – sie bekommt den Spitznamen »Vampirin« verpasst, und ihre Beseitigung wird zu einem Postulat für die Streikenden bei Gencjan.

◆ ◆ ◆

»Ich kann mir selbst in die Augen sehen, wenn ich vor dem Spiegel stehe«, sagt die Böse. »Ich bin achtzig Jahre alt, ich weiß, wie ich heiße, und schämen tue ich mich für nichts. Auf das, was die Leute über mich erzählen, habe ich keinen Einfluss. – Und ehrlich gesagt ist es mir auch völlig wurscht«, versichert sie, doch man sieht ihr an, dass das nicht stimmt.

In Zabobrze gibt es bis zum heutigen Tag Menschen, die behaupten, sie habe die Leute geradezu mit Gewalt aus ihren

Häusern geworfen (»uns nicht, aber die Nachbarn haben es uns so erzählt«), keiner von ihnen habe freiwillig gehen wollen, ihre Häuser seien gar nicht einsturzgefährdet gewesen. Sie sagen, die Siutowa müsse irgendeinen Nutzen davon gehabt haben. Angeblich hat sie die Befehle dazu direkt aus Moskau erhalten. Eine Abgesandte im Auftrag der Sowjets soll sie gewesen sein, die jede Spur vom geheimen Uranbergwerk habe tilgen sollen. Nur, dass in den siebziger Jahren die Vergangenheit der Stadt gar kein Geheimnis mehr war. So wie auch bereits zwanzig Jahre zuvor nicht, als Bronisław Hac und andere Geologiestudenten die Bergwerksgänge inspizierten.

»Wir wussten alle, was sich dort befand, wie viel gefördert worden war und was später passierte«, sagt Zbigniew Pawęska, Dr. Kamieńska-Siutas Nachfolger auf dem Vorstehersessel. »Offiziell wurde natürlich nicht darüber gesprochen, denn dann hätte man dazusagen müssen, dass dieser Raubbau unserer Sowjetfreunde zum Einsturz der gesamten Stadt geführt hat. Aber ein Geheimnis war es nicht, die Leute wittern nur heute überall Skandale, auch da, wo gar keine sind.«

Dennoch fragen viele sich noch immer, durch welches Wunder die Siutowa danach noch so weit gekommen ist. Und warum brachte erst die Solidarność sie zu Fall? Andrzej Piesiak gründete Anfang der achtziger Jahre die freien Gewerkschaftsverbände in Jelenia Góra, als Solidarność-Mitglied nahm er auch an den Abrechnungen nach dem August 1980 und später an den Verhandlungen bei Gencjan teil. Während der Zeit des Kriegsrechts saß er als Internierter in Kamienna Góra; im freien Polen war er dreimal in Folge Senator. An Irena Kamieńska-Siuta erinnert er sich recht gut.

»Das waren wenig komplizierte Zeiten: Wer an der Macht war, der war böse. Es war ganz simpel – du bist dort, du bist rot, du bist der Feind. Ich beginne erst jetzt, richtig darüber nachzudenken und zu begreifen, dass es damals für uns nur Schwarz und Weiß gab. Uns kam überhaupt nicht in den Sinn, dass es bei denen auch anständige Leute geben könnte. Jetzt, so viele Jahre später, ist mir bewusst geworden, dass manche von ihnen anders waren, dass sie sich nicht so schuldig gemacht haben wie der Rest – aber, wissen Sie, das hatte damals für uns keine Bedeutung. Das hätte nur gestört.«

DIE KIRCHE

Am längsten braucht die Kirche, bis sie verschwunden ist. Auf dem einzigen erhaltenen Farbfoto kann man sehen, dass sie eine gelbe Fassade besaß und hohe Buntglasfenster, dass sie hoch über ihre Umgebung hinausragte. Ins Innere führte eine große Holztür, draußen standen zwei schnurgerade Reihen Vogelbeerbäume. Die Bäume stehen dort bis heute, nur dass sie nirgends mehr hinführen.

Ab Kriegsende nutzen die Gläubigen von Miedzianka und auch der Pfarrer von Janowice, Priester Matwiejczyk, nur mehr das katholische Gotteshaus am unteren Ende des kleinen Marktplatzes. Hier werden die Messen gehalten, hier wird traditionell seit vielen Jahren am dritten Sonntag nach Ostern die Kirchweih gefeiert. Seit der Krieg zu Ende ist, findet in der evangelischen Kirche gar nichts mehr statt. Pastor Johannes Fiedler, ihr letzter Verwalter, hat bei seiner Abreise die Kirchentür fest verrammelt und verriegelt; vielleicht hoffte er, dass jemand das Gebäude später noch einmal nutzen würde. Diese Hoffnung erweist sich jedoch als vergeblich; zudem halten Schloss und Riegel niemanden zurück, der eindringen möchte. Und an Eindringlingen mangelt es nicht.

Als Erstes verschwinden die wertvollsten Gegenstände. Alles, was nur irgendeinen Wert besitzt, landet auf dem *szaber-*

plac in Jelenia Góra oder direkt beim Altmetall. Zerlegt wird auch die historische Orgel; die seltsamen »Konzerte«, die man damals im Ort miterleben kann, werden noch lange in aller Munde sein: Ein Musikant trägt auf der Schulter eine abmontierte Orgelpfeife, ein anderer geht hinter ihm, bläst mit aller Kraft in die Pfeife und erzeugt die schrillsten Töne. Die eigentümlichen Duette ziehen durch die Stadt, bis auch die letzte Orgelpfeife abtransportiert ist. Lang dauert das nicht. Innerhalb weniger Monate wird das Kirchenschiff gründlich ausgeräumt. Am Schluss sind nur noch die massiven Holzbänke, auf denen früher die Gläubigen Platz nahmen, und die imposanten Kristallluster an der Decke erhalten. Erstere sind zu klobig und unhandlich, um sie zu irgendetwas zu gebrauchen, Letztere lassen sich schwerlich abnehmen, ohne dass man sich bei der Gelegenheit den Hals bricht. Deshalb hängen sie nach wie vor unter der Kirchendecke, weit entfernt von jeglichen Wänden und in beträchtlicher Höhe. Die nächsten Jahre hindurch wird sich dem zufälligen Besucher ebenjenes Szenario aus nackten Wänden, leeren Kirchenbänken und seltsam unversehrten Lustern darbieten. Durch die hohen Glasfenster fällt buntes Licht in das Kirchenschiff, was in Kombination mit der hallenden Stille eine recht unwirkliche, beklemmende Atmosphäre ergibt.

Dieser Zustand ist nicht von langer Dauer. Die Kinder sind es schließlich, die sich eine Methode ausdenken, an die Kristallluster zu gelangen. Es ist wohl Mitte der fünfziger Jahre, als im Kirchenschiff eine eigentümliche Konstruktion in die Höhe wächst. Sämtliche Kirchenbänke und jedes Stück Holz, das sich ringsum finden ließ, sind in ihren Bau mit eingeflossen. Die Konstruktion schwankt gefährlich, was die vorwitzigsten Burschen jedoch nicht davon abhalten kann, sie zu erklimmen – wartet oben doch eine Belohnung in Gestalt von Kristalltropfen, die sie in ganzen Trauben von den Lustern reißen. Unten stehen die Mädchen, die sich aus den erbeuteten Perlen Halsketten machen und derart herausgeputzt durch den Ort stolzieren. Auch Marysia Kaczmarska ist darunter, die Tochter des Bergmanns Kaczmarski, der vom Sicherheitsdienst getötet wurde – es ist dasselbe Mädchen, das vor gar nicht langer Zeit einen Blick in Ueberschaers Grab geworfen hat und kreischend davongerannt ist. An dem, was die Kinder in der Kirche tun, kann Marysia ebenfalls nichts Schlechtes finden; die Mutter hat ihr lediglich verboten, den Turm zu besteigen. Niemand weiß, in welchem Zustand er sich befindet.

Der Turm hält sich jedoch wacker, er ist für die Jugendlichen ein beliebter Ort für heimliche Rendezvous. 1962 steigt Baśka Spiż hinauf. Sie hat gerade die Volksschule beendet, ist also schon fast erwachsen. In den Turm gelangt man leicht, eine Wendeltreppe, bei der einzig die unteren Stufen ein wenig verfallen sind, führt nach oben. Der weitere Aufstieg ist ganz einfach. Und auf der Spitze ebendieses Turms raucht Baśka Spiż die erste Zigarette ihres Lebens. Ähnliche Tabakinitiationen durchleben an diesem Ort zahlreiche ihrer Schulkameradinnen und -kameraden.

Zur selben Zeit machen sich in der Stadt die ersten ernsthaften Bergbauschäden bemerkbar. Auch über die Kirchenmauern ziehen sich Risse – was aber niemanden daran hindert, sich weiterhin drinnen an kostenlosem Holz zu bedienen. Es geht das Gerücht, die Deutschen hätten unter den hölzernen Bodenbrettern ihre Wertsachen versteckt. Also werden die Dielen gleich herausgerissen, doch zur Enttäuschung aller Schatzsucher lassen sich darunter lediglich ein paar deutsche Münzen finden, die wohl Jahre zuvor jemandem heruntergefallen sind und sich nicht wieder zu Tage fördern ließen. Nach dem Fußboden ist die Treppe an der Reihe, die zur Empore über dem Eingang führt. Ab Mitte der sechziger Jahre kann man nur noch über die kunstvoll gedrechselten Säulen auf die Empore gelangen. Immer schwieriger wird auch die Turmbesteigung, im Laufe der Jahre verschwinden mehr und mehr Treppenstufen, sodass auch dieser Aufstieg bald geradezu affenartige Kletterkünste erfordern wird. Manchmal finden sich Leute, die noch mit dem Holz aus dem Kirchenwrack handeln wollen. Die Miliz versucht, dagegen vorzugehen, mehrere Ortsbewohner müssen genauestens erklären, woher die hinter ihren Häusern gelagerten Dielenbretter stammen. Das schreckt jedoch niemanden ab. Im Übrigen wird mit den leerstehenden Häusern genauso umgegangen wie mit der Kirche.

Die einzigen Gegenstände in der Kirche, die noch irgendeinen Wert darstellen, sind die hier und da in die Kirchenausstattung eingearbeiteten Figuren. Sie zieren das Treppengeländer, den Altarraum, begrüßten früher auch die eintretenden Gläubigen. Wie durch ein Wunder haben sie all die Jahre der mutwilligen Zerstörung überdauert, nun liegen sie verstreut im ruinierten Kirchenschiff. Die Plünderer haben sich wohl nicht getraut, sie mitzunehmen, vielleicht mangelte es ihnen auch an Ideen, was mit den Figuren anzufangen sei. Schließlich stattet in der Volksrepublik – jedenfalls offiziell – niemand Kirchen aus. So möchte es jedenfalls scheinen, die Wahrheit stellt sich jedoch, wie man noch sehen wird, etwas anders dar.

Es ist Anfang der siebziger Jahre, Weihnachten und ein rauschendes Silvester sind eben vorüber. Wie jedes Jahr geht der Pfarrer von Janowice bei den Gläubigen von Haus zu Haus. Auch Irena Wędzel stattet er einen Besuch ab. Irena wohnt mit ihrem Ehemann und dessen Bruder Władek fast am Marktplatz, aus dem Fenster sieht man die verfallene Kirche, ab und zu sorgen sie sich, dass die rissigen Mauern einmal eine Tragödie verursachen könnten. Da ihr eigenes Haus »singt«, ist der Boden unter der Kirche bestimmt auch nicht sonderlich fest. Vorsichtig tastet der Pfarrer sich heran, bis er die Wędzels schließlich um einen Gefallen bittet: In der zerstörten Kirche seien noch einige schöne Holzfiguren erhalten, die wunderbar in die Kirche von Janowice passen würden. Er als Geistlicher könne jedoch kaum in der evangelischen Kirche plündern gehen, ob sie da nicht vielleicht … Eine beklommene Stille kehrt ein, die Wędzels wissen nicht, was sie sagen sollen, erst kürzlich haben sie ein paar Kinder aus der Kirche verscheucht, die mit Steinen die Buntglasfenster einschmeißen wollten. Schließlich sagt Irena Wędzel zögernd: »Herr Pfarrer, ich fürchte, da werden Sie jemand anderen um Hilfe bitten müssen.«

Der Besuch neigt sich dem Ende zu, der Pfarrer geht, bald darauf sind auch die Holzfiguren aus der Kirche verschwunden. In der Janowicer Kirche tauchen sie aber nicht wieder auf.

Noch bevor die letzten Menschen den Ort verlassen, schafft es Józef Kluba, Arbeiter im Janowicer Steinbruch und Einwohner von Miedzianka, im Suff eine Wette zu gewinnen, dass er den Querbalken des Kreuzes auf der Turmspitze erklimmen könne. Als die kleine Baśka Kluba ihren Vater dort oben herumklettern sieht, läuft sie schreiend zur Mutter: »Mama, Mama – Papa hängt am Kreuz!« – Jene Anekdote jedoch werden sich die Leute bereits in Zabobrze erzählen.

Bald darauf versinkt eine der Kirchenwände im Erdboden: Eines Nachts tut sich einfach die Erde auf und verschluckt einen Teil des Gotteshauses – und am Morgen stellen die wenigen verbliebenen Einwohner verwundert fest, dass nicht mehr nur die zerschlagenen Fensterscheiben Einblick ins Kirchenschiff gewähren. Hineinzugehen wagt aber keiner mehr. 1974 wird eine Kompanie Soldaten nach Miedzianka geschickt; sie umstellen die Kirche in einem engen Kordon, legen dicht am Gebäude Sprengladungen ab. Kurz darauf ertönt eine dumpfe Explosion. Die Menschen, die sich die Operation aus sicherer Entfernung ansehen, werden später sagen, das Gotteshaus habe für einige Momente unbeweglich in der Luft gehangen, um dann restlos in sich zusammenzufallen. Unter den Schaulustigen ist auch Stanisław Izbicki. Im ehemaligen Miedzianker Bergwerk war er der Erste Sekretär des Betriebskomitees der Partei; nun wohnt er in Janowice. Izbicki sieht der Kirchensprengung in trübseligem Schweigen zu. Als er in den neunziger Jahren dem Journalisten einer Lokalzeitung von jenem Ereignis erzählt, treten ihm Tränen in die Augen.

Auch Zdzisiek Jankowski schaut der Sprengung zu – der Junge, der wenige Jahre zuvor beim Einbruch in Ueberschaers Grab einen Säbel entwendete und mit diesem durch die Stadt marschierte. Vor kurzem ist er noch in der Kirche gewesen und hat die letzten Holzdielen herausgerissen, um sie seinem Geschichtslehrer zu bringen, der ihm im Gegenzug die Versetzung in die nächste Klasse versprach. Inzwischen wohnen Zdzisiek und seine Eltern in Janowice. Sein Vater hat ein Bein verloren, dennoch war ihnen in Zabobrze eine Wohnung im obersten Stock ohne Aufzug zugeteilt worden, daher haben sie mit einer Familie aus Janowice die Wohnungen getauscht und wohnen nun gerade einmal zwei Kilometer von Miedzianka entfernt. Neuigkeiten verbreiten sich hier schnell; als Zdzisiek die Nachricht von der Soldatenkompanie zu Ohren kommt, die unterwegs nach Miedzianka sei, lässt er alles stehen und liegen und rennt los, um zuzuschauen.

Kaum hat sich der Staub gesenkt, eilt Zdzisiek als Erster zu den Trümmern und holt sich die Metallkugel, die zuvor den Kirchturm krönte. Er weiß, dass die Kugel möglicherweise Andenken von den Erbauern der Kirche enthält. Er und ein paar Freunde laufen mit ihrer Beute in den Wald. Als sie die Kugel öffnen, fallen ein paar Münzen und einige Dokumente in altdeutscher Schrift heraus. Doch noch bevor sie sich alles ansehen können, stehen wie aus dem Nichts zwei Milizionäre vor ihnen. Der Schatz wird konfisziert, sie selbst werden auf die Wache nach Janowice mitgenommen, wo sie sich lang und breit für ihre Tat erklären müssen. Nur wenige Tage später sollte die Zeitung schon wieder über Zdzisiek Jankowski schreiben, den jungen Draufgänger aus Miedzianka.

An jenem Tag, an dem die Kirche gesprengt wird, kehrt Krystyna Dudek wie immer abends müde von der Arbeit zurück. Sie wohnt am Stadtrand von Miedzianka, dort, wo es keine Bergbauschäden gibt. Als die Nachbarn umgesiedelt worden sind, hat ihr Vater die Behörden mit Leichtigkeit überzeugen können, dass er selbst nicht umziehen müsse. Nun wohnt die ganze Familie dort, obwohl die Umgebung sich binnen weniger Monate entvölkert hat und reichlich trostlos wirkt. Krystyna hat wieder den Bus verpasst, sie ist mit dem Zug gekommen und vom Janowicer Bahnhof zu Fuß nach Miedzianka gegangen. Unterwegs begegnet sie ein paar angeheiterten Soldaten, sie sind jung, tragen verstaubte Arbeitskleidung, rauchen Zigaretten und lärmen auf der Straße herum wie Kinder. Als sie Krystyna in Richtung Miedzianka gehen sehen, ruft einer ihr nach: »Ab heute fehlt was in eurem Miedzianka!«

Und dann gehen sie in die andere Richtung davon.

DAS SCHLOSS

Als Nächstes stürzt das Schloss in sich zusammen. 1953 zeigen die Mauern zum ersten Mal Risse, die Fenster verziehen sich. Als das Bergwerk geschlossen wird, werden auch die Soldaten aus dem Schloss abgezogen. Das Gebäude steht eine Zeitlang leer, dann übernimmt es die Staatliche Feuerwehr, veranstaltet darin Ferienlager für die Kinder der Feuerwehrleute. Sobald die Sommerferien beginnen, kommt Leben in Schlosshof und Park. So geht es einige Sommer lang.

Eines Sommers Ende der fünfziger Jahre versinkt plötzlich die Speisekammer im rechten Schlossflügel in der Erde. In der Nacht bemerkt es niemand, und als die Köchinnen morgens Lebensmittel holen wollen, bleiben sie wie angewurzelt am Rand eines riesigen Kraters stehen. Frühstück gibt es heute mit Sicherheit keines.

Unter diesen Bedingungen lassen sich keine Sommerlager mehr durchführen; der zusammengestürzte Schlossflügel wird umzäunt, doch an einen Abriss des Gebäudes denkt niemand. Im noch intakten Teil werden ein paar Familien einquartiert und bleiben mehrere Jahre hier wohnen, anschließend ziehen sie nach Jelenia Góra. Das Gebäude steht wieder leer, ab und zu tollen ein paar Kinder aus Miedzianka und Umgebung in den Gängen herum. Wie alle hier suchen sie nach Schätzen – wo und wie es nur möglich ist. Finden tun sie nichts, hinterlassen nur Chaos und Zerstörung. Sie wissen nicht, dass in einigen Jahren noch einmal jemand im Schloss wohnen wird.

Dieser Jemand ist Elżbieta Jachimowska, geborene Grzyb, mit Kindern … und Mann, möchte man hinzufügen, jedoch ist Henryk Jachimowski wieder einmal im Alkoholrausch irgendwo verschollen, Elżbieta mag nicht einmal mehr nach ihm suchen. Es ist das Jahr 1974 oder 1975, in Miedzianka wohnt schon fast keiner mehr, rings um den Marktplatz ragen unheimliche Ruinen auf, aus denen sich die Einwohner der umliegenden Dörfer Ziegelsteine für ihren Hausbau holen. Das Schloss ist noch recht gut in Schuss, besonders, wenn man es mit dem Rest der Stadt vergleicht. Elżbieta beschließt, zusammen mit ihren Kindern hier einzuziehen, vielleicht findet Henryk sie dann nicht, im Übrigen war sie zuletzt nur notdürftig bei ihren Eltern untergekommen. Dort wäre es nicht einmal so schlecht gewesen, wenn nur ihr Vater ihr nicht ständig auf den Leib gerückt wäre. Und selbst damit wäre sie noch zurechtgekommen, schließlich ist sie seit ihrer Kindheit daran gewöhnt, seine Übergriffe abzuwehren – nun jedoch muss sie sich um ihre eigenen Kinder sorgen; sie sollen nicht dasselbe Schicksal erleiden. Das Schloss in Miedzianka scheint ihr daher für sich und die Kleinen ein sicherer Hort sein.

Jener Hort erweist sich jedoch als kalt und ungemütlich. In den leeren Wohnungen zieht es, die Fenster haben keine Scheiben, Elżbieta versucht, sie irgendwie abzudichten – mit Decken, ausgedienten Bettbezügen und Zeitungen. Außer ihnen leben im alten Schloss noch Halina Zagrodna und eine Roma-Familie. Die Roma bewohnen das Erdgeschoss und nehmen dort eigenartige Prozeduren vor – sie betreiben eine Art Viehschlachterei für die Bauern aus Janowice, Ciechanowice und

Mniszków. Manchmal werden Elżbieta Jachimowska und ihre Kinder vom haarsträubend schrillen Kreischen eines Pferdes auf der Schlachtbank aus dem Schlaf gerissen. Trotzdem lässt es sich im Sommer noch einigermaßen leben im Schloss, doch als der Herbst kommt, wird es immer zugiger. Elżbieta geht zu Halina Zagrodna und überredet sie, gemeinsam mit ihr bei der Gemeinde um neue Wohnungen anzusuchen.

Gemeindevorsteher ist zu der Zeit Zbigniew Pawęska, Sekretär des Gemeindekomitees der Partei ist Szymon Młodziński. Beide hören sich an, was die Frauen berichten, können ihnen jedoch auch nicht weiterhelfen, da die Gemeinde über keine leerstehenden Wohnungen verfügt.

»Wie – keine Wohnungen, wo doch in Miedzianka jedes zweite Haus leersteht!«, ruft Jachimowska.

»In Miedzianka dürfen wir niemanden einquartieren; das gilt eigentlich auch für das Schloss«, entgegnet der Vorsteher.

Die beiden Frauen geben nicht auf, beschließen, zum Parteikomitee in Jelenia Góra zu fahren. Doch sie haben keinen Termin, man lässt sie nicht vor. Da setzen sie sich in die Plüschsessel in der Empfangshalle und drohen, sich nicht mehr von der Stelle zu rühren, bis jemand mit ihnen redet. Diese Hartnäckigkeit bringt sie schließlich ans Ziel – jemand lässt sie ein, hört sich ihren Bericht über das fensterlose, zugige Haus an, greift zum Hörer, telefoniert mit der Gemeinde. Wenige Tage später fährt ein Traktor mit Anhänger vor dem alten Schloss vor. Zuerst wird Halina Zagrodna umgesiedelt, in ein hübsches kleines Haus an der Nadbrzeźna-Straße in Janowice. Dann holt der Traktor die Familie Jachimowska ab. Sie werden nach Radomierz gebracht, dort beginnen sie ganz von vorn.

Kurz darauf verlässt auch Familie Mirga das Schlossgebäude, das nun vollends zur Ruine verkommt. Bei den letzten Abrissarbeiten in der Stadt, Mitte der siebziger Jahre, werden seine Überreste dem Erdboden gleichgemacht. Als im Jahr 2009 Archäologen den alten Schlosspark durchforsten, finden sie nur mehr Gestrüpp, Bäume und ein paar verstreute Steinbrocken – die sie jedoch als Fragmente des Renaissanceportals von dem Schlossteil identifizieren können, den im fernen 16. Jahrhundert Dippold von Burghaus höchstselbst errichtete. Sie bringen ihren Fund ins nahe Siedlęcin, um keine selbsternannten Schatzsucher anzulocken. In der Auswertung der archäologischen Fundstätte schreiben sie:

»Zugang: Durch das frühere Zentrum der Siedlung führt die Landstraße von Janowice Wielkie nach Ciechanowice und Marciszów. Orientierungspunkt ist die alte Pfarrkirche (dort kann man sein Auto parken). Fünfzig Meter östlich von der Kirche sieht man die Überreste der Pforte zum Park, den verwilderten Baumbestand des ehemaligen Parks und die überwucherte Schlossruine, die eine etwa 0,5 bis 1,0 Meter hohe Erhebung bildet. Der Eingang zu den teilweise verschütteten und unzugänglichen Kellern liegt an der Nordseite der Aufschüttung, doch beim Eindringen in das Kellerinnere sollte man besondere Vorsicht walten lassen (nachrutschende Erde und Schutt!).«

DIE BRAUEREI

Mit der Brauerei geht es schnell. 1973 sucht Stefan Spiż den Gemeindevorsteher Zbigniew Pawęska in seinem Amtszimmer auf. Er hat sich nicht angekündigt, es sieht eher so aus, als komme er zufällig vorbei, schaue nur kurz herein. Das ist insofern seltsam, als die beiden Männer sich natürlich kennen, wiewohl sie nie engeren Kontakt hatten. Spiż zieht nicht einmal seinen Mantel aus; er setzt sich auf den angebotenen Stuhl, schweigt eine Weile. Schließlich sagt er: »Helfen Sie mir, die Brauerei in eine Privatinitiative umzuwandeln.«

Zbigniew Pawęskas Augen runden sich vor Erstaunen. Worum Stefan Spiż ihn da bittet, übersteigt nicht nur seine Möglichkeiten – schließlich ist er bescheidener Vorstand einer kleinen Gemeinde –, sondern jeden gesunden sozialistischen Menschenverstand. Eine private Bierproduktion! Allein die Kombination dieser beiden Worte klingt irreal. Das versucht Pawęska dem alten Spiż zu erklären, doch keines seiner Argumente dringt zu dem Bierbrauer durch.

»Wenn wir es nicht ausprobieren, werden wir es nie erfahren. Aber die Brauerei ist mein Leben.«

Pawęska wird weich, am nächsten Tag muss er ohnehin zum Kreisamt; er verspricht, zu fragen, ob es eine Chance gibt. Unterwegs sagt er sich die Frage, die er stellen soll, laut vor.

»Frag nie mehr irgendwo danach, Mann, sonst halten sie dich noch für einen Irren, und am Ende bist du deine Stelle los«, bekommt er knapp, aber eindeutig zur Antwort. Auf dem Rückweg fährt er in Miedzianka vorbei. Stefan Spiż eilt ihm zur Begrüßung entgegen.

»Herr Stefan, die haben mich dort bloß ausgelacht. Es ist nicht möglich.«

Spiż nickt nur.

»Da können Sie ja nichts dafür.«

Die Abwicklung der Brauerei beginnt wenige Monate später. Offiziell gelten die Bergbauschäden in der Stadt als Grund, jedoch ist das ausgerechnet in diesem Fall aus den Fingern gesogen. Der Boden unter dem Betrieb und auch in der nächsten Umgebung ist noch nie eingesackt, die Backsteinmauern stehen seit über hundert Jahren unverrückbar da und könnten sicher noch genauso lange dort stehen. Trotzdem wird die Produktion gestoppt, die Biervorräte werden in die umliegenden Kneipen und Geschäfte gebracht. Den Angestellten bieten die Behörden Arbeit in anderen Betrieben an. Jedoch haben die meisten von Stefan Spiż' Untergebenen keine Lust auf weite Arbeitswege und suchen sich Arbeit in der Papierfabrik von Janowice oder in der Leinenweberei von Marciszów. Werka Butyńska findet eine Anstellung in der Janowicer Schule.

»Werka, bleib doch, vielleicht schließen sie die Brauerei ja gar nicht«, bittet Spiż sie eines Tages, als habe er überhaupt nicht mitbekommen, was ringsum vor sich geht.

Bogdan Spiż wird Leiter der Mälzerei im nahen Ciechanowice, für seinen Vater kann er dort eine Anstellung als Mälzermeister finden. Diese Lösung ist ideal, kann doch Bogdan sich so um die Verwaltung des Betriebs kümmern, während sein Vater für den regelrechten Ablauf des gesamten technologischen Prozesses zuständig ist. Einen Fachmann mit mehr Erfahrung als Stefan Spiż gibt es in der Umgebung bestimmt nicht.

1974 erscheinen Bauarbeiter in der Brauerei. Sie montieren die zwanzig Kupfertanks ab und rollen sie Richtung Janowice. Es ist ein denkwürdiger Moment, endet doch hiermit nach 126 Jahren die Geschichte der Miedzianker Braukunst. Es ist ein Ende unter dröhnendem Blechgeschepper: Die Brauereitanks werden über den nassen Asphalt gerollt. Das ist nicht leicht, die Straße ist abschüssig, schnell kann man die Kontrolle über so einen Hunderte Kilo schweren Kupferkessel verlieren. Oben versichern die Arbeiter noch, dass die Tanks in die Brauerei nach Lwówek gebracht werden sollen, unten stellt sich heraus, dass sie derart zerbeult nur noch fürs Altmetall taugen. Stefan Spiż sieht dem Treiben schweigend zu, bemüht, Haltung zu wahren. Natürlich nur, soweit das möglich ist. Die Leute bemerken, dass er etwas bedrückt wirkt, doch ein Ausbund an Energie war er schließlich noch nie. Wer ihn weniger gut kennt, könnte sogar meinen, der Anblick seiner gen Janowice rollenden Kupfertanks rühre den alten Brauereidirektor gar nicht. Erst zu Hause verliert er völlig die Fassung; Jahre später wird Baśka zugeben, ihren Vater zuvor noch nie so am Boden zerstört und in Tränen aufgelöst gesehen zu haben.

Die Brauerei steht nun leer. Einige Jahre lagert die Gemeinde hier Gemüse- und Heuvorräte. Dann wird der größte Teil des Gebäudes abgerissen, der Rest verrammelt und verriegelt. Der Teich, aus dem im Winter das Eis zum Bierkühlen geholt wurde, trocknet aus und überwuchert mit Unkraut. Bald wird er zur Müllabladestelle für die örtliche Bevölkerung.

Mitte der achtziger Jahre trifft Werka Butyńska in Janowice zufällig Stefan Spiż. Sie begrüßen sich herzlich, ein Gespräch jedoch will so recht nicht in Gang kommen. Im Weggehen schenkt Stefan ihr sein wie stets verführerisches Lächeln, das er trotz der Jahre nicht verloren hat, und meint scherzend: »Nun denn, Werka, morgen Nachmittag, zum Dienst in der Mälzerei.«

»So ist es, Herr Betriebsleiter«, ein Strahlen erscheint auf Werkas Gesicht. Für den alten Herrn Spiż hat sie einfach eine Schwäche.

DER BRIEF

Von 1986 bis 1993 war ich Leiter der Bergbauarbeiten in den Basaltsteinbrüchen von Księginki bei Lubań (der Vorort, in dem ich damals lebte).

Es ergab sich, dass ich zu der Zeit gut mit Priester J. bekannt war, der aus Janowice Wielkie kam und als Pfarrer in Księginki tätig war. Das Pfarrhaus befand sich gerade im Bau. Wie Sie sicher noch wissen, benutzte man damals wegen des notorischen Mangels an Baustoffen (wenn es doch nur das gewesen wäre!) die Materialien von abgerissenen Häusern.

1987 oder 1988 hatte Priester J. auf Umwegen von den Ruinen in Miedzianka gehört. Er bekam sogar eine formale Bewilligung, eines der ungenutzten Objekte abreißen zu dürfen. Dabei ging es, wie er mir sagte, um eine noch von den Deutschen erbaute Brauerei. Weil die Versuche, das Gebäude mit traditionellen Methoden abzureißen, nicht die erwünschten Ergebnisse brachten (der Abriss einer Mauer misslang und zerstörte die Planierraupe), verfiel der Pfarrer auf die Idee, das Objekt zu sprengen. Damit wandte er sich an mich, nahm ich doch damals in meinem Betrieb unter anderem Sprengungen vor. Ohne Probleme erhielt ich von meinem Direktor die Bewilligung, diese Arbeiten auszuführen (es ging unter anderem um die Nutzung von Sprengstoffen aus dem betrieblichen Lager).

Ich machte mich also gemeinsam mit dem Geistlichen auf, den Ort zu erkunden. Das Gebäude befand sich in der Mitte eines recht großen Platzes. Von oben gesehen hatte es die Form eines U. Die Wände bestanden aus soliden, mit äußerst starkem Zementmörtel zusammengefügten Ziegelsteinen. Um die fünfzig Zentimeter betrug die Dicke der Mauern (sie waren also, umgangssprachlich gesagt, »zwei Ziegel dick«). Nach oben hin war das Mauerwerk von einem festen Stahlbetondach eingefasst (deswegen ließ sich die Konstruktion so schwer ins Wanken bringen). Das Objekt schien der letzte noch bestehende Teil der ehemaligen Brauerei zu sein.

Ich nahm das genaue Bauaufmaß des Gebäudes ab. Auf der Grundlage von Musterberechnungen für entsprechende Arbeiten legte ich die Anzahl, Platzierung und Tiefe der Bohrlöcher fest. Diese Daten gab ich an den in Janowice lebenden Bruder des Priesters weiter. Er sollte sich um die Bohrung kümmern.

Zurück in Lubań, erstellte ich einen sogenannten Sprengplan, den wir benötigten, um die notwendigen Bewilligungen vom zuständigen Kreisbergbauamt in Wałbrzych und der Woiwodschaftskommandantur der Bürgermiliz in Jelenia Góra zu bekommen. Das verlief reibungslos.

Als wir aus Janowice die Nachricht erhielten, dass die Bohrlöcher nun angelegt seien, trug ich die entsprechende Menge an Dynamit und elektrischen Zündern aus den Beständen des Betriebs aus. Wir packten alles in das Auto des Pfarrers (natürlich getrennt voneinander: das Dynamit in den Kofferraum, die Zünder auf den Vordersitz) und fuhren zusammen mit zwei Sprengmeistern nach Miedzianka. Die Miene des Milizionärs muss man gesehen haben, der uns auf der Umgehungsstraße von Jelenia Góra wegen Übertretung der Geschwindigkeit anhielt (der Pfarrer saß am Steuer) und fragte, was wir da mit uns führten! Er konnte kaum glauben, was er in den Papieren der Miliz las. In den Kofferraum wollte er jedoch unter keinen Umständen einen Blick werfen, über die zu hohe Geschwindigkeit sah er hinweg. Unterwegs hielten wir beim Kommissariat in Janowice an, um zu verabreden, wann die beiden Milizionäre, die das Gebiet abriegeln sollten, in Miedzianka einzutreffen hätten.

Vor Ort stellte sich heraus, dass der Bruder des Pfarrers wegen der Härte der Mauern große Probleme gehabt hatte, die Sprenglöcher nach meinen Anweisungen zu bohren. Nun waren es nur wenige Löcher, und sie waren zu flach, was er uns verheimlicht hatte. Angesichts dieser Lage der Dinge kam ich zu dem Schluss, dass eine Sprengung nicht den geringsten Sinn hätte.

Schlussendlich jedoch gab ich dem Drängen des Pfarrers nach, der darauf bestand, es dennoch zu versuchen.

Wir brachten die Sprengladungen an, statteten sie mit Zündern aus, verbanden diese zu einem Netz. Die Bohröffnungen waren im Innern des Gebäudes angelegt, daher war das Risiko versprengter Gesteinssplitter minimal. Trotzdem (und auch gemäß den Regeln der Sprengkunst) umgaben wir die Öffnungen mit herumliegenden Zweigen und Stücken von Maschendraht, die wir vor Ort fanden. Die nächsten paar Gebäude lagen um die sechzig bis achtzig Meter vom Epizentrum entfernt. Wir informierten die Bewohner, dass sie innerhalb der folgenden Stunde ihre Fenster offen lassen sollten (um den Folgen der Druckwelle vorzubeugen, die bei der Explosion entstehen würde). Außerdem baten wir sie, ihre Autos umzuparken und sich nach dem Ertönen der Sirene in ihre Keller zurückzuziehen. Die inzwischen eingetroffenen Milizionäre, den Ortsvorsteher und einige Männer aus dem Ort stellten wir als Wachtposten zur Abschirmung des Sprenggebietes auf.

Nachdem wir uns vergewissert hatten, dass alles abgesichert war, befestigten wir die Zünder an einer Zündmaschine. Mit einer Handsirene gaben wir das erste Warnsignal. Nach dem zweiten Warnsignal drehte ich die Kurbel der Zündmaschine und drückte auf den Schalter. Es gab eine gedämpfte Explosion. Aus dem offenen Gebäudeteil drang eine dichte Staubwolke. Über unsere Köpfe pfiffen ein paar Ziegelstücke hinweg. Doch das Gebäude? STAND! (Nichts befleckt wohl die Ehre eines Sprengmeisters mehr! Auch wenn, wie zuvor beschrieben, die Bohrlöcher verpfuscht gewesen waren.)

Nach dem Sirenenton zum Ende der Sprengung gingen wir in das Gebäude. Auf der gesamten Mauerlänge hatten die Sprengladungen eine breite Scharte gerissen, die je nach Tiefe der Bohrlöcher zehn bis fünfundzwanzig Zentimeter weit ins Mauerwerk hineinreichte. Keinerlei Risse in der Mauer! Die Stabilität des Gebäudes nach der Sprengung war einerseits auf die zu flachen Bohröffnungen und die daraus resultierende geringe Größe der Sprengladungen zurückzuführen, andererseits auf die Festigkeit des Stahlbetondachs, das die Mauer nach oben hin einfasste.

Nach diesem Augenschein prüften wir, ob die Menschen und die umliegenden Gebäude auch nicht zu Schaden gekommen waren. Der »Wache« dankten wir für ihre Hilfe. Was blieb uns anderes übrig? Mit eingekniffenem Schwanz zurück nach Lubań!

In den darauffolgenden Wochen setzte Priester J. mich in Kenntnis, dass nun, dank der Unterstützung durch irgendwelche Freunde, mehrere Planierraupen für den Abriss des Gebäudes eingesetzt würden. Offenbar hatte unser Versuch doch die Konstruktion etwas geschwächt, denn nun gelang es, die letzten Überreste der alten Brauerei mühevoll Schritt für Schritt zu beseitigen. Der Ertrag in Gestalt von ganzen Ziegelsteinen war jedoch äußerst bescheiden. Solide deutsche Wertarbeit!

Auf diese Weise hatte ich also bei Ihrer Geschichte *Der verschwundene Ort* auch meine Hand im Spiel.

Zdzisław Bykowski

FOTOGRAFIEN II

Der ausgetrocknete Teich voller Zweige und Abfälle, die Überreste der Brauerei, eine einstöckige Ruine mit eingeschlagenen Fensterscheiben. Ich sehe hinein, der Blick braucht eine Weile, um sich an die Dunkelheit zu gewöhnen, erkennt schließlich erste Umrisse – zerschlagene Aquarien, Tische, Stühle, Ölkannen und überall Heu. Aus der gelben Villa kommt eine Frau; sie sagt, von der Stadt wisse sie nichts, nicht einmal, dass es sie gegeben habe. Wo früher die Schächte und Stollen lagen, sei ihr auch nicht bekannt.

»Das ist es doch, was Sie suchen?«

Ich will ins Haus, sehen, wo Georg Franzky zu Mittag aß, wo Stefan Spiż mit Helena stritt. Doch die Frau bleibt vor mir auf der Schwelle stehen. Die Freundlichkeit weicht aus ihrem Gesicht.

»Gehen Sie jetzt, ich weiß wirklich von nichts.«

Ich gehe.

Jadwiga Płaksa liegt auf ihrem Bett, Tränen stehen in ihren Augen. Ich sollte ihr zuhören und erfahren, warum, deswegen konzentriere ich mich auf ihre Stimme, so gut ich kann. Zugleich aber sehe ich mich verstohlen im Zimmer um, nehme jedes Detail in mich auf, mit dessen Hilfe ich aus der mit

Möbeln und Krimskrams vollgestellten Wohnung der alten Frau das Aussehen der einstigen Schule rekonstruieren kann. Wo war die Tafel, wo die Bänke, wo saß wer? Von wo kamen die Kinder herein, scharrten sie mit den Stühlen über den Boden? Jadwiga Płaksa redet ohne Unterlass, und ich versuche nach Kräften, ihr zuzuhören, während ihr Sohn im Zimmer auf und ab geht und sich eine Zigarette nach der anderen ansteckt. Noch weiß ich nicht, wie ich hier wieder hinauskommen soll, angeblich hat ihr Hund sich losgerissen, läuft jetzt frei im Hof herum, der hinterhältige Köter, mit dem ist nicht zu spaßen.

»Haben Sie noch Fotos?«
»Fotos? Was sollen wir denn damit?«
»Die Leute heben doch alles Mögliche auf.«
Stille.
»Nein, Fotos haben wir keine.«

Fotos. Verknickte Kärtchen, nicht größer als eine Hand. Hanna Gębuś sagt mir, ich solle alle mitnehmen, auf denen auch nur das kleinste Stückchen Miedzianka zu sehen ist. Geordnet hat sie die Bilder nicht, Namenstagsfotos vom letzten Jahr mischen sich mit Aufnahmen aus ihrer Jugend. Etwas ratlos durchwühle ich die Schachtel – woher soll ich wissen, ob das, was man im Hintergrund sieht, Miedzianka ist? Schließlich war ich nie dort, habe die Stadt nie zu Gesicht bekommen, habe keine Ahnung. Ich glaube, ich möchte die Bilder lieber nicht mitnehmen – nicht, weil ich sie nicht haben will, ganz im Gegenteil, sondern, weil Hanna Gębuś selbst dann nichts mehr bleibt.

»Ich sterbe, und dann wirft jemand sie weg. Ihnen sind sie wenigstens zu etwas nütze.«

Elf Fotos nehme ich mir, auf neun davon ist Frau Gębuś selbst zu sehen. Sie war sehr schön, muss viel Erfolg bei Männern gehabt haben. Auf einem Foto geht sie mit einem jungen Mann die Straße nach Janowice entlang. Beide sind elegant gekleidet, er hat den Arm um ihre Schultern und sein Gesicht an ihres gelegt. Sie lachen. Hanna blickt direkt in die Kamera. Das Bild muss in der Vorfrühlingszeit aufgenommen worden sein, die Bäume haben keine Blätter, die Sonne scheint, es ist warm, beide tragen recht dünne Mäntel. Auf der Rückseite eines anderen Fotos steht: »Stefan, mein Bruder aus der Armee, Miedzianka – 1965. Stefan.« Seinen Namen hat sie zweimal notiert. Seltsam. Dieses Foto sieht nach September oder einem kühleren August aus. Die Sonne scheint Hanna hell ins Gesicht, man sieht nur, dass sie sich bei ihrem Bruder eingehakt hat, sie schauen einander an, wieder die Straße nach Janowice. Dann gibt es da noch ein Porträtfoto im Garten, auf dem sie an einem Tisch sitzt, der aus einem einzelnen Brett und einem Pflock besteht. Vielleicht ist das die Stelle, an der sich ihre Bank befand, vielleicht hatte sie gerade noch darauf gestanden und zur Śnieżka hochgeschaut.

Kaum lassen sich Bilder von Mitte der sechziger Jahre finden, auf denen auch Häuser zu sehen sind – vor den Ruinen ihrer Stadt haben die Einwohner sich höchst selten fotografieren lassen. Einzig auf zwei Fotos von Hanna Gębuś ist ein Stück Marktplatz zu erkennen. Jan Majka hat mir noch ein weiteres gezeigt, darauf posieren er und sein Freund Marian Sztama, sie rangeln zum Schein um ein Bajonett, das sie eben auf einem Dachboden gefunden haben. Marian Sztama hat Jan Majka am Handgelenk gepackt und grinst in die Kamera. Beide tragen Pullover und Hemden mit hellen Kragen. Man sieht die Rückseite von Häusern, ländliche Hinterhöfe mit einem Durcheinander von Gerätschaften, Zäune, Schuppen und Leinen mit trocknender Wäsche. Alles, was es hier gab, bevor die Stadt verschwand – Alltagsprosa.

Aber wie sah alles genau aus? Ich will es wissen – bevor ich es gesehen habe, glaube ich es nicht. Die Rettung kommt von Karl Heinz Friebe. 1967 ist jemand aus Deutschland hergereist und hat Fotos vom Marktplatz gemacht. Farbfotos! Karl Heinz hat die Abzüge sorgfältig in ein Album eingeordnet. Ich betrachte leicht verblichene Fassaden, leere Fensterhöhlen, Schutt, der aus einer Türöffnung auf die Straße rieselt. Man sieht sofort, dass die Fotos niemand von hier gemacht hat, einem Einwohner wären solche Fotos sicher peinlich gewesen, oder er hätte

gar keinen Sinn darin gesehen, Ruinen abzulichten. Nein, diese Farbaufnahmen hat jemand gemacht, der hergekommen ist, um zu überprüfen, ob die Stadt noch existierte und in welchem Zustand sie war. Auf den Bildern sind nur wenige Menschen zu sehen, sie sitzen auf einer Bank vor einem verfallenen Haus, auch ein paar Kinder sind abgelichtet. Lebende Beweise, dass damals hier noch jemand wohnte. Ruinen, Staub und die Sonne hoch im Zenit, blendend helle Bildbereiche. Und ein Briefkasten, fest angeschraubt an einer verfallenen Hauswand. Ja, hier wohnte noch jemand.

Von den Słowińskis habe ich Aufnahmen aus der Brauerei bekommen. Eine reine Inventur – auf den meisten Fotos sind

Geräte abgebildet, die ich nicht einmal benennen kann. Jerzy Slowinski hat sie aufgenommen, als er den Betrieb für einige Monate leitete. Verwackelte Fotos von Gebäuden und Mauern, Gärtanks und speziellen Installationen. Rohre, Behälter, Messuhren – eine Bestandsaufnahme. Aber ein Bild ist dabei, das auch die Arbeiter zeigt. Nur kurz sind sie aus dem Gebäude gekommen, es liegt noch Schnee, wahrscheinlich ist es ziemlich kalt draußen. Werka Butyńska erkenne ich gleich, sie steht ganz vorn, weißes Kopftuch, stolzer und etwas streitlustiger Blick. Wer die anderen sind, kann ich nur erraten – oder mir rasch ausdenken. Alle schauen in die Kamera, nur der Betriebsleiter sieht lächelnd seine Mitarbeiter an. Die wirken leicht amüsiert. Hinter ihnen ragt die zweistöckige Brauerei empor. Ein Inventurfoto. Die Bildunterschrift könnte lauten: Brauereigebäude, Südseite, Mitarbeiter der Frühschicht bei der Frühstückspause, Stand 1963 – entspricht nicht dem aktuellen Stand.

ALLE SCHÄTZE MIEDZIANKAS

»Gewöhnlich lief es so ab, dass diese Leute zum Hausherrn fuhren und eine Flasche oder zwei vor ihm auf den Tisch stellten. Den Kindern gaben sie Süßigkeiten, und dann begann der Festschmaus. Die können ordentlich was trinken, sie tun nur so, als ob sie wenig vertragen. Danach legten sich alle schlafen. Und wenn die Hausherren morgens aufwachten, waren sie weg – genauso wie die Trennwände oder der Kamin. Da war nur ein großes Loch und viel Dreck. So kamen die an ihre Schätze.«

»Als wir in die Hausnummer 27 einzogen, gab es dort keinen Fußboden und keine Holzvertäfelung an den Wänden mehr, auf dem Dachboden waren alle Bretter herausgerissen, sodass die Dachziegel und die aufgeklopften Wände freilagen. Als wir das alles sahen, wussten wir, dass vor uns Schatzsucher da gewesen waren und wir hier nichts Wertvolles von den Deutschen mehr vorfinden würden.«

»Manche Leute kamen direkt nach dem Krieg in die Stadt, zogen in irgendein Haus ein, wohnten dort eine Zeitlang und waren dann plötzlich wieder weg. Nach einiger Zeit stellte sich heraus, dass diese Leute zufällig ein Haus zugeteilt bekommen hatten, in dem sie einen Schatz von den Deutschen gefunden hatten. Und damit die anderen nicht neidisch wurden, zogen solche Familien dann sofort in andere Orte.«

»Während des Krieges bewahrten die Deutschen im Schloss von Karpniki Kunstwerke auf, die sie an allen Fronten gestohlen hatten. Es hieß, dort gebe es die größten Schätze, niemand dürfe sich dem Schloss nähern, die Soldaten würden sofort schießen. Als die Russkis über die Oder kamen, wurden das Schloss und alle Schätze nach Deutschland evakuiert, aber ein paar Lastwagen brachten die *szkopy* [Schimpfwort für Deutsche, besonders im Zweiten Weltkrieg; Anm. d. Übers.] auch nach Miedzianka. Und hier versteckten sie alles in den Bergwerksstollen, denn nur sie kannten das System der Gänge genau.

Als später die Russen kamen und ein Uranbergwerk aufmachten, fanden sie nacheinander alle diese Schätze, brachten sie zusammen mit dem Uranerz nach Russland. Angeblich hatten die Bergleute Angst, in die alten deutschen Gänge zu gehen, weil die Gänge mit den Schätzen darin vermint gewesen sein sollen. Außerdem beseitigten die Russkis alle Zeugen, deswegen ist kein Bergmann, der die Schätze gesehen hat, mehr am Leben.

So eine große Menge an Schätzen war es, dass die Russen sie nicht alle mitnehmen konnten, und als es kein Uran mehr gab, mussten sie das Bergwerk schließen. Also schalteten sie die Pumpen aus, sodass alle Gänge, die Schätze enthielten, geflutet wurden.«

»In einer Grube, über der das Plumpsklo stand, fanden wir eine ganze Wanne voller Porzellangeschirr, ein komplettes Service. Ein Teil davon war zerbrochen, doch das meiste war vollkommen in Ordnung, wir haben es noch jahrelang benutzt. Meine Schwester, die im Haus nebenan wohnte, hatte weniger Glück, sie fand nur eine silberne Zuckerdose. Sie hat es mir sogar ein bisschen übelgenommen, dass wir unser Porzellan nicht mit ihr teilen wollten.«

»Alle Keller in Miedzianka hatten Ziegelböden, damit von unten keine Feuchtigkeit in die Häuser kroch. Ging man mehrere Jahre nach Kriegsende in diese Keller, dann gab es keinen einzigen mehr, in dem die Ziegel nicht herausgerissen und die Erde darunter umgegraben worden war. Die Leute haben später versucht, die Ziegel wieder neu zu verlegen, aber das war schlicht unmöglich; die Böden in den Kellern waren holprig und schief, Feuchtigkeit drang ein, die Kartoffeln fingen an zu schimmeln. Ich habe noch nie gehört, dass irgendjemand dort irgendeinen Schatz entdeckt hätte. Andererseits hätte es auch niemand verraten, wenn er etwas gefunden hätte.«

»Von Zeit zu Zeit kamen Gegenstände zum Vorschein, die die Deutschen im Boden vergraben hatten, aber das war nichts Wertvolles, das haben später Sammler mitgenommen. Gold oder Schmuck hat hier keiner jemals entdeckt.«

»In Miedzianka gab es ein paar Familien, denen es urplötzlich besser ging. Zuerst haben die Leute sich gefragt, woher die auf einmal das Geld hatten, wenn doch nicht mal einer von ihnen im Bergwerk arbeitete, aber später ist uns allen dann ein Licht aufgegangen: Die deutschen Schätze waren der Grund. Außerdem haben auch deren Kinder manchmal damit angegeben, und so verbreitete es sich recht schnell in der Stadt, wenn jemand was gefunden hatte.«

»In unserem Haus muss vor dem Krieg jemand gewohnt haben, der Etiketten von Bierflaschen sammelte; der ganze Dachboden war voll davon. Sie waren zu kleinen Päckchen gebündelt, von Gummibändern zusammengehalten. Vater benutzte sie manchmal als Anzünder für den Ofen, denn oben auf dem Dachboden waren sie staubtrocken geworden. Später dann kam Antek Szmaciarz [Antek Lumpensammler] in die Stadt und wollte die Etiketten zum Altpapierpreis aufkaufen, da haben wir sie ihm alle verkauft, und Vater befeuerte den Ofen mit alten Zeitungen.«

»Als das Schloss abgerissen wurde, durfte niemand in seine Nähe kommen, dafür sorgten Soldaten vom Korps für Innere Sicherheit. Einmal schaffte ich es mit ein paar anderen Burschen doch, hineinzukommen. Drinnen mussten die Deutschen Unmengen an Schätzen versteckt haben, doch als wir kamen, waren alle Verstecke schon ausgeräumt. Die Bauarbeiter hatten die Bodenbretter herausgerissen und die Wände aufgeschlagen, um an Wertgegenstände zu kommen. Wir haben dann nur noch die ausgeräumten Verstecke gesehen, aber selbst keine Schätze mehr gefunden.«

»Die Czaplas haben eine Dose mit Dollars entdeckt, damit ist die ganze Familie nach Australien ausgewandert.«

»Da kamen ein paar Deutsche und fragten, ob sie unter dem Baum ein Zelt aufschlagen und einige Nächte dort schlafen könnten. Uns störte das nicht, deswegen haben wir es ihnen erlaubt. Manchmal kamen sie, um sich Wasser zu holen, aber die meiste Zeit hockten sie in ihrem Zelt. Als sie abfuhren, stellten wir fest, dass an der Stelle, wo ihr Zelt gestanden hatte, ein großes Loch im Boden war.«

»Es gab ein Haus in Miedzianka, das die Russen sich sofort genommen haben. Sie vernagelten alle Fenster und Türen mit Brettern und erlaubten niemandem, hineinzugehen. In der ganzen Stadt war bekannt, dass die Russen dort Schätze aufbewahrten, die sie den Deutschen abgenommen hatten. Nur einige sagten, die Russen hätten das Haus abgeriegelt, weil seine Wände vollkommen rissig waren und einzustürzen drohten.«

»Die Leute lächelten später schon, wenn irgendwo in der

Gegend ein Bus mit deutschen Kennzeichen und einem kleinen Bagger als Anhänger auftauchte. Es war schon klar, weswegen die herkamen. Sie hielten irgendwo auf einem Feld oder unter einem Baum, gruben eine Zeitlang und fuhren wieder ab. Es hielt sie auch keiner davon ab, schließlich waren das ihre Sachen, und nur sie kannten den genauen Ort des Verstecks. Wir haben unser ganzes Leben lang gesucht und außer Abfällen doch nichts gefunden.«

KEINE STADT MEHR

Wir hatten ein Haus,
Gäste gingen ein und aus –
heute sind die Räume leer,
niemand kennt uns mehr.
Giftiger Schierling wartet
hinter dem Gartentor
und Gras wächst
am Eingang
kniehoch empor –
suchte ich auch,
was ich verlor,
ich fände es nicht. –
Unrat und Staub
nehmen die Sicht
nach dem Alten.
In den Spalten
des Mauerwerks
huschen die Schatten,
und mit mattem
Flügelschlag fliegen
Krähen über die
verlassene Stätte hin –

und niemand dort weiß,
wer ich bin.
RUTH STORM[23]

Wäre Karl Heinz Friebe in Tränen ausgebrochen, dort auf jener kuhfladenübersäten Wiese, dem einstigen Marktplatz seiner Heimatstadt, dann wäre das wohl etwas zu melodramatisch gewesen. Wut aber wäre nachvollziehbar gewesen, Enttäuschung, Trauer, sogar Hass. Doch nichts dergleichen – Karl Heinz steht zwischen den Brennnesseln, zeigt seelenruhig mit seinem Regenschirm in verschiedene Richtungen:

»Dort war Breuers Restaurant, dort die Apotheke von Hänisch. Hier, wo wir jetzt stehen, befand sich das Wohnzimmer meiner Großmutter, dort entlang ging man in die Diele und weiter nach draußen, bis unter einen schönen Apfelbaum. Kupferberg war einmal schön und grün.«

Jetzt ist es nur noch grün.

Miedzianka

Noch bevor der Eiserne Vorhang fiel und Karl Heinz Friebe problemlos nach Polen einreisen konnte, versank in Miedzianka ein Mann im Boden. Er hieß Zbigniew Antoni Sieroń und war Elektriker. Spätherbst war es, Anfang der achtziger Jahre. Von der Stadt am Berggipfel war bereits keine Spur mehr übrig, nur in ein paar verstreuten Häusern ringsum wohnte noch eine Handvoll zäher Einwohner. An der Straße nach Janowice befand sich in einem Wellblechgebäude eine Niederlassung des Elektrotechnikbetriebs SIMET aus Jelenia Góra. Eines Abends machte sich Zbigniew Antoni Sieroń von hier aus auf den Weg nach Janowice, um den Fernseher des alten Bergmanns und späteren Brauereiarbeiters Władek Trepa instand zu setzen. Erst spät ging er zurück, hatte es ein wenig eilig und nahm deswegen eine Abkürzung. Beim Betrieb kam er jedoch nie an.

Als es bereits tiefste Nacht war, bemerkte jemand im Betrieb, dass Sieroń fehlte. Man begann, nach ihm zu suchen – in Dunkelheit und Nebel, der wie jeden Herbst den Berg umwaberte. Und schließlich fand man ihn. Inmitten von Bruchstücken der Umzäunung lag er stöhnend auf dem Grund einer riesigen Einbruchstelle, die gleich neben dem Weg zum Betrieb klaffte. Die Mitarbeiter versuchten, ihn herauszuholen, doch nirgends in der Umgebung gab es eine Leiter, die lang genug gewesen wäre, ihn zu erreichen. So banden sie ein paar Seile zusammen und kletterten zu ihm hinab. Sieroń war verletzt und stand unter Schock, doch war ansonsten heil und ganz. Unter einigen Schwierigkeiten hievten sie ihn hinauf. Als er sich erholt hatte, schilderte er den anderen in allen Einzelheiten, wie die Erde ihn hatte lebendig verschlingen wollen. Danach lachten sie noch lange, dass er das wahrscheinlich verdient gehabt hätte.

Ja, der ausgehöhlte Grund unter Miedzianka ruft sich gern in Erinnerung. Nach jedem größeren Regen tun sich auf den Feldern tiefe Löcher und Gruben auf, die die Bauern nachher in wochenlanger Arbeit mit Erde zuzuschütten versuchen. Ab den achtziger Jahren stürzen immer mehr Bergwerksgänge ein, niemand, der recht bei Sinnen ist, betritt sie mehr, obwohl in der Gegend noch immer Menschen leben, die von den einzelnen Stollen und dem Weg hinein wissen. Auch Bogdan Markowski sind all diese Dinge bekannt; er ist ein guter Freund von Bogdan Spiż, war in den achtziger Jahren bei der Janowicer Molkerei angestellt. Damals wollte er das unterirdische Labyrinth als Lager für die Molke nutzen, mit deren Verwahrung die Molkerei stets Probleme hatte. Markowski und ein paar andere Arbeiter nahmen also einen Kühltank mit und fuhren bis nach Mniszków, wo sich ein Eingang zum Bergwerk befindet. Sie sahen nicht einmal richtig hinein, verstauten nur den Kühltank und fuhren zufrieden wieder ab. Aufsehen erregte die Sache einige Tage später, als sich das Wasser des Bóbr vierzehn Kilometer von Mniszków entfernt in eine weißliche, stinkende Brühe verwandelt hatte.

»Da erst wurde mir klar, was sich tatsächlich in dem Berg verbirgt«, erinnert sich Markowski.

Blättert man in Zeitungen aus den siebziger und achtziger Jahren, so erwähnt keine von ihnen ein Uranbergwerk in Miedzianka. »Zwar versuchte man in den Jahren 1948 bis 1952, die Bergbauarbeiten wiederaufzunehmen und festzustellen, ob es lohnende Erträge gab, doch nachdem in Lubin Flöze entdeckt worden waren, mussten die Arbeiten in Miedzianka endgültig niedergelegt werden«, schreibt die Jahresschrift *Wierchy*.

Andere Zeitungen stehen *Wierchy* in nichts nach. *Karkonosze* ergänzt, Miedzianka sei bereits 1945 in sich zusammengefallen, *Nowiny* schreibt, nach dem Krieg sei unter Tage nichts mehr gefunden worden, weswegen der Bergbau eines natürlichen Todes gestorben sei. Danach gerät Miedzianka in Vergessenheit, kein Journalist interessiert sich mehr für die Stadt.

Als die Grenzen sich öffneten, tauchten immer mehr Deutsche in der Gegend auf – sie wollten nachsehen, ob sie ihre ehemalige Heimat noch wiedererkannten. Eines Tages steht im Empfangszimmer des Direktors vom Janowicer Gesundheitszentrum ein Mann von wahrhaft aristokratischem Gebaren. Er stellt sich als Eberhardt zu Stolberg-Wernigerode vor, ein Nachfahre Christian Stolbergs, des letzten Grafen von Kupferberg, Jannowitz und Rohrlach. Zum Besitz der Stolbergs gehörte auch das Schloss, in dem sich nun das Ärztehaus von Janowice befindet. Der Direktor ist misstrauisch, zu viele angebliche Stolbergs waren bereits hier, allerdings spielte keiner überzeugend genug, um ihn vorzulassen.

»Und woher, mein lieber Herr, soll ich wissen, dass Sie derjenige sind, für den Sie sich ausgeben?«, lautet somit seine Frage.

»Daher, verehrter Herr, dass ich, falls Sie das Türschloss nicht ausgewechselt haben, immer noch den passenden Schlüssel für dieses Zimmer hier besitze!«, bekommt er zur Antwort, worauf auch sogleich die entsprechende Demonstration erfolgt.

Wer jene Szene beobachtete, war Irena Kamieńska-Siuta. Sie hat ihre politischen Aktivitäten damals bereits hinter sich gelassen und widmet sich nun voll und ganz ihrer neuen Arbeit als Fremdenführerin für deutsche Touristen.

»Stolberg war manchmal überheblich und recht kühl im Kontakt mit den Menschen in Polen, er zeigte keinerlei Emotionen, blieb aber immer sehr höflich und vergaß nie seine gute Erziehung«, erinnert sich Kamieńska-Siuta. »Die Ruinen von Miedzianka, vor allem die Stelle, an der ihr Schloss gestanden hatte, besah er sich in trübsinnigem Schweigen. Stumm kehrten wir nach Jelenia Góra zurück. Etwas später schlief der Kontakt dann ein.«

Karl Heinz Friebe kam 1989 nach Miedzianka zurück. Als er sah, was von dem Ort noch übrig war, brach es ihm fast das Herz. Er beschloss, nie wieder herzukommen. Ein Jahr später kam er dennoch, zusammen mit seiner Frau. Und so hält er es bis heute. Anfangs parkte er nahe der Stelle, an der einmal sein Haus gestanden hat, und übernachtete dort. Später fuhr er alle die alten Plätze ab, lebte wie ein Vagabund hier und dort, wo einst die Häuser standen. Eines Tages sah er ein paar Kinder die Straße nach Janowice entlanggehen.

»Als ich nach dem Krieg Miedzianka verließ, war ich zwar erst ein kleiner Knirps, dennoch hatte ich das Gefühl, das Ganze sei ein Missverständnis, das man klären müsse. Diesen Gedanken trug ich jahrelang mit mir herum, ich wollte das alles rückgängig machen. Als ich nun die Kinder sah, begriff ich, dass es für immer so bleiben wird, wie es jetzt ist.«

1999 beschloss Friebe, zur Erinnerung an die Stadt, die hier einmal gewesen war, einen bescheidenen Obelisken aufzustellen. Davon hatten die anderen ehemaligen Kupferberger, die nun weit verstreut in ganz Deutschland lebten, ihn überzeugen können. Sie legten Geld zusammen, bestimmten den Standort. Zuerst wollten sie den Gedenkstein neben der heute noch existierenden katholischen Kirche aufstellen. Dazu verweigerte aber der Janowicer Pfarrer seine Einwilligung. Karl Heinz Friebe fragte ihn nicht, warum.

»Ich wollte die Antwort gar nicht wissen. Und er musste sie mir ja auch nicht geben.«

Somit wurde der Stein auf dem Friedhof aufgestellt, dagegen konnte der Pfarrer kaum etwas sagen, schließlich gibt es den Friedhof offiziell überhaupt nicht. Die bescheidene Feier zur Enthüllung des Obelisken fand am 11. Juli 1999 statt. Auf einer Gedenktafel steht in beiden Sprachen:

RUHET IN FRIEDEN

IHR SEID UNVERGESSEN

SPOCZYWAJCIE W POKOJU

JESTEŚCIE NIEZAPOMNIANI

Der Gemeindevorsteher war da, ein paar Deutsche, die polnischen Einwohner von Miedzianka. Aus Cieplice kam der Pfarrer; er sagte in seiner Predigt, Polen und Deutsche sollten sich über die Gräber hinweg die Hände reichen. In einem kurzen Artikel, der anschließend in der *Schlesischen Bergwacht* erschien, schrieb Karl Heinz Friebe: »Ich hatte ein Gefühl wie Weihnachten und Ostern an einem Tag.«

Doch Miedzianka besuchen nicht nur die Deutschen. Manchmal verschlägt es auch die Menschen wieder her, die nach dem Krieg hier einzogen. Hanna Gębuś wohnt heute in Blachownia bei Częstochowa. Sie besitzt dort drei Häuser, in einem leben sie und ihr Mann, die beiden anderen hat sie für ihre Töchter bauen lassen, die sich jedoch für die Emigration entschieden haben und bislang keine Rückkehr nach Polen planen.

»Unter jedem der drei Häuser liegt ein Stein aus Miedzianka«, raunt sie mir verschwörerisch zu. In Miedzianka wohnten sie im Gebäude der ehemaligen Apotheke Hänisch; vom Dachboden holte Hanna Gębuś damals die Hirschgeweihe – die Jagdtrophäen des alten Herrn Gotter. Anfang der neunziger Jahre ist sie wieder hingefahren, fand nur unter Schwierigkeiten die Stelle wieder, an der ihr Haus gestanden hatte.

»Eigentlich habe ich die Stelle nur dank der beiden Eichen wiedergefunden, die in unserem Hof wuchsen. Zwischen ihnen stand früher eine Bank; wenn man sich daraufstellte, konnte man die Śnieżka sehen.«

Von dem Haus ist keine Spur mehr da, an die Bank erinnern nur noch feine Einkerbungen an den Bäumen. Dieser eine Besuch war für Hanna Gębuś ohnehin zu viel. Sie ist nie wieder hergekommen. Den Kontakt zu ihren ehemaligen Nachbarn hält sie zwar, doch wenn diese sie mit nach Miedzianka nehmen wollen, sagt sie jedes Mal höflich, aber entschieden ab.

Wałbrzych – Wrocław – Katowice

»Ein Kleine-Jungen-Traum, nichts weiter«, sagt Bogdan Spiż bescheiden, als er auf den uralten *saturator* – ein Gerät zur Herstellung von kohlensäurehaltigen Getränken – in der dunklen Kammer zeigt. »Wenn ich einmal Zeit habe, repariere ich ihn und mache wieder Limonade.«

Der Raum, in dem der staubbedeckte *saturator* steht, befindet sich in Katowice und gehört zu einem großen Tanzclub, dessen Gäste Bier bestellen können, das vor ihren Augen gebraut wird. Es ist einer der angesagtesten Orte in ganz Schlesien. Der Club gehört Bogdan Spiż. Seine jüngste Schwester Hania hilft ihm manchmal bei der Organisation.

Ebenfalls zu Bogdan Spiż' Besitz gehört ein Lokal am Marktplatz von Wrocław. Es wird von seiner anderen Schwester geführt, Barbara. Hier kann man Bier bestellen, das der Kellner direkt aus dem großen Gärbottich ins Glas füllt und den Gästen an den Tisch bringt. Spiż' Kneipe ist für viele Touristen in Wrocław Pflichtprogramm; oft verlassen sie das Lokal beladen mit Bierkrügen, die bei der Bierherstellung gleich mitverkauft werden. Auf jedem davon prangt deutlich sichtbar ein stilisiertes Logo mit dem Wort »Spiż« in der Mitte. Außer dem Bierlokal und dem Tanzclub gibt es noch den Pałac Miłków mit seinem Restaurant und den Bankettsälen für 180 Personen. Hier versucht Bogdan Spiż sich zu erholen, das gelingt ihm allerdings nicht immer, gibt es doch ständig etwas zu tun.

Bogdan Spiż hat es geschafft. Auf der Liste der hundert reichsten Polen, die die Wochenzeitschrift *Wprost* regelmäßig erstellt, stand er schon 1991, zwei Jahre später sogar auf Platz 13. Angefangen hat er mit einem einzigen *saturator* und einem kleinen Limonadenausschank, den er noch in den achtziger

Jahren in Legnica gründete. Davor war er Leiter der Mälzerei in Ciechanowice und Brauereidirektor in Legnica gewesen. Immer jedoch wollte er etwas Eigenes auf die Beine stellen. Als der Kapitalismus in Polen Einzug hielt, beschloss Bogdan, sich ins Haifischbecken zu stürzen und seine Träume wahrzumachen. Wie ein Hai wirkt er allerdings überhaupt nicht; er ist ruhig und ausgeglichen, die Leute sagen, er könne keiner Fliege etwas zuleide tun. Er bäckt eigenhändig *faworki* – Hefe-Schmalz-Schleifen – für seine Angestellten, und fragt man ihn nach seinen Erinnerungen an Miedzianka, verklärt sich seine Miene.

Als der berufliche Erfolg kam, dachte er daran, seinen Eltern ein kleines Haus in Wilków bei Legnica zu kaufen. Er wollte nicht, dass sie weiterhin in der gelben Villa in jener Einöde wohnten, zu der Miedzianka geworden war. Die Anzahlung für das Haus war schon geleistet, als Bogdan hinfuhr, um seiner Mutter die gute Nachricht zu überbringen. Doch Helena wollte nichts davon hören, sie sagte nur immer wieder, aus Miedzianka gehe sie nicht mehr fort, sie werde auf keinen Fall in dieses Wilków ziehen. Das Haus wollte sie sich nicht einmal ansehen.

»Sich Mutter zu widersetzen wäre dumm gewesen«, lacht Bogdan. Die alten Eltern Spiż lebten somit bis zum Schluss in Miedzianka. Sie überlebten die Stadt. Stefan starb 1995. Gegen Ende seines Lebens verwirrten sich seine Sinne, mehrmals fand Helena ihn, wie er nachts im Pyjama in der verfallenen Brauerei herumirrte. Wenn sie ihn an der Hand nahm und ihn ins Haus zurückführte, sagte er: »Ach, lass doch, Helena, ich nehme nur eben einen Sud ab, geh ja gleich wieder ins Bett.«

Ein Bekannter der Familie Spiż, Bogdan Markowski, erinnert sich, dass Stefan Spiż im Alter ein einziges Buch wieder und wieder gelesen habe: Stefan Żeromskis *Ludzie bezdomni – Die Heimatlosen.*

»Wenn er zur letzten Seite kam, klappte er das Buch für eine Weile zu, später schlug er es wieder auf und fing von vorne an.«

Helena Spiż starb im Jahr 2000. Angeblich soll sie bis an ihr Lebensende stark geraucht haben, zudem setzte sie die besten Obstschnäpse in der ganzen Gegend an. Stefan und Helena Spiż liegen in Janowice auf zwei verschiedenen Friedhöfen begraben. Damit sie sich nicht streiten, sagen die Leute.

Barbara trägt den Nachnamen ihres Mannes, Mudry, und pendelt zwischen Wałbrzych und Wrocław. In Wałbrzych wohnt sie, in Wrocław führt sie Bogdans Lokal am Marktplatz. Fragt man sie nach Miedzianka, fasst sie sich nur an den Kopf.

»›Villa‹, so nennt man Gebäude mit Springbrunnen. Wir hatten einen Springbrunnen im Garten, dort in Miedzianka. Und jetzt ist alles völlig verkommen!«

Erst Anfang der neunziger Jahre konnte sie die Verzweiflung ihres Vaters gänzlich nachvollziehen. In Wałbrzych wohnte sie damals, gleich neben der Zeche Victoria. Mit dem Bergbau ging es in der ganzen Region zu Ende, ein Werk nach dem anderen wurde geschlossen. Barbaras Ehemann war Bergarbeiter in der Victoria, ihr Schwiegervater Direktor des ganzen Betriebs. Als die Nachricht von der geplanten Schließung des Bergwerks über sie hereinbrach, weinten beide wie Kinder. Wenn Barbara Mudry mit dem Hund auf dem verwaisten Zechengelände spazieren ging, verspürte sie denselben Schmerz, den ihr Vater gefühlt haben musste.

»Die ganze Familie meines Mannes – und dadurch auch ich – war eng mit der Zeche Victoria verbunden. Sie war direkt vor dem Fenster, man hörte sie, man roch sie; sie ermöglichte uns, zu leben. Dadurch wurde sie für mich zu etwas eng Vertrautem. Als sie schließen musste, hatte ich das Gefühl, einen großen Verlust zu erleiden. Mein Vater hatte dasselbe in Miedzianka durchgemacht, nur war ich da noch zu jung, um ihn zu verstehen, für mich zählte damals nur die Zukunft. Als das alles richtig zu mir vordrang, war es schon zu spät.«

Jelenia Góra

1966 veranstaltete die Zeitung *Nowiny Jeleniogórskie* einen Schreibwettbewerb zum Thema: »Meine Träume für das Jahr 2000«. Im Laufe weniger Wochen trafen zahlreiche Texte von den jüngsten Stadtbewohnern in der Redaktion ein.

»Das wunderbare Stadtviertel Zabobrze ist endlich fertig, es befindet sich unter einem riesigen Schirm, der keinen Schnee und Regen durchlässt. Es gibt einen kilometerlangen unterirdischen Tunnel zwischen der Innenstadt von Jelenia Góra und der Mitte von Zabobrze. Vor dem Eingang zu diesem Märchenland, also Zabobrze, steht ein großes Relief mit einem Hirsch vor einem Wasserfall« – Waldek Rutkowski.

»In den Wohnungen haben wir Farbfernsehen, und es gibt immer Wasser. Die Menschen sind freundlicher, Störenfriede gibt es nicht« – Basia Wirska.

»An den Gebäuden hängen Spezialautomaten, und wenn man auf einen Knopf drückt, kommen leckere Süßigkeiten und kleine Spielsachen heraus. Die Telefone in den Telefonzellen haben Bildschirme. Wenn man mit so einem Apparat telefoniert, sieht man auf dem Bildschirm das Gesicht seines Gesprächspartners« – Marta Sałata.

»Die Geschäfte haben eine große Auswahl an Kleidung, Bettwäsche und Schuhen in allen Größen« – Krysia Gałach.

»Dass auf vier Bewohner drei Zimmer kommen, mit schö-

ner großer Küche und gefliestem Bad. Dass man mit dem Aufzug in höhere Stockwerke fahren kann und dass die Balkone geräumig sind« – Ewa Cymara.

Nicht alle Träume, die jene Kinder vor fast fünfzig Jahren niederschrieben, sind wahr geworden. Süßigkeitenautomaten und Bildtelefone sind weiter kein Problem, ein gläserner Schirm spannt sich jedoch nicht über Zabobrze, auch gibt es keinen Tunnel zum Stadtzentrum, und auf den Viadukten über den Bahngleisen staut sich zu Stoßzeiten nach wie vor der Verkehr. Die *Nowiny Jeleniogórskie* erscheint noch immer, Anfang 2010 wurde Zabobrze darin als »Stadtteil des Schreckens« bezeichnet, in dem halbwüchsige Rowdys älteren Damen die Handtaschen entreißen und in Wohnungen einbrechen. Die *Nowiny* übertreibt, Zabobrze ist ein eher verschlafenes Viertel, in dem vorwiegend Rentner ein beschauliches Leben führen. Verbrecher gibt es hier nicht mehr und nicht weniger als anderswo auch.

»Miedzianka ist heute in Zabobrze«, lacht Barbara Majka, einst die schönste Mitarbeiterin der Brauerei.

An welche der Wände ihrer Dreizimmerwohnung sie auch klopfte – es würde ihr ein Nachbar von früher antworten. Im Häuserblock an der Karłowicz-Straße 45, wo die Majkas wohnen, kann man die Bewohner, die nicht aus Miedzianka kommen, an einer Hand abzählen. Der Rest ist seit jeher miteinander bekannt – da sind die Żureks, deren Dachgeschoss einst am lautesten »sang«, da ist Irena Wędzel, die sich weigerte, Heiligenfiguren aus der Kirchenruine zu holen. Und da ist auch Irena Barwicka, die beim ersten Anblick Miedziankas verzweifelt in Tränen ausbrach. In Nummer 43 wohnt Jadwiga Chuturko; sie ist als Letzte aus der Stadt weggezogen. Deswegen kam sie sogar ins Fernsehen, wo die Redakteure sie fragten, wie es sich denn nun lebe ohne die Angst, die Decke könnte einem auf den Kopf fallen. Gut, sagte sie. Einen Block weiter sind die Szymczyks und die Mądreckis, und auch Czesław Plesiak, der, spricht man ihn auf Miedzianka an, nur stumm mitten im Zimmer stehen bleibt und resigniert den Kopf schüttelt. Und schließlich lebt in Block 11 der letzte Schuldirektor, Kazimierz Milcuszek. Nach Miedzianka gefahren ist er nur noch einmal, mit seiner Frau, sie fanden ihr Haus nicht mehr wieder und verloren die Lust an derlei Ausflügen. Ein Stockwerk höher wohnt Janek Kluba; er wiederum fährt beinahe wöchentlich nach Miedzianka.

»Ich habe schreckliches Heimweh«, bekennt er verlegen.

All diese Menschen haben sich ihre Telefonnummern in altmodischen Adressbüchlein notiert (»Ach, wissen Sie, in diesen Handys findet man doch später nichts mehr wieder«), sie grüßen einander höflich auf ihren Spaziergängen, setzen sich hin und wieder zusammen auf eine Bank, um ein paar Worte zu wechseln. Sie wissen alles voneinander, wer gestorben ist und wer erkrankt, wer demnächst Enkel bekommt. Und sie bitten einen, diese Dinge bloß niemandem weiterzusagen. Miedzianka erwähnen sie selten, und auch nur einige von ihnen.

»Mit jedem Jahr werden die Erinnerungen an die Stadt schöner«, lachen sie, denn so ist es nun einmal mit dem menschlichen Gedächtnis: Das Schlechte filtert es heraus und behält nur die schönen Bilder.

Ja, es lässt sich nicht verbergen: Miedzianka ist heute in Zabobrze, zusammengepfercht in vier Wohnblocks an der Karłowicz- und ein paar weiteren an der Paderewski-, Elsner- und Różycki-Straße. Ein Plattenbau-Miedzianka auf sicherem Grund, ein grünes Miedzianka wie ehedem, inmitten von Bäumen und erfüllt von fröhlichem Kinderschrei. All das siebzehn Kilometer entfernt von dem einsinkenden, mit Gestrüpp und Gras überwucherten Berggipfel. Von dem Ort, an dem einmal eine ganze Stadt stand, die es heute nicht mehr gibt, die als einzigen Existenzbeweis eine seltsam mitten aus dem Nichts aufragende Kirche vorweisen kann, einige einsame Hütten und die Ziegelsteine, über die man bei jedem Schritt stolpert, wenn man querfeldein geht.

In Zabobrze lässt sich all das recht leicht vergessen. Doch um die Erinnerungen zu wecken, genügt es, sich an einem Montag, Mittwoch oder Freitag im nahen Lebensmittelläden an der Kasse anzustellen und auf die Frage, was es denn sein dürfe, wie stets zu antworten: »Bitte einmal das Brot von Bäcker Miroś.«

Janowice Wielkie

Dann gibt es da noch die ehemaligen Miedzianker, die ganz in der Nähe geblieben sind. Fast im Schatten des Berges wohnen sie, besteigen ihn jedoch so gut wie nie. Weil sie nicht wollen, weil es nicht am Weg liegt, weil sie fürchten, eine jahrelang unterdrückte Erinnerung könnte schmerzhaft hervorbrechen.

Barbara Wójcik, die so viele Male den eigenen Tod überlebt hat, wohnt bis heute mit ihrem zweiten Ehemann am Rand von Janowice, da, wo die Straße sich unter der alten deutschen Brücke hindurchzwängt und, sich am Ufer des Bóbr entlangwindend, weiter nach Trzcińsko verläuft. Es ist die hübscheste Strecke in der ganzen Umgebung. Ihr Haus ist das letzte im Dorf, es steht auf einem flachen Hügel, ringsum Gemüsegärten, ein Bienenhaus.

Bevor sie ihren ersten Mann zu Grabe trug, verpasste sie ihm noch ein paar ordentliche Backpfeifen – nicht, um sich zu rächen (er schlug sie regelmäßig), sondern um auch ihn vor dem Tod zu bewahren. Er hatte Leukämie, als das Ende nahte, waren sie gerade auf einer Hochzeit. Plötzlich brach er zusammen und glitt zu Boden. Barbara Wójcik war Sekunden später bei ihm, haute ihm mehrmals fest ins Gesicht.

»Schwächlich war ich noch nie«, meint sie bescheiden, »und Mutter hatte mir einmal gesagt, die einzige Methode, den Tod zu vertreiben, sei, den Sterbenden zu schlagen. Er war ein schrecklicher Tyrann gewesen, aber man darf einen Menschen doch nicht einfach sterben lassen, also musste ich es tun. Er ist dann erst im Spital gestorben, ein paar Monate später.«

Nun wohnt Barbara Wójcikowa zusammen mit Józef Chęciński in ihrem Haus auf dem Hügel. Er hatte es mehrmals bei ihr versucht, aber sie wollte ihn nicht. Doch er bemühte sich so lange um sie, bis sie schließlich nachgab.

»Ich bin ihr nachgelaufen wie besessen«, gibt Chęciński zu. »So ist das bei mir immer gewesen, wenn eine mehr als hundert Kilo gewogen hat, dann hab ich mich Hals über Kopf in sie verliebt.«

Józef Chęciński ist der Stiefsohn von Józef Ostrowski, dem Milizionär, der im Sommer 1945 kam, um in Janowice für Ordnung zu sorgen.

»Ich bin mit Vater auf dem Motorrad herumgefahren, ich habe alles gesehen, wovon die Zeitungen später schrieben.«

Bittet man ihn, doch etwas davon zu erzählen, fängt Chęciński häufig so an: »Es gibt die eine und nur die eine Wahrheit …«

In dem Teil von Janowice, der Miedzianka am nächsten liegt – Stare Janowice [Alt-Jannowitz] –, ist Stanisław Kopczyński zu Hause, der den Kommunisten die Fresse poliert hat, das aber nicht zugeben wollte, und auch Staszek Gruszka, der niemals Wodka trank und nur zwei Jahre im Bergwerk arbeitete, weswegen er jetzt noch lebt. In der Zamkowa-Straße wohnt außerdem Karolina Burzawa, geborene Kolis. Über das Bergwerk spricht sie nicht gern. Diese drei und Baśka Wójcik sind eigentlich alle ehemaligen Arbeiter aus dem Uranbergwerk in Miedzianka, die heute noch hier in der Gegend leben. Mehr Ehemalige liegen auf den beiden Janowicer Friedhöfen, und stets kommen weitere hinzu. Viele sind an Krebs gestorben, so wie Franek Krupa, dem im Alter der Kehlkopf herausgenommen werden musste. Solange er lebte, kümmerte er sich um Bergbauschäden – früher als Bergmann unter Tage, später sorgte er dafür, dass die Löcher im Erdreich über Tage nicht zu lange klafften. Mit dieser Aufgabe betraut hatte ihn die Leitung des Kupferbergwerks in Legnica, der das ehemalige Bergwerksgebiet von Miedzianka formell unterstand. Krupa hatte eine ordentliche Menge Arbeit damit, worüber er sich jedoch nie beschwerte, war ihm doch die unterhöhlte und löchrige Berglandschaft ans Herz gewachsen. Vom Bergwerk mochte er nie erzählen, und nachdem er seinen Kehlkopf verloren hatte, konnte er es auch nicht mehr. Auf Zettel schrieb er einzig das, worüber er sprechen wollte, und seine Ehefrau las es dann vor. So unterhielt man sich mit Franek Krupa zu Ende seines Lebens. Er starb 2010.

Zusammenhänge zwischen der hohen Zahl an Krebserkrankungen bei den Bergleuten und den Bedingungen, unter denen sie arbeiten mussten, wurden nie aufgezeigt. Dabei hatte bereits Dr. Stanisław Siuta, der Leiter des Janowicer Gesundheitszentrums, seinerzeit alarmiert bekannt gegeben, dass hier Schlimmes im Gang sein könnte.

»In der gesamten Umgebung, vor allem in Janowice und

Miedzianka, war die Zahl an Krebserkrankungen, besonders bei verhältnismäßig jungen Menschen, damals höher als anderswo. Ich habe sogar Spezialisten zu Rate gezogen, damit sie sich diese Fälle ansahen, doch allgemeinere Schlussfolgerungen wurden nicht daraus abgeleitet.«

Heute weiß man, dass die Staublunge – die Berufskrankheit aller Bergleute – in Uranbergwerken viel schwerer verlief, da es sich um eine radioaktive Staublunge handelte. Wenigstens so lange, bis die radioaktiven Elemente aus dem eingeatmeten Staub gänzlich zerfallen waren. Wie lange das war, lässt sich schwer sagen, bei manchen war es jedoch lange genug, um die Anfälligkeit für Krebserkrankungen zu erhöhen. Nach dem Ende des Kommunismus in Polen begann ein Senator der Solidarność, Andrzej Piesiak, sich für das Schicksal der Arbeiter aus den Bergwerken der Produktionsstätten R-1 zu interessieren, zu denen auch Miedzianka gehörte. Ihm war es zu verdanken, dass eine Parlamentskommission für die Untersuchung der Schäden gegründet wurde, die dem Land Polen durch den Betrieb von Uranbergwerken zum Nutzen der Sowjetunion entstanden waren. Zugleich befassten sich die Parlamentarier mit den Lebensläufen der Bergarbeiter von R-1. Die ehemaligen Bergleute kamen zuhauf in Senator Piesiaks Büro in Jelenia Góra und berichteten ihm von ihren Arbeitsumständen. Ihre Ausführungen dienten später als Beweismaterial bei den Verhandlungen um Entschädigungen und Renten. Nur wenige Bergleute bekamen solche Zahlungen; ein Großteil der medizinischen Dokumentation aus R-1 war nicht mehr auffindbar, und ohne sie konnten die ehemaligen Arbeiter nur schwer beweisen, dass die Krankheiten, die sie im Alter heimsuchten, direkt auf die Arbeitsbedingungen im Uranbergwerk zurückzuführen waren.

In Janowice lebt auch Zdzisiek Jankowski, heute fast sechzig, ein schräger Typ mit Gefängnistätowierungen – der ehemalige stadtbekannte Lausbub, der einen Säbel aus Ueberschaers Grab entwendete und die Kugel vom Turm der gesprengten evangelischen Kirche stibitzte. Auf die Frage nach Miedzianka verschwindet Jankowski kurz in seiner Wohnung, kommt nach einer Weile mit einem Klassenfoto zurück.

»Das hier bin ich, und das war unser Lehrer, Herr Milcuszek. Ja, da hatte ich noch keine Flausen im Kopf.«

Gleich nebenan wohnt Werka Butyńska. Sie kann immer noch saftig fluchen, wenn ihr etwas nicht passt. Erst kürzlich hat sie das Rauchen aufgegeben. In ihrer blitzblanken Wohnung an der Hinterseite des ehemaligen Hotels Kluger humpelt sie mühevoll auf Krücken herum. Bei der Erwähnung von Stefan Spiż lächelt sie breit, von Ohr zu Ohr: »Feiner Mensch war das.«

Werka kann nicht klagen, es geht ihr gut auf ihre alten Tage, zwei Söhne und eine Tochter hat sie großgezogen. Der Sohn, den sie im Trockenraum der Brauerei auf Felle bettete, besitzt heute eine Baufirma. Wenn Werka von ihm spricht, kann sie die Tränen nicht zurückhalten.

»Hätt nicht viel gefehlt, und es hätte mich und ihn nicht mehr gegeben. Und nun ist so ein Kerl aus ihm geworden, stark wie eine Eiche. Jammerschad wär das gewesen.«

Miedzianka

Es ist schon ein paarmal vorgekommen, dass Paweł Nowak mitten auf der Wiese stand und sich die Häuser vorstellte, die steilen Gässchen, die zwei Kirchtürme, das Stimmengewirr aus den Fenstern des Gasthauses, das ausgelassene Kreischen der Kinder, die aus der Schule gestürmt kommen, oder die fröhlichen Rufe der Steinmetze bei der Arbeit. Alles in deutscher Sprachversion. Dann öffnete er seine Augen – und sah nichts außer dem allgegenwärtigen Grün und dem Müll im Straßengraben. Miedzianka ist einfach nicht mehr da. Die niedrigen Wohnhäuser, das Schloss, der Wasserausschank des alten Gliszczyński, die Kirche mit gelber Fassade – alles verschwunden, zerstört, geplündert, dem Erdboden gleichgemacht, abtransportiert, umgepflügt, versunken.

Manches Mal hat Paweł bei der Kirche Autos mit deutschen Nummernschildern gesehen, wollte sogar schon hingehen und ihnen sagen, dass sie hier nicht parken sollten, vor gar nicht allzu langer Zeit ist hier nämlich der Erdboden zwischen Straße und Kirche an die fünfzehn Meter tief eingebrochen, man traute sich gar nicht, in den Abgrund zu schauen. Die Kirche hat das nur durch ein Wunder überstanden. Paweł hat jedoch seine eigene Theorie über ihre Zukunft. Seit hier regelmäßig Lastwagen mit Feldspat aus dem Steinbruch in Karpniki vorbeifahren, scheinen die Tage des Gotteshauses gezählt: »Dann bebt hier jedes Mal alles. Du wirst schon sehen, irgendwann kommt unser Miedzianka noch ins Fernsehen, wenn uns die Kirche hier in der Erde versinkt.«

Paweł sagt »unser Miedzianka«, obgleich er selbst in Janowice wohnt. Sein Großvater hatte ihm einmal Postkarten gezeigt von der Stadt, die es nicht mehr gibt. Die Karten gefielen ihm, er begann in Büchern und alten Dokumenten zu blättern. Eines Tages tippte Paweł in einem Archiv in Jelenia Góra jemand von hinten auf die Schulter und meinte: »Sie interessieren sich für Kupferberg? Dann müssen Sie sie kennenlernen.«

»Sie«, das war Dora Puschmann.

Sie stammte aus Jannowitz, war 1945 Erzieherin im dortigen Kindergarten. Die Kinder und sie wurden als Erste evakuiert, gleich nachdem die Russen die Front vor Breslau durchbrochen hatten. Nach fast vierzig Jahren kehrte sie zurück. Das, was sie sah, brachte sie dazu, ihre *Chronik über Jannowitz* zu schreiben, und im Anschluss auch über Kupferberg, die beiden kleinen Städte, in denen sie ihre Jugend verbrachte, jedoch nicht sterben durfte. Der erste Satz in der Kupferberger Chronik lautet: »Kupferberg ist verschwunden.«

Die Chronik von Dora Puschmann wurde Anfang der achtziger Jahre abschnittsweise in der *Schlesischen Bergwacht* veröffentlicht, einer Zeitschrift, die die ehemaligen, nach dem Zweiten Weltkrieg ausgebürgerten Einwohner dieser Gegend beziehen. Keine versöhnliche Lektüre ist es, voller Bitterkeit und Kummer, manchmal sogar Wut über das, was geschehen ist. Dora Puschmann schreibt, dieser Erde würdig sei nur ein »deutscher Pflug«, und alles Schlimme, das den Deutschen nach dem Krieg widerfahren ist, sei von »den besoffenen Polen« ausgegangen. Die Nazis tauchen nur am Rande auf, Kupferberg wirkt nicht nur gänzlich losgelöst von den Stürmen des Krieges, sondern auch von der Ideologie, die diese Stürme entfesselt hat. Manchmal gehen dabei auch die Fakten unter – so wird Fürst Bolko bei Puschmann zum Grafen von Bolz. Das Wort »Heimat« taucht fast in jedem zweiten Satz auf.

»Im Mai 1987 stand ich auf dem Kreuzberg unter dem hohen Kreuz, blickte zu den Bergen des Riesengebirges und weit ins schlesische Land. Verträumt liegen die Häuschen von Fischbach, Neudorf und Bärndorf zwischen blühenden Wiesen und Bäumen, als wäre nichts geschehen, als rühre sie das Geschehen der Menschen, die einst hier lebten und es ihre ›Heimat‹ nannten, nicht.

Vor 156 Jahren wurde das schützende Kreuz auf dem Falkenberg errichtet, vom Krieg wurde dieses Tal verschont, doch die Austreibung traf viele Menschen hart. Der Abschied fiel schwer von diesem herrlichen so geliebten Stückchen Heimat.«

Paweł Nowak hat Dora Puschmann nie persönlich kennengelernt, stand jedoch mehrere Jahre lang mit ihr in Kontakt, bekam Dutzende Fotografien, Postkarten und Dokumente über Miedzianka und Janowice. Wer Dora Puschmann persönlich kannte, sagt, sie habe stets vor Begegnungen mit Menschen aus Polen zurückgescheut, eine tiefe Abneigung gegen sie gehegt. Trotzdem korrespondierte sie mit Paweł.

»Ich weiß nicht, warum, vielleicht spürte sie, dass es mir um nichts weiter ging, als so viel wie möglich zu erfahren«, meint Paweł. Als sie gestorben war, beschloss er, ihre Chronik zu übersetzen und ins Internet zu stellen. Bis zum heutigen Tag bekommt er E-Mails von Leuten, die ihn dafür beschimpfen.

In Miedzianka gibt es einen alten Baum, zu dem Paweł Nowak nur wenige Menschen bringt. Um ihn zu finden, muss man an der Brauerei vorbeigehen, gleich hinter der Kurve die Landstraße verlassen und in einen Feldweg einbiegen, der zu einem Bauernhof führt. Bei einem unscheinbaren verwilderten Pflaumenbaum bleibt man stehen.

»Ich will, dass dieser Baum hier in Ruhe wachsen kann«, sagt Paweł. Betrachtet man den Stamm des Pflaumenbaums genau, entdeckt man das kleine Metallschild, so angeschraubt, dass es vom Weg aus nicht zu erkennen ist. Um es sehen zu

können, muss man in die Brennnesseln gehen. Auf dem kleinen Täfelchen, nicht größer als eine Zigarettenschachtel, steht geschrieben:

ERINNER DIE LEUTE VON KUPFERBERG

»Ich stelle mir das so vor«, sagt Paweł, »diese Leute sind hergekommen, haben sich umgeschaut, doch das Einzige, was sie wiedererkannten, war dieser Baum. Überleg dir das mal: Von allem, was hier gewesen ist, von den Häusern, Kirchen, Restaurants, erkannten sie nur diesen einen Baum. Nichts sonst. Also brachten sie das Schild an und fuhren wieder.«

Paweł spricht nicht besonders häufig davon, doch wenn er einen durch Miedzianka führt, spürt man, dass ihm dieser Gedanke im Kopf herumgeht. Oder eher die Frage, ob es Miedzianka noch gäbe, wenn alles anders gekommen wäre, die Deutschen heute noch hier lebten? Sicherlich, mit einer solchen Frage weckt man möglicherweise schlafende Geister. Niemand möchte diese Frage hören, und die Antwort erst recht nicht. Doch auf die erste Frage folgt sogleich eine zweite, ebenso wichtige, die einem ebenso beharrlich im Kopf herumgeht. Wäre der Preis für die Erhaltung Miedziankas nicht etwas zu hoch gewesen? Solche Fragen stellen sich die Rentner aus Zabobrze nicht, solche Fragen kommen nur Paweł Nowak in den Sinn, dem ewig überarbeiteten Dreißigjährigen und frischgebackenen Vater, der seinen fetten silbernen Opel Tigra mit den Aluminiumfelgen nicht vor der Kirche parkt, weil er weiß, dass er dort im Boden versinken könnte.

Hildesheim

1999 las Karl Heinz Friebe in der Zeitung von einer betagten Lehrerin, die irgendwo bei Hildesheim türkische Kinder in Deutsch unterrichtete. Das war Gisela Franzky. Wenn er von ihr spricht, weiten sich seine Augen selbst heute noch vor Bewunderung, und seine Frau, die neben ihm steht, lächelt verkrampft.

»Keine Sorge, Liebling, Gisela war meine erste Liebe, und du bist meine zweite und letzte«, versichert Karl Heinz und streichelt ihre Hand.

Im Frühjahr darauf haben sie sich bei Gisela zu Hause getroffen; sie tischte ein herrliches schlesisches Festmahl auf. Weil sie nicht wussten, womit sie anfangen sollten, gestand Karl ihr seine kindlichen Gefühle von einst. Dann erzählte er von ihrer Stadt, die es nicht mehr gibt. Gisela weinte.

Jelenia Góra – Poznań 2010

EPILOG

Gewiss wäre ich nichtsahnend über das verschwundene Miedzianka spaziert, ohne einen blassen Schimmer von der Geschichte, die sich dort verbirgt, hätten nicht verschiedene Personen mir so hilfsbereit zur Seite gestanden. Dieses Buch wäre niemals entstanden ohne Paweł Nowak aus Janowice Wielkie, den begeisterten Geschichtsliebhaber und Sammler alter Postkarten. Hätte er mich nicht beraten, mir seinen nüchternen Blick auf gewisse Dinge nahegebracht und mich unermüdlich mit den verschiedensten Personen bekannt gemacht, dann hätte ich kein Wort geschrieben. Ich danke auch Bogdan Spiż und Barbara Mudry für die Zeit, die sie mir gewidmet haben, sowie Stanisław Tadrak für die unschätzbar wertvolle Hilfe bei der Übersetzung der deutschen Texte.

Seit *Miedzianka* erschienen ist, habe ich unzählige Male die Frage beantwortet, warum ich das Buch geschrieben habe. Ich sage mir und denen, die mich fragen, dass ich es geschrieben habe, um etwas zu spüren, wenn ich auf jener Wiese stehe. Als ich nämlich zum ersten Mal dorthin fuhr, spürte ich rein gar nichts. Hätte ich nicht vorher Archivbilder vom schönen Kupferberg gesehen, wäre ich an dem Ort vorbeigegangen, ohne ihm die geringste Beachtung zu schenken. Und das kann nicht gut sein, das Verschwinden einer ganzen Stadt nicht zu bemerken.

Mitte 2013, zwei Jahre, nachdem die erste Ausgabe von *Miedzianka* erschienen war, bin ich hingefahren, um zu prüfen, ob es tatsächlich funktioniert. Irgendwo hinter Strzegom wies uns das Navi an, von der Hauptstraße abzufahren. Zuerst war auch alles in Ordnung, doch dann wurden die Löcher in der Straße immer größer. Es dunkelte bereits, als wir an einem verlassenen Militärstützpunkt vorbeikamen; wir wussten überhaupt nicht mehr, wo wir waren. Am Horizont suchte ich nach irgendwelchen bekannten Formen, doch ich konnte mir höchstens vormachen, etwas zu erkennen. Dort war nichts, was ich gekannt hätte.

Und dann kamen bereits die kühle Abenddämmerung und Janowice. Der Friedhof, die Brücke, der Laden, das alte Hotel Kluger, in dem Werka Butyńska wohnte. Hinter den Bahngleisen bogen wir links ab. Als wir an der Straße neben der Kirche hielten, hatte ich weiche Knie. Wir gingen über die Wiese, die einmal der Marktplatz gewesen war, der Wind wehte, ich schwankte auf einem schmalen Grat zwischen Euphorie und Panik.

Einen Tag später fuhren wir wieder hin, um Ueberschaers Grab zu besichtigen und die Gedenktafel am alten Pflaumenbaum. Der Stamm war morsch geworden, das kleine Blechschild hielt kaum noch. Bald darauf sollte es ganz abfallen, und jemand nahm es mit.

Nach dem Erscheinen des Buches begann das menschenleere Miedzianka ein Eigenleben zu führen. Einige Vereine vor Ort ließen mit Unterstützung der Gemeinde Informationstafeln anbringen, auf denen nun jeder sich anschauen kann, wie die Stadt aussah, als es sie noch gab. Die Galerie Biuro Wystaw Artystycznych in Jelenia Góra organisierte eine Ausstellung mit Werken von polnischen und deutschen Künstlern, die sich in ergreifenden Bildern und Fotografien auf dieses Thema bezogen. 2014 wiederum gab das Kupfermuseum in Legnica eine wunderbare historische Monografie heraus: *Miedzianka. 700 lat dziejów górniczego miasta* [Miedzianka. Die 700-jährige Geschichte einer Bergbaustadt] von Marcin Makuch und Tomasz Stolarczyk. Sie stellt eine hervorragende Ergänzung zu meiner Reportage dar.

Auch auf Theaterbrettern bekam die Stadt ein neues Leben: Seit 2013 führt das Cyprian-Norwid-Theater in Jelenia Góra *Miedzianka* auf seiner Bühne auf. Die Bearbeitung des Buches für die Bühne nahm Łukasz Cymerman vor, Regie führte Łukasz Fijał.

Und sogar das Brauereiwesen hält wieder Einzug in Miedzianka; private Investoren haben eine kleine Brauerei erbaut und wollen zur regionalen Brautradition zurückkehren. Was einmal wie das definitive Ende schien, war, wie sich nun herausstellt, lediglich eine Unterbrechung.

Nun muss ich nicht mehr hinfahren. Miedzianka ist verschwunden, und dennoch ist es weiterhin da.

ANMERKUNGEN

1 Mitte des 19. Jahrhunderts wird der alte Ortsname Johannesdorf durch einen neuen ersetzt: Jannowitz im Riesengebirge. Ein Reiseführer von 1845 verzeichnet bereits den neuen Namen. Dennoch sprechen die Einwohner der Gegend nach wie vor von »Johannesdorf«, selbst Mitte des 20. Jahrhunderts kommt so etwas noch vor. Auch manche Erinnerungsschriften der deutschen Bewohner boykottieren den offiziellen Namen. Hier im Text werden jedoch die offiziellen Namen verwendet, es sei denn, es handelt sich um Zitate.
2 Polnisch: Ludwik Decjusz (Besitzer der Willa Decjusza / Villa Decius in Krakau); Anm. d. Übers.
3 Die Erinnerungen des Pastors habe ich nur aus zweiter Hand, sie werden von Dora Puschmann im Manuskript *Chronik über Kupferberg* angeführt (ins Polnische übersetzt von Paweł Nowak und Stanisław Tadrak).
4 Das erste, dritte, vierte, fünfte und achte Zitat in diesem Kapitel entstammen dem Manuskript *Chronik über Kupferberg*, Textteil von Dora Puschmann; Zitat elf aus Inge Schmalzl: »Erinnerung an die Heimat«, in: »Schlesische Bergwacht«, Nr. 40/11; die übrigen Aussagen stammen aus meinen Gesprächen mit Deutschen.
5 Psalm 70, Die Bibel, Einheitsübersetzung.
6 Siehe Zygmunt Dulczewski; Andrzej Kwilecki: *Pamiętniki osadników Ziem Odzyskanych* [Erinnerungen der Siedler aus den »Wiedergewonnenen Gebieten«], Poznań 1970.
7 Anweisung der Befehlshaber der 2. Polnischen Armee vom 24. Juni 1945.
8 Um Verachtung auszudrücken, wurde die ansonsten mit großem Anfangsbuchstaben geschriebene Nationalbezeichnung »Deutscher« kleingeschrieben wie gewöhnliche Substantive im Polnischen; Anm. d. Übers.
9 Daniel Boćkowski (Hg.): *Niemcy w Polsce 1945–1950. Wybór dokumentów*

[Deutsche in Polen 1945–1950. Eine Auswahl von Dokumenten], Bd. 4, S. 134. Stenogramm einer Versammlung, die der Kriegskommandant von Jelenia Góra, Major Smirnow, für die auszusiedelnde deutsche Bevölkerung organisierte. Bis heute weiß man nicht, auf welche Weise die Übersetzung dieses Protokolls in polnische Hände gelangte.

10 Ebd., S. 285–288.

11 Schreiben von Oberst Carroll an den polnischen Repräsentanten der CRX [Combined Repatriation Executive] in Berlin vom 14. Mai 1946 über die Fälle von Misshandlung der deutschen Bevölkerung bei der Überführung (Archiv neuer Akten, MZO [Ministerium der Wiedergewonnenen Gebiete], 73, k. 85). Die meisten Beschwerden über die polnischen Behörden kamen über die englische Mission in Kaławsk (heute Lubliniec).

12 Offiziell hieß die Stadt in den ersten Monaten des Jahres 1945 Miedziana Góra, die wörtliche Übersetzung des deutschen Namens Kupferberg. Die Einwohner verwenden aber, wenn sie über jene Zeiten sprechen, häufig den heutigen Ortsnamen.

13 Fufaika, Plural Fufaiki, aus dem Russischen, urspr. tatarisch-mongolisch: hüftlange Wattejacke; Anm. d. Übers.

14 Schreiben vom 22.01.1971, in: *Akta osobowe górników Zakładów R-1 nr 184447* [Persönliche Akten von Bergarbeitern der Betriebe R-1 Nr. 184447], Staatliche Agentur für Atomistik, Abteilung Jelenia Góra.

15 Piotr Dziewit: »Uranowi ludzie« [Die Uranmenschen], in: »Panorama«, Nr. 14/1991.

16 Michał Mońko: »Gułag Miedzianka« [Gulag Miedzianka], in: »Odra«, Nr. 4/1995.

17 Ein Liter Wodka kostet in Polen heute durchschnittlich 36 Złoty. Demnach würde das Einkommen eines damaligen Bergarbeiters, 40 000 alte Złoty, vom Kaufwert her rund 18 000 heutigen Złoty entsprechen, das wären 4000 Euro – viermal so viel wie das heutige Durchschnittseinkommen in Polen. Es wäre also so, als würde ein Bergmann heute in Deutschland 10 000 bis 12 000 Euro monatlich verdienen; Anm. d. Übers.

18 Die genauen Daten zu den Arbeitsbedingungen der Soldaten im Bergbau stammen aus Robert Klementowski: »Skazani na uran. Kopalnie rudy uranu we wspomnieniach Żołnierzy Batalionów Pracy« [Verurteilt zum Uran. Die Uranerzbergwerke in den Erinnerungen von Soldaten der Arbeitsbataillone], in: »Studia nad faszyzmem i zbrodniami hitlerowskimi« [Studien zu Faschismus und Naziverbrechen], Nr. 21/2009.

19 Mieczysław Chojnacki: »Mokotowskie więżenie – rozprawa – wyrok – pobyt w ogólnej celi śmierci« [Das Gefängnis von Mokotów – Verhandlung – Urteil – Aufenthalt in der allgemeinen Todeszelle], in: »Zeszyty WIN-u« [Hefte der WiN], Jahrgang 1/1992.
20 Zitat aus dem Manuskript *Chronik über Kupferberg*, Textteil von Dora Puschmann, S. 24–25; Anm. d. Übers.
21 Ein Amateur-Radrennen in Etappen, das zwischen 1948 und 2006 jährlich in mitteleuropäischen Städten organisiert wurde. Das erste Rennen fand zwischen Warschau und Prag statt; Anm. d. Übers.
22 Ukrainische abfällige Bezeichnung für Polen, rekurrierend auf die ehemalige polnische Adelsrepublik; poln. *Pan*: Herr; Anm. d. Übers.
23 Ruth Storm: »Keine Stadt mehr«, © Bergstadtverlag W. G. Korn, Görlitz

LITERATUR
(AUSWAHL)

Benz, Wolfgang: *Die Vertreibung der Deutschen aus dem Osten: Ursachen, Ereignisse, Folgen*, Frankfurt a. M. 1995.
Bochnak, Władysław: »Ks. Jan Marcin Stulpe (1686–1753) i początki kultu Najświętszego Serca Pana Jezusa w diecezji wrocławskiej« [Priester Johann Martin Stulpe (1686–1753) und die Anfänge der Herz-Jesu-Erzbruderschaft in der Breslauer Diözese], in: Wrocławskie Wiadomości Kościelne [Breslauer Kirchennachrichten] 1983, Nr. 7–9.
Boćkowski, Daniel (Hg.): *Niemcy w Polsce 1945–1950. Wybór dokumentów* [Deutsche in Polen 1945–1950. Eine Auswahl von Dokumenten], Bd. 4, Warszawa 2001.
Chądzyński, Wojciech: *Wędrówki po Dolnym Śląsku i jego stolicy* [Wanderungen durch Niederschlesien und seine Haupstadt], Wrocław 2006.
Chojnacki, Mieczysław: »Mokotowskie więżenie – rozprawa – wyrok – pobyt w ogólnej celi śmierci« [Das Gefängnis von Mokotów – Verhandlung – Urteil – Aufenthalt in der allgemeinen Todeszelle], in: Zeszyty WIN-u [Hefte der WiN], Jahrgang 1/1992.
Chorowska, Małgorzata u. a.: *Zamki i dwory obronne w Sudetach. Tom II. Księstwo jaworskie* [Wehrschlösser und Wehrhöfe der Sudeten. Band 2. Das Herzogtum Jauer], Wrocław 2009.
Czerner, Olgierd; Herzig, Arno (Hg.): *Das Tal der Schlösser und Gärten. Das Hirschberger Tal in Schlesien – ein gemeinsames Kulturerbe*, Berlin, Jelenia Góra 2003.
Czerwiński, Janusz; Mazurski, Krzysztof R.: *Sudety. Sudety Zachodnie. Góry i Przedgórze Izerskie – Rudawy Janowickie* [Sudeten. Westsudeten. Isergebirge und Iservorgebirge – Landeshuter Kamm], Wrocław 1983.

Davies, Norman; Moorhouse, Roger: *Microcosm: Portrait of a Central European City*, London 2003.

Dobkiewiczowa, Kornelia: *Róże w błękitnym polu. Podania i opowieści o zamkach Dolnego Śląska* [Rosen auf blauem Feld. Sagen und Erzählungen über die Schlösser Niederschlesiens], Wrocław 1982.

»Dokąd wywożono polski uran? Ludzie odchodzą z poczuciem krzywdy« [Was geschah mit dem polnischen Uran? Die Menschen gehen mit dem Gefühl des Unrechts], in: Życie Warszawy [Warschauer Leben], 7.6.1991, Nr. 132, nicht unterzeichnete Pressenotiz.

Dokumentation der Vertreibung der Deutschen aus Ost-Mitteleuropa. Gesamtausgabe: Das Schicksal der Deutschen in Ungarn, Bundesministerium für Vertriebene, München 2004.

Dolata, Bolesław: *Wyzwolenie Dolnego Śląska w 1945 roku* [Die Befreiung Niederschlesiens 1945], Wrocław 1985.

Dulczewski, Zygmunt; Kwilecki Andrzej: *Pamiętniki osadników Ziem Odzyskanych* [Erinnerungen der Siedler aus den »Wiedergewonnenen Gebieten«], Poznań 1970.

Dziekoński, Tadeusz: *Wydobywanie i metalurgia kruszców na Dolnym Śląsku od XIII do połowy XX wieku* [Erzförderung und Erzmetallurgie in Niederschlesien vom 13. bis Mitte des 20. Jahrhunderts], Wrocław 1972.

Dziewit, Piotr: »Uranowi ludzie« [Die Uranmenschen], in: Panorama, Nr. 14/1991.

Franzky, Georg: *Erinnerungen an Kupferberg*, unveröffentlichtes Manuskript.

Gazeta Robotnicza [Arbeiterzeitung], Jahrgang 1969.

»Geiger trzeszczał« [Der Geigerzähler knackte], in: Życie Warszawy, 5.–7.6.1991, Nr. 133, nicht unterzeichnete Pressenotiz.

Gołębiowski, Bronisław [Auswahl und Bearbeitung]: *Tu jest nasza ojczyzna. Z pamiętników mieszkańców Ziem Zachodnich i Północnych* [Hier ist unsere Heimat. Aus den Tagebüchern von Bewohnern der West- und Nordgebiete Polens], Poznań 1981.

Hirsch, Helga: *Die Rache der Opfer: Deutsche in polnischen Lagern 1944–1950*, Berlin 1998.

Janczak, Julian: *Spotkania z Duchem Gór. Sudeckie szkice historyczne* [Begegnungen mit dem Berggeist], Wrocław 1991.

Ders.: *Z tamtej strony historii, czyli wrocławskie i dolnośląskie legendy, podania, baśnie i niesamowite wydarzenia* [Von jenseits der Geschichte, oder Breslauer und niederschlesische Legenden, Sagen, Märchen und seltsame Ereignisse], Wrocław 1993.

Januszewski, Józef; Koszarski, Włodzimierz; Miśkiewicz, Jerzy: *Skarby Ziemi Dolnośląskiej* [Die Schätze des niederschlesischen Bodens], Wrocław 1979.

Jastrzębski, Włodzimierz (Hg.): *Ludność niemiecka na ziemiach polskich w 1939–1945 i jej powojenne losy. Materiały z konferencji* [Die deutsche Bevölkerung auf polnischem Gebiet 1939–1945 und ihr Schicksal nach dem Krieg. Konferenzmaterialien], Bydgoszcz 1995.

Jonca, Karol: »Francuscy i belgijscy więźniowie w akcji ›Noc i mgła‹ na Dolnym Śląsku« [Französische und belgische Gefangene bei der »Nacht und Nebel«-Aktion in Niederschlesien], in: Studia nad faszyzmem i zbrodniami hitlerowskimi [Studien zu Faschismus und Naziverbrechen], 1975, Nr. 2.

Kapałczyński, Wojciech; Napierała, Piotr: *Zamki, pałace i dwory Kotliny Jeleniogórskiej* [Schlösser, Paläste und Höfe des Hirschberger Tals], Wrocław 2005.

Kersten, Krystyna; Szarota, Tomasz (Hg.): *Wieś polska 1939–1948. Materiały konkursowe* [Die polnischen Landgebiete 1939–1948. Wettbewerbsmaterialien], Warszawa 1967.

Klementowski, Robert: »Skazani na uran. Kopalnie rudy uranu we wspomnieniach Żołnierzy Batalionów Pracy« [Verurteilt zum Uran. Die Uranerzbergwerke in den Erinnerungen von Soldaten der Arbeitsbataillone], in: Studia nad faszyzmem i zbrodniami hitlerowskimi [Studien zu Faschismus und Naziverbrechen], 2009, Nr. 21.

Ders.: »Uranowe mity. Kopalnictwo uranu w Polsce w społecznej świadomości« [Die Mythen um das Uran. Der Uranbergbau in Polen im gesellschaftlichen Bewusstsein], in: Głowiński, Tomasz; Kościk, Elżbieta (Hg.): *Gospodarka i społeczeństwo w czasach PRL-u (1944–1989)* [Wirtschaft und Gesellschaft in den Zeiten der Volksrepublik Polen (1944–1989)], Wrocław 2009.

Ders.: »Wydział IX Departamentu IV MBP. Wydział IX ›K‹ W UBP we Wrocławiu z siedzibą w Kowarach. Struktura, działalność, obsada personalna« [Abteilung 9 Departement 4 des Ministeriums für Öffentliche Sicherheit. Abteilung 9 »K« des Woiwodschaftsamts für Öffentliche Sicherheit in Wrocław mit Sitz in Kowary. Struktur, Tätigkeit, personelle Besetzung], in: Aparat represji w Polsce Ludowej [Der Repressionsapparat in Volkspolen], 2006, Nr. 4.

Konieczny, Alfred: »Ewakuacja obozu koncentracyjnego Groß-Rosen w 1945« [Die Evakuierung des KZ Groß-Rosen 1945], in: Studia nad faszyzmem i zbrodniami hitlerowskimi [Studien zu Faschismus und Naziverbrechen], 1975, Nr. 2.

Kwaśniewski, Krzysztof: *Legendy i podania dolnośląskie* [Niederschlesische Legenden und Sagen], Poznań 2006.

Lippóczy, Piotr; Walichnowski, Tadeusz: *Przesiedlenie ludności niemieckiej z Polski po II wojnie światowej w świetle dokumentów* [Die Umsiedlung der deutschen Bevölkerung aus Polen nach dem Zweiten Weltkrieg im Lichte der Dokumente], Warszawa, Łódź 1982.

Majewski, Ryszard: *Dolny Śląsk 1945. Wyzwolenie* [Niederschlesien 1945. Die Befreiung], Warszawa, Wrocław 1982.

Maroń, Jerzy: *Wojna trzydziestoletnia na Śląsku. Aspekty militarne* [Der Dreißigjährige Krieg in Schlesien. Militärische Aspekte], Warszawa 2008.

Mazurski, Krzysztof: »Likwidacja i rekultywacja Miedzianki« [Die Liquidierung und Rekultivierung Miedziankas], in: Wierchy [Gipfel], 1976.

Mistewicz, Eryk: »Uran ponad wszystko« [Uran über alles], in: Reporter 1989, Nr. 6.

Mońko, Michał: »Gułag Miedzianka« [Gulag Miedzianka], in: Odra [Die Oder] 1995, Nr. 4.

Nitschke, Bernadetta: *Wysiedlenie czy wypędzenie. Ludność niemiecka w Polsce 1945–1949* [Aussiedlung oder Vertreibung. Die deutsche Bevölkerung in Polen 1945–1949], Toruń 2001.

Nowiny Jeleniogórskie [Hirschberger Nachrichten], Jahrgänge 1959–1981.

Olczak, Mariusz: *Kampania 1813. Śląsk i Łużyce* [Der Feldzug von 1813. Schlesien und die Lausitz], Warszawa 2004.

Pasierb, Bronisław: *Migracja ludności niemieckiej z Dolnego Śląska w latach 1944–1947* [Die Migration der deutschen Bevölkerung von Niederschlesien 1944–1947], Wrocław 1969.

Primke, Robert; Szczerepa, Maciej; Szczerepa, Wojciech: *Wojna w Dolinie Bobru. Bolesławiec – Lwówek Śląski – Jelenia Góra* [Krieg im Bobertal. Bolesławiec – Lwówek Śląski – Jelenia Góra], Jelenia Góra 2009.

Puschmann, Dora: *Chronik über Jannowitz*, unveröffentlichtes Manuskript.

Dies.: *Chronik über Kupferberg*, unveröffentlichtes Manuskript.

Romanow, Zenon: *Ludność niemiecka na ziemiach zachodnich i północnych w latach 1945–1947* [Die deutsche Bevölkerung in den polnischen West- und Nordgebieten 1945–1947], Słupsk 1972.

Schlesische Bergwacht, Jahrgänge 1980–2010.

Springer, Filip: »I nikt tam nie wie, kim jestem« [Und niemand dort weiß, wer ich bin], in: Magazyn Turystyki Górskiej N. P.M. [N. P.M – Magazin für Gebirgstouristik] 2009, Nr. 2.

Ders.: »Nie ma miasteczka« [Keine Stadt mehr], in: Polityka [Politik], 10.10.2009, Nr. 41 (2726).

Staffa, Marek: *Słownik geografii turystycznej Sudetów. Rudawy Janowickie* [Wörterbuch der touristischen Geografie der Sudeten. Der Landeshuter Kamm], Wrocław 1998.

Szoka, Henryk: »Miasto, które przestało istnieć – Miedzianka« [Die Stadt, die es nicht mehr gibt – Miedzianka], in: Karkonosze [Das Riesengebirge] 1986, Nr. 3/103.

Tęcza, Krzysztof: *Kamienne obiekty dawnego prawa na Ziemi Jeleniogórskiej* [Steinerne Objekte alten Gesetzes im Gebiet Jelenia Góra], Zgorzelec 1992.

»Uran i sprawiedliwość« [Uran und Gerechtigkeit], in: Życie Warszawy, 5.4.1991, Nr. 81, nicht unterzeichnete Pressenotiz.

Urban, Thomas: *Der Verlust. Die Vertreibung der Deutschen und Polen im 20. Jahrhundert*, München 2004.

Urbanek, Mariusz: »Blask uranu« [Der Glanz des Urans], in: Przegląd Tygodniowy [Wochenrundschau], 28.4.1991, Nr. 17.

Wanderer im Riesengebirge, Nr. 8/1888, 7/1890, 9/1890, 2/1896, 1/1906, 5/1936.

Wąsacz, Józef: *Szlakiem wspomnień żołnierzy-górników z lat 1949–1959* [Den Erinnerungen der Soldatenbergmänner von 1949–1959 auf der Spur], Wrocław 2002.

Wytyczak, Roman: »Podzwonne dla Miedzianki« [Totengeläut für Miedzianka], in: Wierchy 1972, Nr. 40.

Zdulski, Mirosław: *Instytucja totalna w monocentrycznym ładzie społecznym* [Die totale Institution in einer monozentrischen Gesellschaftsordnung], Zielona Góra 2000.

Ders.: *Źródła do dziejów kopalnictwa uranowego w Polsce* [Qellen zur Geschichte des Uranbergbaus in Polen], Warszawa 2000.

VERZEICHNIS DER SCHLESISCHEN ORTE

Bad Warmbrunn [poln. Cieplice]
Beuthen [poln. Bytom]
Bleibergkamm (Gebirge) [poln. Góry Ołowiane]
Bober [poln. Bóbr]
Boberstein [poln. Bobrów]
Bolkenhain [poln. Bolków]
Brückenberg [poln. Karpacz Górny]
Buchwald [poln. Bukowiec]
Bunzlau [poln. Bolesławiec]
Butschatsch bei Tarnopol [ukr. Бучач; Тернопіль]

Dobrudscha [rumän. Dobrogea; bulgar. Добруджа / Dobrudža]

Falkenberge (Gebirge) [poln. Sokole Góry]
Fischbach [poln. Karpniki]

Gablonz [tschech. Jablonec]
Glatz [poln. Kłodzko; tschech. Kladsko]
Gleiwitz [poln. Gliwice]
Goldberg [poln. Złotoryja]
Gottesberg [poln. Boguszów]
Greiffenberg [poln. Gryfów Śląski]
Groß-Strehlitz [poln. Strzelce Opolskie]
Grünberg [poln. Zielona Góra]

Hirschberg [poln. Jelenia Góra]

Jannowitz (früher Johannesdorf) [poln. Janowice Wielkie]
Jauer [poln. Jawor]

Kattowitz [poln. Katowice]
Katzbach (Nebenfluss der Oder) [poln. Kaczawa]
Kauffung [poln. Wojcieszów]
Klessengrund [poln. Kletno]
Kohlfurt [poln. Kaławsk]
Krummhübel [poln. Karpacz]
Kupferberg [poln. Miedzianka]

Landeshut [poln. Kamienna Góra]
Landeshuter Kamm [poln. Rudawy Janowickie]

Landsberg an der Warthe [poln. Gorzów Wielkopolski]
Liegnitz [poln. Legnica]
Lomnitz [poln. Łomnica]
Löwenberg [poln. Lwówek Śląski]
Lüben [poln. Lubin]

Merzdorf [poln. Marciszów]

Nemmersdorf [russ. Маяковское (Majakowskoje) in der Oblast Kaliningrad]
Neustadt bei Pinne [poln. Lwówek, 1943–1945 Kirschneustadt]
Neustadt O. S. [poln. Prudnik]
Niedersalzbrunn [poln. Szczawienko]
Niklasfähre [poln. Mikolin]

Ochsenkopf (Berg) [poln. Wołek]

Pless [poln. Pszczyna]

Reichenstein [poln. Złoty Stok]
Riesengebirge [poln. Karkonosze; tschech. Krkonoše]

Rohrlach [poln. Trzcińsko]
Rudelstadt [poln. Ciechanowice]

Schildau [poln. Wojanów]
Schmiedeberg im Riesengebirge [poln. Kowary]
Schneekoppe (Berg) [poln. Śnieżka]
Schönau an der Katzbach [poln. Świerzawa]
Schreiberhau [poln. Szklarska Poręba]
Schurgast [poln. Skorogoszcz]
Seifersdorf [poln. Radomierz]
Strehlen [poln. Strzelin]
Strzegom [poln. Striegau]

Trebnitz [poln. Trzebnica]
Tschenstochau [poln. Częstochowa]

Waldenburg [poln. Wałbrzych]
Waltersdorf [poln. Mniszków]
Wartenberg [poln. Syców]
Wolfsdorf [poln. Wilków]
Wüstegiersdorf [poln. Głuszyca]

Zuckmantel [tschech. Zlaté Hory]

INHALT

Alle Auferstehungen   7
Die Flasche   28
Kupferberger Gold   31
Vatti ist nicht da   62
Herr, säume doch
nicht   67
Einfach weg   105
Fotografien I   108
Gen Westen oder
Die vielen Tode der
Barbara Wójcik   112
Ueberschaers Grab   137
Der andere Friedhof   144
Ein Hoch auf
Mikołajczyk!   151
Postskriptum   182
Die Letzten   187
Lasst die Gräber
in Frieden   191

Die Leute hatten Angst   195
Die Deutschen
kommen   198
Wessen Schuld   235
Die Böse   242
Die Kirche   266
Das Schloss   273
Die Brauerei   277
Der Brief   281
Fotografien II   286
Alle Schätze
Miedziankas   292
Keine Stadt mehr   297
Epilog   321

Anmerkungen   325
Literatur   328
Verzeichnis der
schlesischen Orte   333